AF633587

Colin Porlezza

Gefährdete journalistische Unabhängigkeit

Forschungsfeld Kommunikation

Herausgegeben von
Hannes Haas, Christoph Neuberger und Gabriele Siegert

Seit mehr als zwei Jahrzehnten erscheinen in der Buchreihe »Forschungsfeld Kommunikation« wichtige Monografien der deutschsprachigen Kommunikationswissenschaft. Als thematisch offenes Forum gibt die renommierte Reihe Impulse für die Weiterentwicklung des Faches und Anregungen für die Diskussion zentraler Fragen. Viele der über 30 Bände sind Standardwerke geworden, die nicht nur im engen Kreis der Spezialisten auf reges Interesse gestoßen sind, sondern ein breites Publikum in Wissenschaft und Gesellschaft gefunden haben.

Auch in Zukunft will die Reihe diesem Anspruch gerecht werden: Der gegenwärtige Wandel von Kommunikation, Medien und Öffentlichkeit verändert auch die Kommunikationswissenschaft. Diesen Wandel wird die Reihe mit fundierten Analysen begleiten. Sie ist der Publikationsort für Ergebnisse empirischer Forschungsprojekte und theoretischer Entwürfe, ebenso wie für herausragende Dissertationen und Habilitationsschriften. Mit ihr verbindet sich ein Bekenntnis zur Monografie – jenseits der auf Schnelligkeit des Schreibens und Lesens getrimmten Kurzformen des wissenschaftlichen Publizierens. Sie will Wegmarken setzen, die von Bestand sind.

Die 1992 von Walter Hömberg (Eichstätt), Heinz Pürer (München), Ulrich Saxer (Zürich) und Roger Blum (Bern) begründete Reihe wird seit 2013 von Hannes Haas (Wien), Christoph Neuberger (München) und Gabriele Siegert (Zürich) herausgegeben.

www.uvk.de/fk

Colin Porlezza

Gefährdete journalistische Unabhängigkeit

Zum wachsenden Einfluss von Werbung auf redaktionelle Inhalte

UVK Verlagsgesellschaft Konstanz · München

Forschungsfeld Kommunikation
Band 33

Bibliografische Information der Deutschen Nationalbibliothek
Die Deutsche Nationalbibliothek verzeichnet diese Publikation in der Deutschen Nationalbibliografie; detaillierte bibliografische Daten sind im Internet über http://dnb.d-nb.de abrufbar.

ISSN 1433-6952
ISBN 978-3-86764-461-7

Das Werk einschließlich aller seiner Teile ist urheberrechtlich geschützt. Jede Verwertung außerhalb der engen Grenzen des Urheberrechtsgesetzes ist ohne Zustimmung des Verlages unzulässig und strafbar. Das gilt insbesondere für Vervielfältigungen, Übersetzungen, Mikroverfilmungen und die Einspeicherung und Verarbeitung in elektronischen Systemen.

© UVK Verlagsgesellschaft mbH, Konstanz und München 2014

Einband: Susanne Fuellhaas, Konstanz
Printed in Germany

UVK Verlagsgesellschaft mbH
Schützenstr. 24 · 78462 Konstanz · Deutschland
Tel.: 07531-9053-0 · Fax: 07531-9053-98
www.uvk.de

Inhalt

Vorwort ... 9

1 Beziehungen zwischen Werbung und Journalismus als Forschungsproblem ... 11

1.1 Problemfokussierung: Themenabgrenzung und Erkenntnisinteresse ... 16

1.2 Theoretische Vorentscheidungen ... 18

1.3 Aufbau der Studie ... 20

2 Das Spannungsfeld zwischen Journalismus und Werbung ... 23

2.1 Der Nutzermarkt und die Funktion von Journalismus ... 24

2.1.1 Die Funktion von Journalismus in der Gesellschaft ... 25

2.1.2 Die Eigenheiten des Nutzermarktes ... 28

2.2 Der Werbemarkt und die Finanzierung von Medienunternehmen ... 31

2.2.1 Werbung im Spiegel der Öffentlichkeit ... 31

2.2.2 Die Relevanz des Werbemarktes ... 34

2.3 Interdependenzen zwischen publizistischem und ökonomischem Wettbewerb ... 36

3 Die alte Ordnung erodiert: Medienorganisationen und Journalismus im Wandel ... 41

3.1 Ökonomisierung oder Kommerzialisierung? Eine Begriffsdefinition ... 41

3.1.1 Ökonomisierung als gesellschaftliches Phänomen ... 43

3.1.2 Kommerzialisierung als unternehmerisches Phänomen ... 45

3.2 Kommerzialisierung: Katalysator eines Strukturwandels der Medien 47
3.2.1 Krise des Journalismus? Transformationsprozesse in der Medienindustrie 47
3.2.2 Exzessiver Profitdrang oder «vernünftige Gewinnorientierung»: Wo ist die Grenze? 51
3.2.3 Ursachen der Kommerzialisierung 53

3.3 Medienorganisationen im Wandel 56
3.3.1 Medien als intersystemische Organisationen 57
3.3.2 Ko-Orientierung zwischen Medienmanagement und Redaktion 59
3.3.3 Werbefinanzierung als Steuerungsfaktor 64
3.3.4 Die «Chinesische Mauer» bröckelt 71

3.4 Konsequenzen des Medienwandels für Medieninhalte........75
3.4.1 Die These der Primärorientierung an der Werbewirtschaft 75
3.4.2 Fehlende Trennung zwischen journalistischen und werblichen Inhalten 77
3.4.3 Zunehmende Kongruenz zwischen Journalismus, Werbung und PR 80

4 Der Einfluss von Anzeigenkunden auf redaktionelle Inhalte: Forschungsstand 83

4.1 Von Einzelberichten zu empirisch-sozialwissenschaftlichen Befragungen 83

4.2 Die Vermischung von kommerziellen und journalistischen Inhalten 86
4.2.1 Product Placements und Advertorials 86
4.2.2 Die Kopplung von Anzeigen und redaktionellen Inhalten 92
4.2.3 Gefälligkeitsjournalismus...94

5 Gratiszeitungen und ihr Einfluss auf die Schweizer Presselandschaft 101

5.1 Die Einführung der Gratiszeitungen in der Schweiz 102

5.2 Auswirkungen der Gratiszeitungen auf den Pressemarkt 106

5.3 Auswirkungen der Gratiszeitungen auf den Werbemarkt 109

6 Medieninhalte unter dem Einfluss von Werbung: eine empirische Analyse 113

6.1 Forschungsfragen und Herleiten der Hypothesen 116
6.1.1 Teilstudie A: Formale Werbeanalyse 116
6.1.2 Teilstudie B: Die Analyse der journalistischen Berichterstattung 119

6.2 Untersuchungsanlage im Detail 123
6.2.1 Teilstudie A: Werbeanalyse 123
6.2.2 Teilstudie B: Berichterstattungsanalyse 131

7 Ergebnisse der Teilstudie A: Werbeanalyse 137

7.1 Datenmaterial der Untersuchung 137

7.2 Charakteristika des Anzeigenaufkommens 142
7.2.1 Verteilung der Werbung nach Industriesektoren 142
7.2.2 Der Gebrauch von Sonderwerbeformen 146
7.2.3 Eigenwerbung der Medienunternehmen 151
7.2.4 Bezüge zwischen Werbung und redaktionellen Inhalten 154

8 Ergebnisse der Teilstudie B: Berichterstattungsanalyse 161

8.1 Datenmaterial der Untersuchung 161

8.2 Formale Effekte des Werbeeinflusses 170
8.2.1 Erwähnung von Unternehmensnamen in Überschriften 170
8.2.2 Verwendung von Bildmaterial 172
8.2.3 Einfluss des Werbeaufkommens auf Berichterstattungsumfang und Platzierung 176

8.3 Einfluss der Anzeigenkunden auf die Valenz der Berichterstattung 179

8.4 Fallstudie: Die Berichterstattung über die UBS 186
8.4.1 Formale Aspekte der Berichterstattung 188
8.4.2 Valenz der Berichterstattung 190

9 Schlussbetrachtung 196

9.1 Zusammenfassung der wichtigsten Ergebnisse 196

9.2 Diskussion und Fazit 200

9.3 Kritische Würdigung und Ausblick 216

Anhang 219

A1: Teilstudie A – Codebook der Werbeanalyse 219

A2: Intercoder-Reliabilität der Teilstudie A 238

A3: Teilstudie B – Codebook der Berichterstattungsanalyse 239

A4: Intercoder-Reliabilität der Teilstudie B 261

A5: Komplette Regressionsmodelle 262

A6: Code of Conduct – Werbung in Medien 265

Verzeichnis der Abbildungen 266

Verzeichnis der Tabellen 267

Zusätzliche Websites 268

Literatur 270

Vorwort

Diese Arbeit wurde im Oktober 2012 an der Fakultät für Kommunikationswissenschaften, Institut für Medien und Journalismus der Università della Svizzera italiana als Dissertation fertiggestellt und eingereicht.

Meinem Doktorvater Prof. Dr. Stephan Russ Mohl danke ich für die vielseitige Unterstützung bei meinem Promotionsvorhaben, für die hilfreichen und anregenden Diskussionen über zahlreiche Aspekte der Arbeit sowie für die Tatsache, dass seine Tür während der Betreuung jederzeit offen stand. Mein Dank gilt auch Prof. Dr. Gabriele Siegert und Prof. Dr. Mathias Karmasin für das Erstellen der beiden externen Gutachten.

Prof. Dr. Roger Blum, Prof. Dr. Simone Ehmig sowie Prof. Dr. Gabriele Siegert danke ich im Besonderen für die wertvollen Rückmeldungen und die konstruktive Kritik während der Arbeit an meiner Promotion. Ich möchte mich auch bei Jürgen Mosch für das gründliche Lektorat der Arbeit bedanken.

Mein ganz besonderer Dank gilt meinen Eltern sowie meiner Tante und meinem Onkel für deren fortwährende Hilfe und das Interesse an meiner Arbeit.

Meiner Freundin Eleonora danke ich von ganzem Herzen für ihre unermüdliche Unterstützung, ihre zahlreichen Ratschläge, ihr Verständnis und die kontinuierliche Motivationsarbeit.

Zürich, im November 2013 Colin Porlezza

1 Beziehungen zwischen Werbung und Journalismus als Forschungsproblem

Am 24. Januar 2008 erschien die Schweizer Wochenzeitung Weltwoche mit dem Aufmacher «Panik bei den Ölscheichs – Wie die arabische Welt auf alternative Energien umrüstet». Ein Bildmotiv, auf dem klagende Ölscheichs zu sehen sind, umrahmte die Titelgeschichte. Soweit nichts Aussergewöhnliches, das Anlass zur Sorge gäbe. Blättert der Leser allerdings weiter, sieht er auf der darauf folgenden Doppelseite eine Anzeige des schwedischen Autoherstellers Volvo, der auf seinen neuen umweltfreundlichen Motor aufmerksam machen möchte. Das Motiv zeigt ein Auto, das von genau den gleichen weinenden Scheichs umgeben ist, die auf dem Titelbild abgebildet sind. Das Bild zeigt in beiden Fällen gleiche Grafikelemente, der Kontext könnte jedoch kaum unterschiedlicher sein: einmal handelt es sich um ein Titelfoto, das den redaktionellen Teil der Zeitschrift bildlich unterstreicht, im zweiten Fall um ein Bildmotiv für eine Werbeanzeige.

Nach Angaben der Werbewoche[1] bezahlte der Autokonzern nur die Schaltung der doppelseitigen Anzeige. Für das Titelbild floss dagegen kein Geld. Auf die Frage, ob diese Werbeaktion die strikte Trennung von Redaktion und Anzeigenabteilung unterlaufe, antwortete der Verleger und Chefredaktor der Weltwoche Roger Köppel: «Jede Zeitung muss attraktiv sein auf dem Werbemarkt, aber stets auch glaubwürdig bleiben. [...] Ich hätte diese Illustration wohl auch nicht gebracht, wenn der Artikel sich um die Autoindustrie oder gar um Volvo gedreht hätte.» Die Reaktionen auf diese Initiative blieben nicht aus.[2]

Wie ist diese Illustration zu bewerten? Hat sich in diesem Fall, trotz des Einverständnisses des Chefredaktors, das Interesse des Anzeigenkunden gegenüber der Redaktion durchgesetzt, oder beeinflusst eine derartige Zweifachverwertung von Anzeigenmaterial die redaktionellen Leistungen nur geringfügig?

---

[1] http://www.werbewoche.ch/newsmail080124_volvo_weltwoche.werbewoche (11.06.2008).

[2] http://www.persoenlich.com/news/show_news.cfm?newsid=73166&criteria=weltwoche&display_search=true (11.06.2008), http://www.heute-online.ch/news/schweiz/verkauft-sich-die-weltwoche-auf-der-titelseite-81536 (11.06.2008) oder http://www.benkoe.ch/koeppel-verkauft-sich-an-volvo/ (09.07.2008).

Der Schweizer Presserat musste sich in den vergangenen Jahren immer wieder mit der Frage nach der Trennung zwischen redaktionellem Teil und Werbung auseinander setzen. Besonders häufig waren nicht eindeutig gekennzeichnete Werbeformate wie PR-Texte oder Sonderbeilagen, die über das gleiche Layout der Zeitung verfügten, Gegenstand einer Beschwerde. Der Presserat weist deshalb in seinen Stellungnahmen immer wieder darauf hin, dass «bezahlte PR-Texte anstelle des nicht allgemein bekannten Begriffs ‹Publireportage› eine klarere Bezeichnung wie z.B. ‹Inserat›, ‹Anzeige› oder ‹Werbung›» (Schweizer Presserat 2005) haben sollten, da der Leser durch eine ungenügende optische Abgrenzung in die Irre geführt werden könne.

Überdies verletze «eine ungenügende optische Abgrenzung von PR-Texten von redaktionellen Inhalten» (Schweizer Presserat 2005) die Richtlinie 10.1 zur «Erklärung der Pflichten und Rechte der Journalistinnen und Journalisten», welche sich auf die Trennung von redaktionellen Inhalten von Werbung bezieht: «Die deutliche Trennung zwischen redaktionellem Teil bzw. Programm und Werbung ist für die Glaubwürdigkeit der Medien unabdingbar. Inserate und Werbesendungen sind gestalterisch von redaktionellen Beiträgen klar abzuheben. Sofern sie nicht optisch/akustisch eindeutig als solche erkennbar sind, müssen sie explizit als ‹Anzeigen›, ‹Werbung›, ‹Werbereportagen›, ‹Werbespots› oder durch andere dem Publikum geläufige vergleichbare Begriffe deklariert werden. Journalistinnen und Journalisten dürfen diese Abgrenzung nicht durch Einfügen von Schleichwerbung in der redaktionellen Berichterstattung unterlaufen.»[3]

Dass die Fälle von Schleich- und unlauterer Werbung trotzdem zunehmen, bestätigt auch die Schweizerische Lauterkeitskommission.[4] 2012 stieg der Anteil an Beschwerden im Bereich Irreführungen um mehr als zehn Prozent auf 20,5%, das sind fünfzehn mehr als noch im Vorjahr. Auch für die Lauterkeitskommission ist die Trennung von kommerziellen und redaktionellen Inhalten ein zentrales Anliegen. Im Grundsatz 3.12, Ziffern 1 und 3, der Lauterkeit kommerzieller Kommunikation weist die Kommission auf den Trennungsgrundsatz hin. Ziffer 1 lautet dementsprechend: «Kommerzielle Kommunikation, gleichgültig in welcher Form sie erscheint oder welchen Werbeträger sie

---

[3] Auf diesen Aspekt geht im Übrigen auch die Lauterkeitskommission in ihrem Grundsatz 3.12, Ziffer 7 ein: «PR-Botschaften können auch auf bezahltem Raum, d.h. als Inserate, veröffentlicht werden. Um die Unterscheidung gegenüber dem Redaktionsteil sicherzustellen, sollen solche PR-Botschaften klar ersichtlich als ‹Werbe- oder Publireportage› bzw. als ‹Anzeige› oder ‹Inserat› bezeichnet werden.»

[4] http://www.lauterkeit.ch/pdf/taetigkeit12.pdf (02.07.2013).

benutzt, soll als solche eindeutig erkennbar und vom übrigen Inhalt klar getrennt sein. Wird sie in Werbeträgern veröffentlicht, die gleichzeitig Nachrichten und Meinungen publizieren, muss sie so gestaltet und gekennzeichnet sein, dass sie als bezahlte Einschaltung klar erkennbar ist.» Ziffer 3 des Grundsatzes geht dabei auf die Kopplung von werblichen Botschaften mit journalistischen Beiträgen ein: «Es ist unlauter, im Interesse der Akquisition von kommerziellen Aufträgen redaktionelle Beiträge zuzusichern oder kommerzielle Aufträge vom Entgegenkommen im redaktionellen Teil abhängig zu machen.»

Es scheint, als ob die Grenzen zwischen Redaktion und Anzeigenabteilung in den letzten Jahren immer durchlässiger würden. Die so genannte «Chinesische Mauer», also die strikte Trennung zwischen ökonomischen und publizistischen Interessen, zwischen Werbung und redaktionellen Inhalten oder Programmen, bekommt zunehmend Risse. Die Einzelfälle häufen sich: «Weil werbefinanzierte Medienunternehmen momentan unter Einnahmeeinbrüchen leiden, werden sie auf fatale Weise durchlässig gegenüber Zumutungen der Wer bewirtschaft. Um überhaupt noch an bezahlte Spots und Anzeigen zu kommen, werden die redaktionellen Inhalte zunehmend geöffnet – für fremde Interessen, die dort nichts zu suchen haben. Anzeigenberater machen unsittliche Angebote, und auch Journalisten, die um ihren Arbeitsplatz fürchten, denken mit» (Lilienthal 2002: 34).

Der Trennungsgrundsatz gerät immer häufiger unter Druck: «Wenn die Werbebudgets schmelzen, wächst bei den Werbetreibenden die Neigung, ihr Unternehmen, ihr Produkt oder ihre Dienstleistung aus der Menge der Werbebotschaften und den klassischen Werbeblöcken herauszuheben und ihm die besondere Aufmerksamkeit des Zuschauers zu sichern. […] Programmveranstalter und Werbetreibende entwickeln ein hohes Mass an Kreativität, Marken so in das Programm zu integrieren, dass sie (beinahe) als dessen Bestandteil erscheinen» (Thaenert 2002: 32).

Auch in den USA scheinen die Grenzen zwischen Anzeigenabteilung und Redaktion zusehends zu verschwimmen: «If the separation between magazines, editorial and advertising sides was once a gulf, it is now diminished to the size of a sidewalk crack», und weiter: «But in this recession, when magazines are losing advertisers, the lines between advertising and editorial content are blurring – with few repercussions from the society» (Clifford 2009).

Gelegentlich wird die «Chinesische Mauer» auch bewusst eingerissen. Als Paradebeispiel dient die Los Angeles Times: Um den kontinuierlichen Auflagenrückgang und Anzeigenschwund aufzuhalten, intensivierte 1997 der damalige Chefredaktor Mark Willes nicht nur die Marktforschung, sondern auch die Zusammenarbeit zwischen der Anzeigenabteilung und der Redaktion. Täglich wurden Telefoninterviews durchgeführt, um die Vorlieben der Publika in Erfahrung zu bringen. Die grössten Reformen fanden jedoch auf der Organisationsebene statt: «Die eigentliche Kulturrevolution bestand darin [...], den einzelnen Ressorts Manager [zuzuordnen], die sich bereichsspezifisch ums Anzeigengeschäft und Marketing kümmern sollen. Ohne ins redaktionelle Tagesgeschäft einzugreifen, sollen sie auch die redaktionelle Leistung besser vermarkten helfen» (Russ-Mohl 1999). Da jedes Ressort über einen eigenen Manager verfügt, konnte Willes die Gewinn- und Verlustrechnungen der einzelnen Abteilung untereinander vergleichen und so das Verhältnis zwischen Leserakzeptanz und Anzeigenaufkommen abwägen.

Die Reaktionen auf diese Innovation waren diskrepant: Während die Börse die neue Unternehmensorganisation goutierte, beschwerten sich andere Medien lautstark über die weitere Verwässerung des Trennungsgrundsatzes. «Ihre Befürchtung: Journalismus werde sich künftig nur noch nach Umfrageergebnissen ausrichten oder, schlimmer noch: er werde den Direktiven der Anzeigenabteilung ausgeliefert, wenn die sakrosankte ‹Chinesische Mauer› löchrig würde, welche Redaktion und Anzeigenabteilung bei seriösen Zeitungen voneinander trennt und welche garantieren soll, dass der Journalismus sich nicht Inserentenwünschen beugt» (ebd.). «Blowing up the wall» (Shepard 1997) – auf diese Weise kritisierten Journalisten in den USA diese Reorganisationen, da die Trennung zwischen ökonomischen und publizistischen Interessen von Zeitungen faktisch aufgehoben wurde.

Das Spannungsverhältnis zwischen Redaktion und Anzeigenabteilung ist allerdings nicht neu. Seitdem das Finanzierungsmodell der Printmedien überwiegend die Werbung vorsieht, besteht das Risiko der Einflussnahme durch Werbekunden. In den Sozialwissenschaften wurde die konfliktreiche Beziehung zwischen ökonomischen Gewinn- und publizistischen Leistungserwartungen der Gesellschaft bereits sehr früh erkannt (Meier/Trappel 2001: 163f). So wies Max Weber in seiner Rede auf dem ersten deutschen Soziologentag in Frankfurt 1910 auf die «vollständig eigenartige Stellung» der Presse hin, weil sie «im Gegensatz zu jedem anderen Geschäft zwei ganz verschiedene Arten von ‹Kunden› hat: die einen sind die Käufer der Zeitung und diese wieder entweder der Masse nach Abonnenten oder aber der Masse nach Einzelkäufer –

ein Unterschied, dessen Konsequenzen der Presse ganzer Kulturländer entscheidend verschiedene Züge aufprägt – die anderen sind die Inserenten, und zwischen diesen Kundenkreisen bestehen die eigentümlichsten Wechselbeziehungen» (Weber 1988 [1924]: 436).

Werbefreundliche Umfelder, Sonderwerbeformen, die Verschmelzung von redaktionellen und Anzeigenteilen sowie Kosten- und Verwertungsoptimierung deuten auf eine zunehmende Bedeutung der unternehmerischen Interessen innerhalb von Medienunternehmen hin. Nicht zuletzt entscheidet der Markterfolg der Medienunternehmen über die Ressourcen, die dem Journalismus zur Verfügung stehen. Der zunehmende Wettbewerb, gezeichnet durch ausfallende Erlösquellen im Publikums- und Werbemarkt sowie der (Selbst-)Konkurrenzierung im Internet, ist nicht nur eine treibende Kraft des medialen Wandels – in letzter Instanz eben auch auf der inhaltlichen Ebene (vgl. Siegert 2004: 22) – sondern mithin auch Anlass für die Gefährdung des journalistischen Ökosystems.

Gratiszeitungen dürften am Wandel des Schweizer Mediensystems einen grossen Anteil haben. Seit diese Ende 1999 auf dem Schweizer Printmedienmarkt erstmals erschienen, hat sich die Verteilung der Werbeerlöse innerhalb des Pressemarktes grundlegend verändert. Bereits im ersten Halbjahr 2001 erreichten die Pendlerzeitungen einen Werbeanteil von knapp 30 Prozent am Gesamtumfang der Zeitungen (Leonarz 2002: 47). In den darauffolgenden Jahren durchlief das Gratiszeitungssegment einen kontinuierlichen Wandel: Einige Publikationen wurden auf den Markt geworfen und wieder eingestellt, andere wiederum unterliefen einem Relaunch.

Seit Ende 2010 sind davon gerade noch zwei übrig geblieben: der Marktleader 20 Minuten und die kostenlose Abendzeitung Blick am Abend, die nach einem Relaunch aus Heute hervorgegangen ist. Das «Gratisproblem» (Forschungsbereich Öffentlichkeit und Gesellschaft fög 2012: 41) allerdings ist geblieben. Interessanterweise gehören die beiden noch existierenden Gratiszeitungen Tamedia (20 Minuten) und Ringier (Blick am Abend) den zwei grössten privaten Medienunternehmen in der Schweiz.

Im Rahmen dieser Untersuchung geht es weder um Kultur- noch um Kapitalismuskritik, sondern darum, die Bedeutung der Werbung als ökonomischen (Einfluss-)Faktor in der öffentlichen Kommunikation unter die Lupe zu nehmen. Dabei stellt sich die Frage, welche Auswirkungen die Durchmischung von Werbung und Journalismus auf den Output der redaktionellen Produktion, und damit auch auf die publizistische Funktion der Medien hat (Kaase/Neidhardt/Pfetsch 1997: 12f). Daraus ergibt sich die übergeordnete Fragestellung dieser Untersuchung: Welche strukturellen Einflüsse übt Werbung als bedeutende Finanzierungsinstanz der Medien auf die gesellschaftliche Wirklichkeitskonstruktion des Journalismus aus? Sollte sich tatsächlich herausstellen, dass Werbung Medieninhalte direkt oder auch nur indirekt beeinflusst, wäre die Frage nach der Objektivität der Medien neu zu beurteilen – und obendrein die Frage nach deren Glaubwürdigkeit.

Phänomene wie hybride Werbeformen zeigen, dass es dynamische Entwicklungen gibt, die den Zielkonflikt zwischen publizistischen Leistungserwartungen und wirtschaftlichem Gewinninteresse immer wieder neu entzünden (ebd.: 13). Der Aussage von Karmasin (1998: 226), dass «die Debatte um die prinzipiell verhaltenssteuernde und/oder erzieherische bzw. manipulative Funktion der Werbung als weitgehend beendet angesehen werden kann», ist somit nicht zuzustimmen. Verdeckte PR- und Werbeinteressen hinterlassen, wie Stefan Weber (2002: 10) betont, eben immer häufiger ihre Spuren auch im Kerngeschäft des Journalismus – und nicht nur bei den «soft news».

1.1 Problemfokussierung: Themenabgrenzung und Erkenntnisinteresse

Zwei Gründe sprechen dafür, dass die Werbung in den Printmedien über eine gewisse «Marktmacht» verfügt: Erstens macht die Printwerbung, zumindest in der Schweiz, nach wie vor einen Grossteil des Werbekuchens aus. Zweitens ist das Segment der Gratiszeitungen ungemein gewachsen und hat sich, mit Blick auf die Leserzahlen, als besonders erfolgreiches Geschäftsmodell herausgestellt. Obwohl auch die bezahlte Tagespresse grösstenteils über Werbung finanziert wird, kommt dieser Umstand bei Gratiszeitungen ganz besonders zum Tragen. Pendlerblätter finanzieren sich praktisch zu 100 Prozent aus Werbeerlösen und haben keine Möglichkeit, ausbleibende Werbeeinnahmen über den Verkauf bzw. die Abonnemente auszutarieren. Gerade bei solchen Medien besteht deshalb das Risiko, dass Werbekunden oder Werbeagenturen grosse Einflusspotentiale und Steuerungsmöglichkeiten besitzen. Daraus folgt, so die These, dass sich Gratiszeitungen stärker an den Wünschen der Werbewirtschaft orientieren und die Publikumsorientierung damit überlagert wird.

Diese Abhängigkeit wird von einigen Autoren wie Holznagel (2006: 534) allerdings bezweifelt: «Es ist schwer abschätzbar, ob das Mehr an Werbefinanzierung bei den Gratiszeitungen auch zu einem Mehr an publizistischen Einflussmöglichkeiten seitens der werbungtreibenden Wirtschaft führt. Zudem ist nicht ersichtlich, dass einzelne Anzeigenkunden bei der Gratispresse prinzipiell über grössere Einflussmöglichkeiten auf den Inhalt der Zeitung als bei der entgeltfinanzierten Presse verfügen. Regelmässig dürften alle diese Zeitungen mit einer Vielzahl von Anzeigenkunden zusammenarbeiten, sodass sie jeweils ein begrenztes Druckpotential aufweisen.» Dies zu untersuchen, ist Ziel dieser Studie.

Obwohl diese Frage in der Medienbranche selber, aber auch in der publizistikwissenschaftlichen Forschung ein Dauerthema ist, blieben gerade gesicherte wissenschaftliche Erkenntnisse für längere Zeit weitgehend aus (vgl. Saxer 1997, Kiefer 2001: 14ff). Dies lag vor allem daran, dass die Werbung in der Medien- und Kommunikationswissenschaft nur ein Randphänomen war und man sie mehrheitlich den Wirtschaftswissenschaften zurechnete. Daten aus wissenschaftlichen Untersuchungen deuteten zwar wiederholt auf einen steigenden Einfluss der Werbung hin, doch die strukturellen Wirkungen dieser Finanzierungsform sind besonders in der Presse noch wenig erforscht. Erst in den letzten Jahren hat sich die Forschung intensiver mit diesem Problem auseinander gesetzt (vgl. z.B. Gadringer et al. 2012).

Die von Altmeppen (2004: 503) formulierte Frage, wie autonom journalistische Organisationen handeln könnten und wie stark der Einfluss ökonomischer Logiken auf die Auswahl und Präsentation der Medienangebote sei, kann diesbezüglich als weitere Annäherung an das Forschungsvorhaben dieser Analyse gelten. Die zentrale Fragestellung dieser Studie ist, ob und inwieweit Unternehmen bei Gratiszeitungen – die in der vorliegenden Arbeit interessierende Mediengattung – mittels Werbefinanzierung die redaktionelle Berichterstattung in ihrem Sinne beeinflussen. Die Grundannahme stellt sich also wie folgt dar: Mittels Medienfinanzierung in Form von Werbezahlungen verfügen Unternehmen über einen Machtvorteil gegenüber den Medien, der sich in einer Kontextsteuerung zur Erreichung eines positiven redaktionellen Umfeldes (u.a. hybriden Werbeformen) ausdrückt. Dadurch werden Voraussetzungen geschaffen, um die journalistische Berichterstattung auf zwei Ebenen zu beeinflussen: die journalistische Selektion und die Valenz der Berichterstattung.

Im Wesentlichen setzt sich die Arbeit eine theoriegeleitete empirische Analyse der zunehmenden Einflussnahme seitens der Werbewirtschaft auf den

Journalismus zum Ziel. Die Analyse untersucht also die Beziehungen zwischen Journalismus und Ökonomie, indem sie mit Blick auf die Kommerzialisierung der Medien den Einfluss der Werbung auf die Medieninhalte von Gratiszeitungen und die daraus resultierende Hybridisierung zwischen redaktionellen und kommerziellen Inhalten ergründet. Die Frage nach den Ursachen der Hybridisierung steht in dieser Arbeit zwar nicht im Zentrum, dafür aber deren Auswirkungen. Durch die Beantwortung der oben genannten grundsätzlichen Forschungsfrage erhofft sich der Autor eine Erkenntnis darüber, ob und in welchem Ausmass Medieninhalte von Werbung beeinflusst werden und indirekt auch darüber, ob es zwischen der Anzeigenabteilung und der Redaktion Schnittstellen gibt.

1.2 Theoretische Vorentscheidungen

Um all diesen Voraussetzungen gerecht zu werden, bedarf es einer grundlegenden Bestimmung des Beobachtungsgegenstandes. Demzufolge muss der Forderung von Scholl und Weischenberg (1998: 99) entsprochen werden, dass die Bestimmung des Forschungsgegenstandes zu begründen sowie gegen alternative Beobachtungsfokussierungen abzuwägen sei.

Damit steht der Journalismus im Zentrum der Beobachtungen. Um dies sicherzustellen, werden an die zu verwendende Theorie prinzipiell zwei Ansprüche gestellt: erstens muss diese es ermöglichen, den Beobachtungsgegenstand Journalismus zu bestimmen, um ihn von anderen gesellschaftlichen Bereichen zu unterscheiden. Die funktionelle Bestimmung des Journalismus erfolgt allerdings nur insofern, als sie für die Analyse des Beobachtungsgegenstandes unerlässlich ist. Auf eine grundlegende Aufarbeitung von (system-)theoretischen Prämissen sowie von aktuellen Debatten rund um systemtheoretisch ausgelegte Journalismuskonzeptionen wird verzichtet.

Zweitens muss die Theorie, wie Malik (2004: 26) bemerkt, die Einflussfaktoren und Rahmenbedingungen der journalistischen Aussagenentstehung einbeziehen.[5] Der theoretische Teil dieser Arbeit ist demzufolge nicht ausschliesslich als Hinführung zur Empirie gedacht, sondern bietet darüber hinaus eine

[5] Scholl und Weischenberg (1998: 102) weisen explizit darauf hin, dass gerade die (empirische) Beschreibung des Systems Journalismus sich nicht darauf beschränken kann, charakteristische systeminterne Faktoren zu benennen, sondern auch die Beziehung (Referenz) des Systems zur Umwelt (oder zu bestimmten Systemen in der Umwelt) analysieren muss.

ausführliche Analyse der *Zusammenhänge* und *Rahmenbedingungen* hinsichtlich der Problematik des Anzeigenkundeneinflusses. Die theoretisch ausgerichteten Kapitel zwei und drei beleuchten das Phänomen aus unterschiedlichen Perspektiven, damit begründete Vorstellungen entwickelt werden können, welche Veränderungsprozesse mit welchen Auswirkungen die journalistische Berichterstattung über Werbekunden beeinflussen können. Diese Überlegungen lassen sich mit Hilfe von drei Untersuchungsbereichen konkretisieren: erstens mit medienökonomischen Aspekten, die sich auf das Spannungsfeld zwischen Werbe- und Nutzermarkt beziehen, zweitens anhand der Kommerzialisierungsdebatte und drittens mit Bezug auf die sich im Wandel befindenden Medienorganisationen.

Die Ebene der Medienorganisationen steht dabei im Vordergrund. So soll vor allem auf die Bedeutungszunahme des Werbemarktes und gleichzeitige Vernachlässigung des Nutzermarktes vor dem Hintergrund der Kommerzialisierung eingegangen werden. In diesem Kontext kann argumentiert werden, dass durch die zunehmende «Finanzierung von einzelnen Medien oder Medienangeboten durch Werbung» (Jarren/Röttger 2009: 36) oder Sponsoring die werbetreibenden Unternehmen über ein gesteigertes Steuerungspotential gegenüber den Redaktionen verfügen. Gerade die Zusammenarbeit zwischen Anzeigenabteilung (Verlag) und Redaktionen sorgt zumeist für Risse in der «Chinesischen Mauer» (vgl. Fassihi 2008). Das Wegbrechen der werbebasierten Finanzierungsgrundlagen dürfte diese Situation noch weiter verschärfen. Somit ist der Untersuchungsgegenstand überaus aktuell und verlangt nach weiteren empirischen Analysen.

Damit ist das Thema dieser Untersuchung hinreichend abgegrenzt. Dieser Ansatz ist allerdings nur eine Beobachterperspektive unter vielen. Dies hat zur Folge, dass einige Aspekte des Untersuchungsgegenstandes besser hervortreten, andere zwangsläufig weniger klar sind. Schimank (zit. in Hanitzsch/Altmeppen/Schlüter 2007: 14) beschreibt diesen Umstand vortrefflich: «Wer die Welt gemäss einer Theorie betrachtet, tauscht damit eine theorielose Nacht, in der alle Katzen grau – aber eben nicht völlig unsichtbar – sind, gegen einen Zustand ein, in dem viele Katzen gänzlich unsichtbar, einige dafür aber sehr genau zu erkennen sind.»

1.3 Aufbau der Studie

Die vorliegende Studie ist in einen Theorieteil und einen empirischen Teil gegliedert. Der theoretische Rahmen wird zuerst durch die Klärung der unterschiedlichen Märkte eines Medienunternehmens abgesteckt. Dabei werden der Bedeutungsverlust des Rezipientenmarktes zu Gunsten des Werbemarktes sowie die spezifischen Interdependenzen zwischen diesen beiden Märkten diskutiert (Kapitel 2).

In einem weiteren Schritt erfolgt die Analyse von Kommerzialisierungstendenzen, die als treibende Kräfte des medialen Wandels für die zunehmende ökonomische Bedingtheit der journalistischen Produktion verantwortlich sind (Kapitel 3). Dabei richtet sich der Fokus auf ökonomische Imperative, die auf den Journalismus einwirken und für Entdifferenzierungsprozesse innerhalb des Journalismus verantwortlich sind. Das Kapitel wirft auch einen Blick auf die Organisationsstrukturen von Medienunternehmen. Im Zentrum des Interesses steht dabei die zunehmende Kollaboration zwischen Redaktion und Management über die so genannte «Chinesische Mauer» hinweg. Eine mögliche Folge: Das Medienmanagement unternimmt aufgrund der Finanzierung durch Anzeigenkunden Steuerungsversuche, um eine bestimmte, werbefreundliche Ausrichtung des Medienangebotes zu erreichen. Die Ergebnisse der theoretischen Analyse sollen in der Folge helfen, Thesen über die dysfunktionalen Konsequenzen der Kommerzialisierung für die Funktion und Unabhängigkeit der (Print-)Medien herzuleiten.

Im Anschluss an die theoretischen Ausführungen wird in Kapitel 4 der aktuelle Forschungsstand hinsichtlich des Einflusses der Werbung auf den Journalismus erläutert. Dass die vorliegende Studie erst nach der theoretischen Analyse an den Forschungsstand anknüpft und die theoretische Modellierung nicht aus der Kritik der vorab durchgeführten Studien erfolgt, ist in erster Linie auf eine weitgehende Absenz theoretischer Grundlagenarbeit zurückzuführen, weshalb sich das Forschungsfeld auch als diffus darstellt.

Kapitel 5 beleuchtet das Untersuchungsobjekt bzw. den Wandel der Schweizer Presselandschaft vor dem Hintergrund der Einführung von Gratiszeitungen. Im Zentrum stehen dabei die Auswirkungen auf den Leser- sowie auf den Werbemarkt.

Über die theoretische Analyse lässt sich die Ausgangsfrage der Untersuchung nach dem Einfluss der Werbung auf die Medieninhalte von Gratiszeitungen anschliessend operationalisieren. Kapitel 6 fächert die zentrale Fragestellung in konkrete Forschungsfragen auf und erläutert das methodische Vorgehen.

In einer ersten, quantitativen Inhaltsanalyse (Kapitel 7) wird eine formale Untersuchung von Sonderwerbeformen aus den werbeintensivsten Märkten vor allem bezüglich ihrer Art, ihres Umfangs sowie ihrer Häufigkeit durchgeführt. Zusätzlich zu den formalen Charakteristika untersucht die Studie die Gestaltung des redaktionellen Umfeldes auf dessen Werbefreundlichkeit sowie die Art und Weise des Bezuges von Sonderwerbeformen zum redaktionellen Umfeld.

Da in der ersten Inhaltsanalyse der Werbeaufwand der grössten Werbeinvestoren eruiert wird, dient sie gleichzeitig auch als Ausgangslage für die zweite Untersuchung. Diese stellt das Kernstück der hier präsentierten Studie dar (Kapitel 8). Sie ermöglicht es, die journalistische Berichterstattung zu durchdringen und den Einfluss der Werbung bis in den Prozess der Aussagenentstehung zu analysieren.

Abschliessend werden in Kapitel 9 die wichtigsten Resultate zusammenfassend diskutiert und die daraus gewonnenen Erkenntnisse dargelegt. Zu guter Letzt wird ein Fazit gezogen, die Arbeit kritisch hinterfragt – auch aus der Perspektive des heutigen Gratiszeitungsmarktes – sowie weitere Forschungsfragen für zukünftige Studien formuliert. Dies auch mit Blick auf den Forschungstransfer und den erhofften praktischen Nutzen für den Journalismus.

2 Das Spannungsfeld zwischen Journalismus und Werbung

Erst in der zweiten Hälfte des 19. Jahrhunderts entwickelte sich ein Mediensystem, das alle gesellschaftlichen Klassen und Schichten integrierte und damit das Fundament für eine stärker ökonomische und weniger politisch-ideologische Orientierung der Medien legte (Jarren/Donges 2011: 21).[6] In modernen Demokratien erfolgen Produktion und Vertrieb von Medien in der Regel unter den Bedingungen der Handels- und Gewerbefreiheit. Dies gilt insbesondere für Zeitungen, die meist von gewinnorientierten Verlagsunternehmen herausgegeben und deren Produkte und Dienstleistungen auf unterschiedlichen grossen Lesermärkten verkauft werden (Siegert/Meier/Trappel 2005: 205).

Die Besonderheit der Medienproduktion liegt darin, dass Massenmedien industriell erzeugte Dienstleistungen sind, «die sowohl wirtschaftlichen Organisationsprinzipien unterworfen sind, als auch gesellschaftspolitischen und publizistischen Ansprüchen gerecht werden müssen» (ebenda: 217). Dieses Spannungsverhältnis fusst auf der Verbindung von Werbe- und Nutzermarkt, denn Medien sind in der Regel zugleich redaktioneller Informations- und Werbeträger. Heinrich (2001a: 129) umschrieb diesen Sachverhalt mit der Formel, dass Massenmedien in aller Regel für zwei Märkte produzieren: Information, Bildung und Unterhaltung für das Publikum und eine Verbreitungswahrscheinlichkeit von Werbebotschaften für die werbetreibende Wirtschaft.

Diesem Zielkonflikt unterstehen grundsätzlich alle, zumindest privatwirtschaftlich ausgerichteten Medienprodukte.[7] Kiefer (1997: 60) legitimiert folglich auch die Profitorientierung der Medienunternehmen, weist aber darauf hin, dass dies inhärente Probleme in der Medienproduktion verursacht: «Geht man davon aus, dass die privatwirtschaftliche Bereitstellung von Medien aus Unternehmenssicht, völlig legitim, der Gewinnerzielung dient [...], dann sind Konflikte zwischen diesem individualistischen Bereitstellungsmotiv und den

[6] Der Begriff Mediensystem wird hier nicht in einer engen systemtheoretischen Auslegung verwendet, sondern baut auf Saxers Medienbegriff auf, indem Mediensysteme «als ein Gefüge von Medien [...] in einer Gesellschaft und deren komplexe Wechselbeziehungen untereinander verstanden werden» (Künzler/Hribal/Jarren 2005: 183).

[7] Dies gilt nicht für Medienunternehmen, die sich zum Beispiel über Stiftungen oder ausschliesslich über Spenden finanzieren. Öffentlich-rechtliche Anstalten sind nicht ausgenommen, sofern sie auch auf dem Werbemarkt tätig sind – im Übrigen sind diese trotz Gebührenfinanzierung ebenfalls an Budget-Vorgaben gebunden.

publizistikwissenschaftlichen oder gar gesellschaftlichen Leistungserwartungen an das Mediensystem, […] immanent […].» Doyle geht im Gegensatz zu Kiefer nicht auf einen inhärenten Konflikt ein, sondern beschreibt den Sachverhalt aus der Perspektive unterschiedlicher Zielsetzungen: «The two commodities that media firms generate are, first, content (television programmes, newspaper copy, magazine articles, etc.) and, second, audiences. The entertainment or news content that listeners, viewers or readers ‹consume› constitutes one form of output which media firms can sell. The audiences that have been attracted by this content constitute a second valuable output, insofar as access to audiences can be packaged, priced and sold to advertisers» (Doyle 2002: 12).

Medienunternehmen stehen demnach gleichzeitig in einem ökonomischen und einem publizistischen Wettbewerb. Die unterschiedliche Gütercharakteristik der beiden Märkte beeinflusst wiederum die Eigenschaften der Massenmedien als Gesamtprodukt – von der Planung des Medienproduktes, über die Medienorganisation und die Produktionsroutinen bis hin zu den strategischen Entscheidungen des Managements.

2.1 Der Nutzermarkt und die Funktion von Journalismus

Dem Journalismus werden in Bezug auf den Nutzermarkt unterschiedliche Leistungen zugeordnet, die sich, wie Scholl und Weischenberg (1998: 29) erläutern, «normativ aus allgemeinen gesellschaftlichen Rahmenbedingungen, historischen und rechtlichen Grundlagen sowie professionellen und ethischen Standards» ableiten lassen. Der Journalismus hat eine öffentliche Aufgabe:

> «If the media industry is different, in important respects, from other industries, the underlying conceptual reason is that media outlets have a distinctive relationship with the public. Rather than simply supplying consumer goods in a free market context, media in a democratic society are expected to serve the public interest. […] The mass media serve the public interest to the extent, that they portray the diversity of experiences and ideas in a given society. Only

> through exposure to a wide range of perspectives can citizens begin to truly understand their society and make informed decisions» (Croteau/Hoynes 2006: 31f).

Croteau und Hoynes beziehen sich in ihrer Argumentation stark auf das öffentliche Interesse (the public interest) und die Informationsfunktion des Journalismus, welche insbesondere für die Meinungs- und Willensbildung relevant ist. Der Journalismus übernimmt aber noch weitere Aufgaben in der Gesellschaft, wie die Kritik- und Kontrollfunktion, die Sozialisations- bzw. Integrationsfunktion, die Unterhaltungs- und Rekreationsfunktion und nicht zuletzt auch die oft «verschmähte» Werbefunktion.Steht die Funktion von Journalismus in der Gesellschaft zur Debatte, sollte deshalb immer auch berücksichtigt werden, dass «nicht alles, was die Öffentlichkeit, mithin Leser, Hörer und Zuschauer, interessiert, auch von öffentlichem Interesse [ist]» (Russ-Mohl/ Nazhmidinova 2010). Folglich unterscheiden sich «the public interest» und «the public's interest», denn Letzteres dürfte sich eher am Boulevard als am öffentlichen Interesse orientieren (vgl. Russ-Mohl 2010).

2.1.1 Die Funktion von Journalismus in der Gesellschaft

Es existieren zahlreiche Arten, die Funktion des Journalismus zu begründen. Aus einer Perspektive der funktionalistischen Systemtheorie kann der Journalismus in der Gesellschaft als Leistungssystem der Öffentlichkeit beschrieben werden, das alle Systeme einer differenzierten Gesellschaft beobachtet und dadurch ihre (Selbst-)Beobachtung ermöglicht (Görke 1999; Kohring 1997; vgl. Kohring/Hug 1997).[8] Zwar verfügt jedes einzelne System über begrenzte Möglichkeiten einer Selbst- und Umweltbeobachtung. In einer funktional differenzierten Gesellschaft sind die einzelnen Teilsysteme mit der Beobachtung der Umwelt überfordert. Folglich übernimmt der Journalismus diese Funktion, zumal es sich beim Journalismus um «diejenige gesellschaft-

[8] Gemäss Hohlfeld (2003: 96) ist die organisierte Selbstbeobachtung der Gesellschaft und ihrer unterschiedlichen Teilsysteme der «Minimalkonsens» in den neueren, systemtheoretischen Ansätzen zur Journalismusforschung.

liche Institution [handelt], die sich als Leistungssystem der Öffentlichkeit *professionell* dieses gesellschaftlichen Problemlösungsbedarfs angenommen hat» (kursiv im Orig., Kohring 2004: 197).

Konkretisiert wird dieser Ansatz dadurch, dass der Journalismus «aktuelle Themen aus den verschiedenen gesellschaftlichen Teilsystemen (Wirtschaft, Sport, Politik, Recht etc.)» sammelt, auswählt und bearbeitet um «sie dann diesen sozialen Teilsystemen als Medienangebote zur Verfügung zu stellen» (Weischenberg 1992: 41). Der Journalismus verarbeitet Themen im Sinne einer journalistischen Aktualitätskonstruktion, damit die Gesellschaft, die aus unterschiedlichen Teilsystemen mit unterschiedlichen «Eigenzeiten» (Görke 1999: 293) besteht, synchronisiert wird. Er funktioniert sozusagen als «Metronom» der Gesellschaft (ebd.: 292ff). Der Journalismus verarbeitet demnach aktuelle Themen, die zwar vor allem eine temporale Bedeutung haben (sie müssen aktuell sein), aber eben auch eine sachliche und soziale, indem sie für den Rezipienten relevant sein müssen. Erst durch Aktualität und sachliche (Journalismus als Themenlieferant) bzw. soziale (als Repräsentation von öffentlicher Meinung) Relevanz entsteht primär Anschlusskommunikation.[9] Die Synchronisationsfunktion des Journalismus verhindert auch das Auseinanderdriften von Normvorstellungen zwischen unterschiedlichen Systemen, indem er die Selbstreferenz der anderen Systeme unterbricht und so die Rolle eines steten «Unruhestifters» in der Gesellschaft übernimmt (ebd.).[10]

Journalismus als Leistungssystem der Öffentlichkeit ist dahingehend zu verstehen, dass noch weitere Formen von Öffentlichkeit existieren wie Klatsch, Gerüchte oder Gespräche, die nicht zum Journalismus gehören (Arnold 2009: 152). «Diese Medienangebote müssen – um als Journalismus im engeren Sinne gelten zu können – an Neuigkeitswert, Faktizität, Unabhängigkeit und Relevanz gebunden sein» (Scholl/Weischenberg 1998: 75ff). Damit lässt sich Journalismus von anderen Kommunikationsformen wie Öffentlichkeitsarbeit oder

---

[9] Kohring (1997) vertritt die Auffassung, dass das Leistungssystem Journalismus der Leitdifferenz «Mehrsystemzugehörigkeit» folgt und weniger einer temporalen (Aktualität) Unterscheidung. Danach beobachtet Journalismus in seiner Funktion der gesellschaftlichen Selbstbeobachtung und Synchronisation insbesondere die Irritationen *zwischen* mehreren Teilsystemen, da diese sich im Verlauf der funktionalen Ausdifferenzierung der Gesellschaft auseinander bewegen. Dabei konzentriert sich der Journalismus auf Themen, die konfliktive Bezüge zwischen verschiedenen Systemen offenbaren. Somit stellt er Bezüge zwischen unterschiedlichen Systemrationalitäten her und ermöglicht Anschlusskommunikation in mehr als einem System.

[10] Hinsichtlich der Leitcodes des Journalismussystems besteht alles andere als ein Konsens, wobei an dieser Stelle die Unterschiede nicht im Einzelnen geklärt werden können. Eine gute Übersicht bieten Scholl/Weischenberg 1998, Hohlfeld 2003 sowie Arnold 2009.

Werbung unterscheiden, welche die Thematisierung nicht als Fremd-, sondern als Selbstdarstellung betreiben und darüber hinaus auch nach der Logik anderer Systeme, z.B. des Wirtschaftssystems, operieren.

Eine Beschreibung der Funktion des Journalismus ist essentiell für das Verständnis der Aufgabe, die der (Informations-)Journalismus innerhalb der Gesellschaft übernimmt. Eine umfassende Definition des Journalismus stellt sich dagegen als schwierig heraus, zumal sich in den letzten beiden Jahrzehnten bedeutende Umbrüche manifestierten. Mit dem Internet kam ein neues Medium hinzu, das die Bedingungen der journalistischen Produktion grundlegend veränderte. Die Digitalisierung der Inhalte brachte neben neuen Publikationsmöglichkeiten wie Blogs oder Wikis auch neue Formen wie Onlinejournalismus, User Generated Content, partizipativer- oder Bürgerjournalismus hervor. So vertrat Weischenberg bereits vor rund zehn Jahren die Auffassung, dass der «Journalismus als fest umrissener, identifizierbarer Sinn- und Handlungszusammenhang deutlich an Konturen [verliert]; er ist deshalb alsEinheit kaum noch beschreib- und beobachtbar» (Weischenberg 2001: 77). Dem Medienwissenschaftler ist in Bezug auf die sich auflösenden Konturen sicherlich zuzustimmen – beschreiben lässt sich der Journalismus aber nach wie vor.

Die von Weischenberg angedeutete Entgrenzungsthese unterstellt dem Journalismus, dass die vielfältigen Wandlungsprozesse einem gemeinsamen Trend folgen – was allerdings nicht unumstritten ist. Wie Neuberger (2004: 2) darlegt, ist, wer von Entgrenzung spricht, dazu gezwungen, zuerst die Grenzen des Journalismus festzulegen. Dafür muss der Untersuchungsgegenstand wiederum zuerst definiert werden. Letztlich mag es tatsächlich so sein, dass sich der Journalismus aufgrund der vielfältigen Formen im Internet vor allem in seinen Randbereichen entgrenzt. Hinsichtlich der zentralen Aufgaben und der Funktion des Journalismus dürften etablierte Definitionen, wie die folgende von Meier (2007), weiterhin ihre Gültigkeit behalten:

> «Journalismus recherchiert, selektiert und präsentiert Themen, die neu, faktisch und relevant sind. Er stellt Öffentlichkeit her, indem er die Gesellschaft beobachtet, diese Beobachtungen über periodische Medien einem Massenpublikum zur Verfügung stellt und dadurch eine gemeinsame Wirklichkeit konstruiert. Diese konstruierte Wirklichkeit bietet Orientierung in einer komplexen Welt» (Meier 2007: 13).

Einige der neuen Kommunikationsformen im Internet sind mit den herkömmlichen Vorstellungen von Journalismus zwar nicht funktional äquivalent, leisten aber doch ähnliche Arbeit. So tritt zum Beispiel der Bürgerjournalismus neben den professionell-redaktionellen Journalismus, obwohl die beiden nicht über die gleiche Reichweite, dieselben organisationalen Strukturen oder finanziellen Ressourcen verfügen. Zugleich unterscheidet sich der klassische Journalismus oftmals von innovativen Formen der Onlinekommunikation. Die grössten Veränderungen kommen vor allem mit dem Übergang von der Massen- zur Individualkommunikation und der daraus folgende Verlust der Gatekeeperfunktion einher, da sich die Rezipienten mittlerweile auch direkt an das Publikum wenden können.

Die sich daraus ergebenden alternativen Publikations- und Informationsmöglichkeiten haben die Themenöffentlichkeit zwar erweitert, aber auch eine neue Unübersichtlichkeit hervorgerufen. Die steigende Komplexität verlangt aber geradezu nach einer auf Dauer gestellten und organisierten Form der öffentlichen Kommunikation, da die Themen erst durch die Wahrnehmung der Journalisten in den Massenmedien «eine Chance auf gesamtgesellschaftliche Wahrnehmung und somit Relevanz» (Jarren 2008: 331) haben. Diese Orientierungsfunktion, von der auch Meier in seiner oben erwähnten Definition spricht, realisiert der Journalismus primär anhand von Medienorganisationen.[11]

2.1.2 Die Eigenheiten des Nutzermarktes

Gemäss Franck (1998) ist in der heutigen Informationsgesellschaft – neben Zeit und Geld – vor allem *Aufmerksamkeit* ein knappes Gut. In diesem Kontext haben Fengler und Russ-Mohl (vgl. 2005) ein Modell entwickelt, das mit Hilfe ökonomischer Betrachtungsweisen die Beziehung zwischen dem Journalismus und den Rezipienten verdeutlicht. Dieses Marktmodell geht davon aus, dass in der Mediengesellschaft nicht nur Waren und Dienstleistungen gegen Geld, sondern darüber hinaus auch Informationen gegen Aufmerksamkeit getauscht werden. Gemäss Russ-Mohl und Fengler (2007) stellt sich das Beziehungsmodell folgendermassen dar:

[11] Auf die Interdependenzen zwischen Medien und Journalismus wird in Kapitel drei näher eingegangen.

Abbildung 1: Aufmerksamkeitsökonomie zwischen Journalismus und Rezipienten

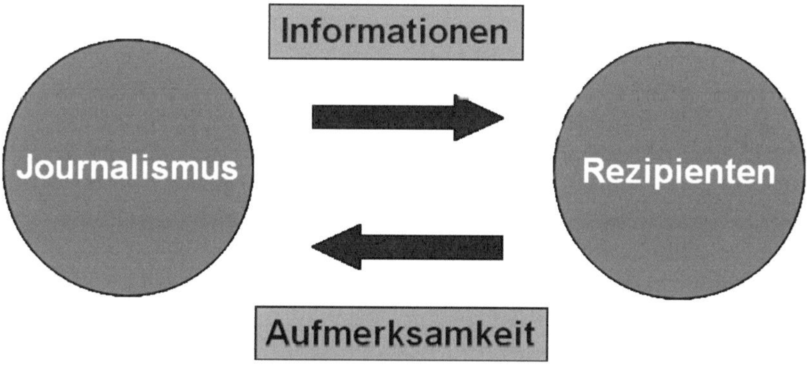

Quelle: Russ-Mohl/Fengler 2007, mit eigenen Änderungen

Das Marktmodell fusst auf den Prämissen, dass sich Anbieter und Nachfrager gegenüberstehen. Journalist und Rezipient handeln in dieser Konstellation allerdings nicht mit Waren, sondern mit Informationen bzw. mit Aufmerksamkeit: «Instead, in the attention economy, information [...] is exchanged [...] for public attention and credibility provided by journalists» (ebd.: 81). In einer Mediengesellschaft, die durch ein enormes Angebot an journalistischen Inhalten geprägt ist, wird Aufmerksamkeit zu einem äusserst knappen Gut. Diese ist zwar immateriell, aber dennoch sehr viel Geld wert (vgl. Russ-Mohl 2004): Die von den Medien generierte öffentliche Aufmerksamkeit kann in einem zweiten Schritt an die Werbewirtschaft weiterverkauft werden, die sich dadurch eine erhöhte Aufmerksamkeit für ihre kommerziellen Botschaften erhofft.

Der Journalist wird in dieser Perspektive zu einem «Homo oeconomicus», der nicht nur im Interesse des *public interest* arbeitet, sondern eben auch nach öffentlicher Aufmerksamkeit strebt – zumal er dadurch an Prestige, sozialem Ansehen und Macht gewinnt. Sobald Journalisten versuchen, die Aufmerksamkeit für ihre Beiträge zu maximieren, stellt sich jedoch die Grundsatzfrage nach der Beziehung zwischen Qualität und Quote: «Einschaltquoten, Auflagen- und Click-Statistiken geben immerhin Aufschluss darüber, welche ‹Qualität› von mehr oder minder mündigen Bürgern am Markt nachgefragt wird.

Und über dieses Votum kann sich nicht hinwegsetzen, wer das Publikum ernst nimmt – den Konsumenten ebenso wie den Staatsbürger» (Russ-Mohl 2008: 103).

Journalisten, die sich nutzenmaximierend verhalten, können allerdings dysfunktionale Effekte – aus ökonomischer Perspektive «externe Effekte» genannt – hervorrufen. Gerade das *aggregierte* Verhalten vieler Journalisten, die zu ihrem eigenen Vorteil handeln, können auf der Makroebene zu unerwünschtem gesellschaftlichen Folgewirkungen führen (vgl. Fengler/Russ-Mohl 2007b). Ein Beispiel dafür ist der so genannte «Rudeljournalismus», bei dem verschiedene Medien versuchen, die immer gleiche Geschichte aus ähnlichen Perspektiven immer wieder neu zu überbieten: «Ein wahrhaft postmoderner Rudeljournalismus jagt gemeinsam dieselben Säue durchs Dorf, und die verschiedenen Formate zwischen Boulevard und Qualität bekunden zunehmend Mühe, sich noch zu unterscheiden» (Stadler 2007).

Kiefer (2001: 151) beschrieb die Inhalte von Medien wie Zeitung, Zeitschrift oder Rundfunkprogramme vor rund zehn Jahren als eine Mischung aus öffentlichen Gütern und selektiven Anreizen, aus meritorischen Gütern und Gütern ohne Meritorik, die in ihrem Mischungsverhältnis vom Verleger je nach Zeitungstyp unterschiedlich gestaltet sind. Die Medienwissenschaftlerin hat durchaus recht, wenn sie behauptet, dass das Mischungsverhältnis je nach Verleger unterschiedlich sein dürfte. Sie übersieht allerdings, dass dieses Verhältnis mittlerweile von einer Dynamik erfasst wurde, welche die Meritorik von Medienprodukten im Zuge der Kommerzialisierung zusehends schwinden lässt.

Dies hat auch Auswirkungen auf die journalistische Produktion, indem ökonomische Aspekte immer häufiger auch Nachrichtenfaktoren beeinflussen. Gemäss Hamilton (2004: 8) gilt es bei der Nachrichtenauswahl in kommerziellen Medienunternehmen neben den traditionellen journalistischen W-Fragen auch fünf ökonomische W-Fragen zu berücksichtigen:

- Who cares about a particular piece of information?
- What are they willing to pay to find it, or what are others willing to pay to reach them?
- Where can media outlets or advertisers reach these people?
- When is it profitable to provide the information?
- Why is it profitable to provide the information?

Dieser von der Ökonomik inspirierte Fragenkatalog dürfte hilfreich sein, um zu erklären, weshalb finanzielle Aspekte eben auch *innerhalb* der Redaktionen zunehmend an Bedeutung gewinnen.

2.2 Der Werbemarkt und die Finanzierung von Medienunternehmen

Werbung ist seit je Teil der gesellschaftlichen Kommunikation und steht mit dem Journalismus bzw. mit den Medien als deren primäre Finanzierungsquelle eng in Verbindung. Seit den Anfängen der periodischen Presse gehören kommerzielle Anzeigen zur Geschichte der journalistischen Erzeugnisse. «Wo immer es um die Frage der Medienfinanzierung geht», so Zurstiege (2006: 91), «geht es alsbald um die Frage nach Dominanz- und Dependenzbeziehungen im Verhältnis zwischen den Medien und der Werbung.» Gerade in den letzten Jahren hat diese Frage zunehmend an Brisanz gewonnen, zumal rückläufige Geschäfte auf dem Werbemarkt und eine kriselnde Konjunktur die wirtschaftliche Situation für die Medien und den Journalismus verschärft haben.

2.2.1 Werbung im Spiegel der Öffentlichkeit

Verschiedene Wissenschaftsdisziplinen haben sich bereits früh mit der Werbung beschäftigt. Allen voran die Wirtschaftswissenschaften, welche sich mit dem Thema im Kontext der Betriebswirtschaftslehre – speziell im Zusammenhang mit dem Marketing – auseinander setzten. Die Publizistik- und Kommunikationswissenschaft hat sich vergleichsweise spät mit dem Thema Werbung befasst. Noch in den 80er-Jahren stellte Saxer fest, dass sich die Kommunikationswissenschaft erst in den letzten Jahren «von der Analyse redaktioneller

Beiträge in Massenmedien und deren Wirkung zur Untersuchung öffentlicher Kommunikation ausgeweitet» hat (Saxer 1987: 650). «Daher wird die Werbung erst allmählich ein Objekt ihrer wissenschaftlichen Neugier» (ebd.). Die Gründe für die Vernachlässigung der Werbung als Forschungsobjekt sehen Siegert und Brecheis (2005: 20) vor allem darin, dass sich die Publizistik- und Kommunikationswissenschaft lange Zeit nur mit redaktionellen Beiträgen befasste, da klassische Werbung in den meisten Fällen deutlich von den journalistischen Inhalten getrennt war.[12] Die beiden Autoren argumentieren weiter, dass sich die Publizistik- und Kommunikationswissenschaft darüber hinaus eher mit politischen Fragen, als mit mikroökonomischen Themen auseinandersetzte.

Zwar hatte Vance Packard bereits 1958 in seinem Buch «Die geheimen Verführer» die (angebliche) Manipulation und den Gebrauch von unterschwelligen Botschaften von Seiten der Werbung angeprangert. Doch erst die Ende der 60er-Jahre unter anderem von Vertretern der Frankfurter Schule formulierte Werbekritik fand langsam Eingang in die Publizistik- und Kommunikationswissenschaft. Die harsche Werbekritik beeinflusste allerdings nicht nur generell das Image der Werbung. Die normativen Thesen hielten sich auch innerhalb der Medienwissenschaft äusserst lange (vgl. z.B. Knoche 2005). Auch heute noch konzentrieren sich die meisten Forschungsbereiche eher auf persuasive Effekte wie die Werbewirkungsforschung, während die Werbung als Finanzierungsgrundlage der Medien eher selten in den Fokus der Forscher gerät (vgl. Siegert/Thomas/Mellmann 2009).

Werbung geht trotz allem mit Persuasion einher – gerade deshalb verleitet sie oftmals zu vorschnellen Urteilen, in denen viel Medienkritik mitschwingt. Auch Medienforscher können solchen Automatismen erliegen. Bei Manfred Rühl zum Beispiel wird Werbung zum «Rauschen im Programm» (1999), während Bentele (1999) Werbung als problematische Kommunikationsform *per se* stigmatisiert.

Nach Siegert und Brecheis (2005: 23ff) umfasst eine Definition von Werbung fünf zentrale Aspekte, damit sie auf einer abstrakten Ebene auf alle Formen der Werbung zutrifft: Prozesscharakter, Zielorientierung, Inhalte, Vermittlungswege sowie Instrumente:

---

[12] In der Schweiz ist der Trennungsgrundsatz in der Radio- und Fernsehverordnung (RTVV, Art. 12) gesetzlich verankert. Im Falle der Printmedien gibt es kein entsprechendes Gesetz, trotzdem ist die Trennung von Werbung und Journalismus ein berufsethischer Grundsatz, der in den Richtlinien (10.1) des Schweizer Presserates festgehalten ist.

- Werbung ist ein *Kommunikationsprozess*: Sender und Empfänger, die Botschaft sowie das Medium sind fixe Bestandteile der Werbekommunikation.
- Werbung hat konkrete *Ziele*: Aus dem übergeordneten Zweck der absichtlichen Beeinflussung von Einstellungen, Wissen, Meinungen und Verhalten der Rezipienten lassen sich die Ziele der Werbung ableiten. Eine enge Fokussierung auf die verhaltensändernde Funktion der Werbung im Hinblick auf den Markterfolg ist allerdings umstritten, zumal auch andere Kommunikationsformen wie Public Relations oder Sponsoring mit wirtschaftlichen Zielsetzungen verbunden sind.
- Werbung steht im Zusammenhang mit den *beworbenen Objekten*: Werbung transportiert Aussagen zu Produkten, Dienstleistungen, Unternehmen, Menschen, Marken oder Ideen.
- Werbung erfolgt auf unterschiedlichen *Kanälen*: Werbung ist ein medial vermittelter Kommunikationsprozess und nutzt dabei Massenmedien im weitesten Sinne. Aber auch Streumedien ohne redaktionelle Inhalte wie Flyer, Prospekte oder persönlich adressierte Direktwerbung werden verwendet.
- Werbung benutzt unterschiedliche *Mittel und Instrumente*: Neben den klassischen Spots oder Anzeigen gibt es auch alternative Mittel wie Pop-ups im Onlinebereich. Darüber hinaus kamen im Verlauf der letzten Jahre immer häufiger auch unkonventionelle «Guerilla-Taktiken» wie Sticker, Werbung auf T-Shirts oder neuerdings auch Flashmobs[13] hinzu.

Fasst man diese fünf von Siegert und Brecheis aufgeführten Punkte zusammen, so ergibt sich folgende (Arbeits-)Definition der Werbung:

> «Werbung ist ein geplanter Kommunikationsprozess und will gezielt Wissen, Meinungen, Einstellungen und/oder Verhalten über und zu Produkten, Dienstleistungen, Unternehmen, Marken oder Ideen beeinflussen. Sie bedient sich spezieller Werbemittel und wird über Werbeträger wie z.B.

[13] Bei einem Flashmob handelt es sich um eine vermeintlich spontane Menschenansammlung, die gemeinsam ein vorab organisiertes Programm durchführen – ohne dies jedoch öffentlich zu kommunizieren. Siehe z.B. http://www.handelsblatt.com/unternehmen/management/marketing/mundgeruch-alarm-tic-tac-schockt-franzosen-mit-flashmob/6492840.html (20.09.2012).

> Massenmedien und andere Kanäle verbreitet» (Siegert/Brecheis 2005: 26).

Diese allgemeine Definition von Werbung wurde im Verlauf der Zeit weiter ausdifferenziert und an die jeweiligen Werbekontexte angepasst: Begriffe wie Absatzwerbung, Above- oder Below-the-Line-Werbung, Direktwerbung sowie programmintegrierte und hybride Werbeformen weisen auf verschiedene Erscheinungsformen mit unterschiedlichen Teilfunktionen hin.[14]

2.2.2 Die Relevanz des Werbemarktes

Während auf dem Rezipientenmarkt Tauschprozesse zwischen Informationen und Aufmerksamkeit stattfinden, ist das ökonomisch gehandelte Gut auf dem Werbemarkt die durch die Medieninhalte generierten Kontaktmöglichkeiten mit den Publika:

> «Es sind die Kontaktchancen mit einem Publikum, die das ökonomische Gut auf dem Werbemarkt bilden und die vor allem periodisch Medien offerieren können. Dabei soll das publizistisch-redaktionelle Güterbündel als Angebot auf dem Rezipientenmarkt nicht nur ein Publikum aus werblich möglichst interessanten Zielgruppen schaffen, sondern gleichzeitig auch die Aufmerksamkeit und Bereitschaft für die Rezeption der Werbebotschaft mit erzeugen» (Kiefer 2001: 153).

[14] Absatzwerbung ist die ursprüngliche Form der Werbung, indem sie über die gezielte «Beeinflussung von ökonomisch relevantem Wissen, Meinungen, Einstellungen und Verhalten den Absatz von Produkten oder Dienstleistungen steigern» will (Siegert/Brecheis 2005: 29). Above-the-Line-Werbung bezeichnet eher einen Werbetyp, der mehrheitlich klassische Werbemittel wie Spots oder Anzeigen umfasst. Es handelt sich dabei also hauptsächlich um solche Werbung, die sich der Massenmedien als Träger bedient. Below-the-Line-Werbung ist ein Sammelsurium für Werbeformen, die nicht als klassische Werbung gelten. Bei der Direktwerbung ist die Adresse des Rezipienten konstitutiver Bestandteil des eingesetzten Werbemittels, um die Kontaktaufnahme mit dem Werber so einfach wie möglich zu gestalten (vgl. Siegert/Brecheis 2005: 26ff).

Der Werbemarkt ist als Finanzierungsquelle vieler Medienunternehmen von zentraler Bedeutung. Auch Zeitungen generieren noch immer einen beträchtlichen Teil ihrer Einnahmen auf dem Werbemarkt, obwohl sich in den letzten Jahren deutliche Verschiebungen ergaben. Bis vor rund 10 Jahren hiess die Faustregel 2/3 Anzeigen und 1/3 Vertrieb. Nachdem Stelleninserate und Kleinanzeigen ins Internet auf spezielle Internetportale abgewandert sind und sich obendrein die wirtschaftliche Lage verschlechtert hat, beläuft sich das Anzeigengeschäft heutzutage nur noch auf einen Anteil von ungefähr 50 Prozent an den gesamten Einnahmen. 2009 übertrafen in Deutschland die Vertriebserlöse sogar zum ersten Mal die Werbeeinnahmen (BDZV 2012). Trotzdem darf die Bedeutung der Werbefinanzierung bei den Printmedien nicht unterschätzt werden: Gerade der Gratiszeitungssektor und die meisten Onlineangebote von bezahlten Tageszeitungen sind nach wie vor primär werbefinanziert.[15]

Dass die privatwirtschaftliche organisierten Medien immer noch stark werbeabhängig sind, zeigt sich vor allem in Zeiten konjunktureller Schwankungen: Nach den Rekordeinnahmen aus dem Jahr 2000 mussten die Medienunternehmen zum Teil massive Einbussen bei den Werbeeinnahmen hinnehmen. Allein die Verknüpfung von Medien und Werbung öffnet letzterer jedoch nicht Tür und Tor zur Beeinflussung der journalistischen Praxis. Laut Siegert und Brecheis (2005: 51) wird der Einfluss dreifach eingeschränkt:

> «Medien-, Werbe- und Wettbewerbsgesetze ziehen einen juristischen Rahmen auf. Rollenverständnis, Berufsauffassung, aber auch Selbstwertgefühl und eigene Machtansprüche sind journalistische Motive zur Eindämmung allzu grosser Begehrlichkeiten seitens der Werbung. Und schliesslich beschränken werbliche Aspekte selbst eine überzogene Beeinflussung der Medien, weil Werbung, um überhaupt erfolgreich zu sein können, zwingend auf die Glaubwürdigkeit der Medien angewiesen ist.»

[15] Gerade etablierte Medien stellen auf ihren Online-Angeboten ihre Inhalte zurzeit noch kostenlos ins Netz, um damit eine möglichst hohe Nutzerzahl und damit wiederum höhere Werbeerlöse zu erzielen. In Zukunft dürften zahlreiche Medienunternehmen allerdings eine Paywall-Strategie anwenden, die ihre Inhalte hinter eine Bezahlschranke stellen. Ob diese Strategie greift, wird sich zeigen – wobei die Dynamiken des digitalen Nachrichtengeschäftes bzw. die schier unerschöpfliche Zahl an alternativen Nachrichtenangeboten eher daran zweifeln lassen.

Diese Einschränkungen mögen auf normativer Ebene durchaus ihre Berechtigung haben. Problematisch dabei ist, dass der Druck von Seiten der Werbung im Alltag häufig innerhalb der Medienunternehmen an die Redaktionen weitergereicht werden dürfte. Es ist deshalb auch wenig verwunderlich, wenn Siegert und Brecheis (ebd.: 262) in ihren Thesen zur Zukunft der Werbung festhalten, dass mit redaktionellem und inhaltlichem Kontext verbundene Werbung zunehmen wird. Damit unterwandert der Journalismus nicht nur seine eigene Glaubwürdigkeit, auch Werbebotschaftendürften durch die Platzierung in einem redaktionell darauf abgestimmten Umfeld – sofern dies von den Lesern erkannt wird – (noch weiter) an Glaubwürdigkeit einbüssen.

2.3 Interdependenzen zwischen publizistischem und ökonomischem Wettbewerb

Da Medienunternehmen zeitgleich auf dem Leser- und dem Werbemarkt agieren, sind sie mit verschiedenen Nachfragen konfrontiert. Die Nachfrage der Werbewirtschaft nach Anzeigenplätzen hängt davon ab, wie stark die Kongruenz zwischen der anvisierten Zielgruppe und der Leserschaft ist. Die Leserschaft hingegen ist aus Sicht der Redaktion der relevante Markt. Dieser Umstand wird in der jüngeren ökonomischen Theorie als zweiseitiger Markt (sog. «two-sided market») bezeichnet. Solche zweiseitigen Märkte zeichnen sich durch indirekte Netzwerkexternalitäten aus. Dies bedeutet, dass eine bestimmte Gruppe oder ein bestimmtes Netzwerk vom Anwachsen eines anderen verbundenen Netzes profitiert, also einen indirekten Nutzen daraus zieht. Konkret lassen sich zweiseitige Märkte im Mediensegment folgendermassen beschreiben (Dewenter 2006: 2):

> «So profitieren die Anzeigenkunden einer Zeitung davon, wenn möglichst viele Kunden dem ‹Netzwerk› der Leserschaft dieser Zeitung beitreten. Auf der anderenSeite profitieren die Leser einer Zeitung von einer möglichst grossen Gruppe an Anzeigenkunden bzw. von einer hohen Anzahl an Anzeigen […]. Solange […] von beiden Märkten (positive oder negative) indirekte Netzwerkexternalitäten ausgehen, liegen *zweiseitige, indirekte Netzwerkeffekte* [H.i.O.] vor und ein zweiseitiger Markt existiert.»

Der Erfolg dieses Modells (siehe Abbildung 2) hängt in erster Linie davon ab, wie gross das Publikum ist und wie stark die Leserschaft mit der anvisierten Zielgruppe der werbetreibenden Unternehmen übereinstimmt.Neben den Vertriebserlösen eröffnet sich dem Medienunternehmen in einem zweiseitigen Markt noch eine weitere Erlösquelle: der Verkauf von Anzeigenraum.

Abbildung 2: Beziehungsgefüge in einem zweiseitigen (Medien-)Markt

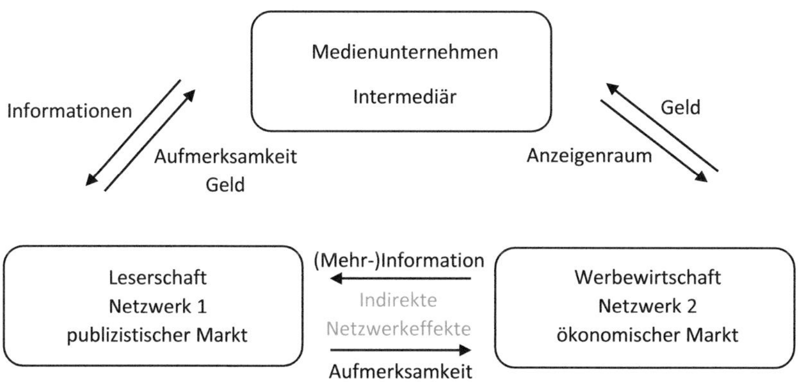

Quelle: Dewenter 2006: 3

Die mediale Verbundproduktion bewirkt enge wirtschaftliche Zusammenhänge zwischen dem publizistischen und dem ökonomischen Markt. Unternehmerische Entscheidungen haben deshalb immer Auswirkungen auf beide Märkte, zumal diese in einer reziproken Beziehung zueinander stehen.

Grundsätzlich gilt, dass ohne wirtschaftlich stabile Fundamente kein publizistischer Wettbewerb möglich ist. Dies bedeutet jedoch nicht, dass ökonomisch erfolgreiche Medienunternehmen automatisch publizistisch hochwertige Produkte herstellen bzw. publizistisch erstklassige Produkte zwangsläufig einen wirtschaftlichen Erfolg garantieren: «Publizistisch solide Produkte sind nicht immer erfolgreich zu vermarkten bzw. publizistisch weniger gelungene oder weniger ‹gute› Produkte können am Markt erfolgreich positioniert werden und dem Medienunternehmen zu ökonomischem Erfolg verhelfen» (Beyer/Carl 2008: 108). Diese Konstellation kann zu Zielkonflikten führen, wodurch zwischen «Wirtschaft (erfolgreiches Geschäft durch Verkauf von Medienprodukten bzw. kaufkräftigen Publika) und Kommunikation/Publizität (erfolgreiche Kommunikation durch Veröffentlichung) teilweise grundsätzliche Konflikte [entstehen], weil die gleichzeitige Durchsetzung partikulärer und meritorischer Interessen nur in Ausnahmefällen gelingt» (Trappel et al. 2002: 88).

Um diese unterschiedlichen Ziele in Einklang zu bringen, bedienen sich vor allem grössere Medienunternehmen der angewandten Publikums- oder Mediaforschung. Dadurch lassen sich zahlreiche Informationen über das Publikum sammeln, die dann dazu verwendet werden können, die Rezipienten besser zu erreichen. Diese Informationen bilden gleichzeitig auch eine wichtige Entscheidungsbasis für die Werbewirtschaft, da die Zusammensetzung der Leserschaft ein wichtiger Faktor bei der Auswahl des geeigneten Mediums darstellt. Nicht zuletzt dient die angewandte Medienforschung auch der Legitimation der Werbepreise. Es erstaunt deshalb nicht, dass wesentlich mehr finanzielle Ressourcen in die Werbeträgerforschung fliessen als in redaktionelle Publikumsforschung (Meier 2007: 94).

Der Aufstieg der Mediaforschung ist auch ein Hinweis auf den zunehmenden Wettbewerb zwischen den Medienunternehmen. Unter diesen Umständen sind präzise Informationen über das Publikum unerlässlich, um auf dem Medienmarkt zu bestehen. Die Folge ist eine zunehmende Abschichtungstendenz in den Pressearenen: «Printmedien orientieren sich […] in ihrer Auswahl, Darstellung und Interpretation der Nachrichten stärker an Unterhaltungsbedürfnissen der Medienkonsumenten als an Informationsbedürfnissen der Staatsbürger» (Forschungsbereich Öffentlichkeit und Gesellschaft fög 2010: 10).

Ein stärkeres Eingehen auf die Bedürfnisse des Publikums mit billig zu produzierenden Softnews wie Human-Interest- oder Sportberichterstattung ist auch als Reaktion darauf zu sehen, dass die Werbeeinnahmen in den letzten Jahren weggebrochen sind. Medienunternehmen richten sich letztendlich stärker an zielgruppenaffinen Publika aus, wodurch sie für Werbeträger attraktiver werden und damit die Ausfälle an Werbeeinnahmen ausgleichen. Marr et al. (2001: 153) haben deshalb recht, wenn sie behaupten, dass «unternehmerische und redaktionelle Entscheide immer stärker durch die Publikumsforschung beeinflusst werden». Diese Tendenz zeigt sich besonders gut im Onlinejournalismus, wo Klickzahlen systematisch ausgewertet und die redaktionellen Inhalte dementsprechend dem Leseverhalten der Rezipienten angepasst werden. Studien des Forschungsbereichs Öffentlichkeit und Gesellschaft der Universität Zürich bestätigen den Trend der Onlinemedien zur Human-Interest-Orientierung und Personalisierung (2011: 350). Interessanterweise findet sich diese

Tendenz in der Schweiz nicht nur bei den Boulevard- und Gratis-Onlinetiteln, sondern auch bei Newssites von qualitätsstärkeren Abonnementszeitungen.

Medienunternehmen dürfen sich einer gewissen redaktionellen Leistungsdebatte allerdings auch nicht entziehen. Das Medienmarketing dient auch dazu, im härter werdenden Konkurrenzkampf durch Differenzierungsstrategien und Alleinstellungsmerkmale eine herausragende Position zu erlangen. Es scheint jedoch fraglich, ob Mediaforschung oder andere Massnahmen wie redaktionelles Marketing der einzige gangbare Weg sind, um den Herausforderungen für qualitätsorientierte Medien zu begegnen. Laut Jarren (2007) dürften diese Massnahmen die akuten Probleme der Medien bestenfalls mildern, aber nicht lösen.

3 Die alte Ordnung erodiert: Medienorganisationen und Journalismus im Wandel

3.1 Ökonomisierung oder Kommerzialisierung? Eine Begriffsdefinition

Die Begriffe Ökonomisierung und Kommerzialisierung haben kommunikationswissenschaftliche Debatten in den letzten Jahren stark geprägt. Die beiden Ausdrücke finden nicht nur in wissenschaftlichen Publikationen immer wieder Eingang, auch an Fachtagungen gehören sie zum häufig verwendeten Vokabular, sobald es um Themen wie «Qualitätsdefizite im Journalismus» geht. Obwohl sich das Begriffspaar im kommunikationswissenschaftlichen Jargon weitgehend etabliert hat, besteht in der Fachliteratur kein Konsens darüber, welche Phänomene genau damit gemeint sind (Meier/Jarren 2001: 145). Denis McQuail wies bereits vor 25 Jahren auf die grundlegende Schwierigkeit einer Begriffsdefinition hin, indem er die «Vielfalt an Formen, die damit umschrieben und die zahlreichen Konnotationen, die damit verbunden sind» bemängelte (1986: 633). Trotz – oder gerade wegen – der begrifflichen Unschärfe bezeichnen einzelne Forscher Ökonomisierung und Kommerzialisierung auch als «Megatrends», um die vielfältigen Veränderungen in Bezug auf den Strukturwandel der Öffentlichkeit auf einen gemeinsamen Nenner zu bringen (Altmeppen 2008b; Meier 2000).

Die Definitionen von Ökonomisierung und Kommerzialisierung unterscheiden sich je nach wissenschaftlicher Perspektive. Grundsätzlich beschreiben Ökonomisierung und Kommerzialisierung das «übersteigerte» Handeln nach ökonomischen Prinzipien. Ein weiterer Argumentationsstrang sieht darin das Dominieren von marktwirtschaftlichen Maximen in Medienunternehmen. Damit stösst man aber unweigerlich auf das zentrale Problem der Debatte rund um die Konzepte Ökonomisierung und Kommerzialisierung: Wo genau liegt die Messlatte, um das Handeln nach ökonomischen Prinzipien als «übersteigert» zu charakterisieren? Und welche Bedingungen müssen erfüllt sein, bis klar wird, dass ökonomische Maximen innerhalb eines Medienunternehmens dominieren?

Siegert, Rademacher und Lobigs (2008: 5f) fassen die Problematik treffend zusammen, indem sie darauf verweisen, dass es im Ökonomisierungsdiskurs nicht darum geht zu proklamieren, Medienorganisationen würden die «beste» Leistung abliefern, wenn sie völlig unökonomisch arbeiteten:

> «Vielmehr wird befürchtet, dass die zentrale *seismographische Funktion*[16] der Medien in einer Demokratie dann verloren zu gehen droht, wenn die ökonomische Orientierung im Sinne des Formalziels eines Medienunternehmens das Sachziel absolut dominiert, z.B. bedingt durch die ökonomischen Kontextbedingungen wie Eigentümerstrukturen [...].Will man in diesem Zusammenhang nicht in die sowohl realitätsfremde als auch rein normativ begründete Forderung nach einer ‹Ökonomiefreien Medienbranche› einstimmen, gilt es mindestens zu begründen, besser natürlich empirisch zu belegen a) ab welchem Grad Ökonomisierung diese dysfunktionalen Erscheinungen verursacht, und b) unter welchen Bedingungen und Arrangements ökonomisch orientierte Medienorganisationen funktionale Leistungen erbringen.» [kursiv im Orig.]

Während zahlreiche theoretische Überlegungen im Zusammenhang mit dem Ökonomisierungsdiskurs existieren, sind empirische Belege weiterhin Mangelware. Darüber hinaus tendiert die Debatte um die Zunahme von marktorientiertem Handeln bisweilen dazu, ökonomische Aspekte einseitig und ausschliesslich negativ zu beanstanden – ohne über die entsprechenden Belege zu verfügen. Viele Kritiker scheinen obendrein zu ignorieren, dass nicht nur Risiken, sondern durchaus auch kommerzielle Chancen für die Medienunternehmen bestehen (vgl. Siegert 2006). Die hier durchgeführte Studie setzt sich deshalb unter anderem zum Ziel, die generierten Ergebnisse mit den in der Theorie aufgeworfenen «Trendspekulationen» (Siegert/Rademacher/Lobigs 2008: 4) zu vergleichen.

[16] Unter seismographischer Funktion der Medien verstehen die drei Autoren die Aufgabe, den Bürgern die notwendigen Informationen und Kenntnisse zu vermitteln, damit diese die Auswirkungen von zukünftigen (politischen) Entscheidungen abschätzen und einordnen können.

3.1.1 Ökonomisierung als gesellschaftliches Phänomen

Ökonomisierung bezeichnet nach Winter und Karmasin (2001: 208) einen «Prozess, in dem ökonomische (Zweck-)Rationalität als eine gesellschaftlich legitime und ethisch legitimierte Form der Begründung und der Koordination von Handlungen an Bedeutung gewinnt». Aus dem Blickwinkel der beiden Autoren scheinen Handlungen immer stärker auf ökonomischen Aspekten zu basieren, die andere Entscheidungsgrundlagen zusehends substituieren. Jarren argumentiert aus systemtheoretischer Perspektive ähnlich, indem er unter Ökonomisierung ganz allgemein «die Ausweitung des ökonomischen Systems auf Felder, die vorher anderen Systemimperativen unterlagen» versteht (Jarren 1998: 78). Auch Schimank und Volkmann verstehen unter Ökonomisierung Vorgänge, die sich auf gesellschaftlicher Ebene abspielen: «Ökonomisierung bezeichnet einen Vorgang, durch den Strukturen, Prozesse, Orientierungen und Effekte, die man gemeinhin mit einer modernen kapitalistischen Wirtschaft verbindet, gesellschaftlich wirkmächtiger werden» (2008: 382). Aus dieser Perspektive bezeichnet Ökonomisierung einen Prozess der zunehmenden Okkupation von Bereichen, die zuvor nicht einem spezifisch wirtschaftlichen Handlungsmuster folgten (vgl. Siegert 2004). Diese Beschreibungen lassen vermuten, dass ökonomische Prinzipien als Handlungsbasis in der Gesamtgesellschaft an Bedeutung gewinnen. Die Frage, welche konkreten Formen dieser Prozess im Medienbereich annehmen kann, ist damit aber noch nicht beantwortet.

Dieses Verständnis von Ökonomisierung beruht auf dem heuristischen Standpunkt, dass verschiedene gesellschaftliche Teilsysteme über ihre eigene Systemrationalität verfügen. Die wachsende Dominanz des ökonomischen Teilsystems führt nun in der Folge zu einer Entdifferenzierung zwischen den verschiedenen Teilsystemen, da wirtschaftliche Prinzipien zusehends auch in andere Systeme eindringen – es aber eigentlich nicht sollten. Kiefer beschreibt in diesem Zusammenhang Ökonomisierung als «Zurückdrängen der gesellschaftlich erwünschten meritorischen zu Gunsten der auf Märkten verkäuflichen und einzelwirtschaftlichen rentablen Angebote» (Kiefer 2001: 22). Kiefer unterstreicht damit, dass wirtschaftliche Prinzipien immer stärker auf die Operationsbedingungen verschiedener Teilsysteme Einfluss nehmen. Für Medienorganisationen bedeutet dies, dass gesellschaftlich wünschenswerte Medieninhalte, die allerdings eine geringe Nachfrage erzeugen, durch rentablere Inhalte ersetzt werden.

Damit liegt Kiefer auf einer Ebene mit Heinrich, der ebenso davon ausgeht, dass wirtschaftliche Aspekte in Entscheidungssituationen an Bedeutung gewinnen: «Als Ökonomisierung bezeichne ich die Zunahme monetärer und egoistischer Elemente in der Nutzenfunktion der Wirtschaftssubjekte und eine zunehmend striktere Anwendung des Nutzenmaximierungspostulats» (Heinrich 2001b: 159). Heinrich verdeutlicht damit die Entdifferenzierung von verschiedenen Funktionsbereichen und die Dominanz von monetären Aspekten gegenüber alternativen Prinzipien, wenn auch aus wirtschaftswissenschaftlicher Sicht und ohne systemtheoretisches Vokabular.[17]

Zusammengefasst lässt sich Ökonomisierung als übergreifender und gesellschaftlicher Veränderungsprozess eher der Makro-Ebene zuordnen, wenngleich einzelne Autoren eine abweichende Position einnehmen. Rau beispielsweise plädiert für einen neuen Ökonomisierungsbegriff, den er als Übernahme von wirtschaftsbezogenen Denk- und Handlungsmuster in individual- oder organisationsbezogenen Entscheidungssituationen definiert (Rau 2007: 27). In seiner «Ökonomie der Publizistik» schlägt Rau vor, den wirtschaftswissenschaftlichen Begriff der Ökonomisierung von seiner monetären Kopplung zu befreien und so zu neutralisieren (ebd.). Das Ziel sei es, Ökonomisierung und Rationalisierung nicht aus einer normativen Perspektive zu verstehen, sondern Qualität und Effizienz in Einklang zu bringen. Qualitätsmanagement und Restrukturierungen sollten demnach im Licht der journalistischen Produktion betrachtet werden.[18]

Allerdings scheint fraglich, dass sich Ökonomisierung tatsächlich von monetären Bezügen entkoppeln und jede Rationalisierungsmassnahme ausschliesslich im Hinblick auf Qualitätssteigerung interpretieren lässt. Zuzustimmen ist Rau allerdings, wenn er behauptet, Ökonomisierung und Kommerzialisierung annähernd synonym zu verwenden, sei fahrlässig (Rau 2007: 27).

---

[17] Manfred Knoche geht in seiner Definition der Ökonomisierung noch weiter und beschreibt den Trend mit politökonomischem Vokabular als «‹Durchkapitalisierung› aller Lebensbereiche im Zuge neoliberaler Wirtschafts- und Gesellschaftspolitik» (Knoche 2001: 191). Die Gründe für die zunehmende Ökonomisierung sieht Knoche vor allem in der Privatisierung und Globalisierung bzw. in der zunehmenden Deregulierung und Liberalisierung der Medienmärkte.

[18] Rau plädiert für einen Ökonomisierungsbegriff, der gerade nicht – wie Kiefer behauptet – die Transformation von meritorischen in marktfähige Güter beinhaltet. Der Autor bleibt allerdings die Erklärung schuldig, wie diese «positive Rationalisierung» oder «Non-Profit-Ökonomisierung» konkret verwirklicht werden kann (vgl. Wyss 2008).

3.1.2 Kommerzialisierung als unternehmerisches Phänomen

Im Gegensatz zur Ökonomisierung verfügt der Begriff Kommerzialisierung zwar über eine «theoretische Vergangenheit», da er der kritischen Theorie der Frankfurter Schule entspringt und auch in der kritischen politischen Ökonomie verwendet wird (Siegert/Meier/Trappel 2005: 472). Mittlerweile scheinen die kritisch-normativen Rückbezüge beim Begriff der Kommerzialisierung aber weitgehend beseitigt zu sein, zumal sich die Forschung vor allem auf die von den Medienunternehmen initiierten Strategien konzentriert. Gemäss Winter und Karmasin rückt damit «die Erforschung von Kommerzialisierung als der von Unternehmensinteressen geleiteten Veränderung der Prozesse, Strukturen und Inhalte von Medienökonomie, die [...] in der Kommunikationswissenschaft keine Tradition hat, [...] nun in das Zentrum der Darstellung» (2001: 209).

In diesem Sinn ist Kommerzialisierung eher der Meso-Ebene zuzuordnen. Dies entspricht auch der Ansicht von Heinrich, obwohl er den Begriff Kommerzialisierung, den er als abwertend gemeinte Bezeichnung für Ökonomisierung auffasst, ablehnt (vgl. Heinrich 2001b: 159): «Auf der Ebene der Unternehmung manifestiert sich die Ökonomisierung am deutlichsten. Hier wird die Ökonomisierung geplant, organisiert und umgesetzt. Movens ist die immer striktere Anwendung der Kosten-Nutzen-Analyse in der unternehmensspezifischen Form des Ziels der Gewinnmaximierung» (ebd.: 162). Damit nimmt Heinrich die Medienunternehmen in die Pflicht und schreibt ihnen – neben der zunehmenden Liberalisierung des Medienmarktes – einen Grossteil der Verantwortung für die zunehmende Kommerzialisierung der Medien zu.

Die Zielkonflikte zwischen publizistischen Leistungsanforderungen und wirtschaftlichen Interessen auf Unternehmensebene sind auch für McManus die Hauptursache für eine zunehmende Kommerzialisierung. So sieht er «any action intended to boost profit that interferes with a journalist's or news organization's best effort to maximize public understanding of those issues and events that shape the community they claim to serve» als Kommerzialisierung an (McManus 2009: 219). Zentrales Argument in McManus' Definition ist das «übertriebene Fördern» (to boost) von Profit. Darunter versteht er den Versuch, mehr zu verdienen, als für die langfristige Erhaltung hoher journalistischer Standards notwendig wäre. McManus zielt dabei richtigerweise auf den Konflikt zwischen wirtschaftlichem Handeln und medialen Belangen, übersieht in seiner generellen Kritik aber, dass für privatwirtschaftliche Medienunternehmen – im Gegensatz zu öffentlich-rechtlichen Rundfunkanstalten – ökonomische und nicht unbedingt demokratiefördernde Aspekte konstitutiv sind.

Siegert argumentiert ähnlich, aber aus streng systemtheoretischer Perspektive. Dabei gelingt es ihr besser als McManus, wirtschaftliche und publizistische Aspekte auseinander zu halten, weil aus Sicht der Systemtheorie die Handlungen innerhalb eines Medienunternehmens, «abhängig davon, welche situationsübergreifende, generelle Handlungsorientierung vorherrscht», dem ökonomischen oder dem Mediensystem angehören (Siegert 2001: 169). Medienunternehmen verfügen also nicht ausschliesslich über eine mediale Handlungsrationalität. «Eine Ökonomisierung der Medienindustrie könnte danach nachgewiesen werden, wenn alle zur Medienindustrie gehörenden kommunikativen Handlungen – sowohl die individueller als auch die korporativer Akteure – differenziert, aufgelistet und den entsprechenden Codes und Systemen zugeordnet werden können und dann eine überproportionale Zuordnungshäufigkeit zum Wirtschaftssystem festgestellt werden würde» (ebd.).

Siegert kommt zum Schluss, dass ökonomische Rationalitäten zunehmend Eingang in das Mediensystem gefunden haben, da sich die journalistische Produktion immer häufiger an *Zahlungen*, also an Geld, und nicht mehr an systemeigenen Rationalitäten orientieren. Allerdings würde ihre Analyse sämtliche kommunikativen Handlungen der Medienindustrie umfassen. Also nicht nur Handlungen der Redaktionen, sondern auch diejenigen des Verlags, die ohnehin ökonomischer Natur sind. Daraus lassen sich aber keine Schlüsse auf eine Kommerzialisierung ziehen. Primär müssten also die kommunikativen Handlungen der Redaktion Teil der Analyse sein, um festzustellen, ob diese je länger je mehr dem ökonomischen System zugerechnet werden können.

Laut Heinrich manifestiert sich die Kommerzialisierung in den Medienunternehmen vor allem in zwei Bereichen: einerseits versuchen Medienorganisationen die produktive Effizienz zu steigern, indem sie «durch Prozessinnovationen einschliesslich betrieblicher Reorganisationen eine effizientere Produktionsweise zu erreichen» versuchen (Heinrich 2001b: 163). Andererseits dürften jedoch auch *unternehmensexterne* Faktoren eine gewichtige Rolle spielen: so versuchen Medienunternehmen immer häufiger die allokative Effizienz zu steigern, indem sie «die Produktqualität immer mehr den Konsumentenpräferenzen» anpassen (ebd.: 162).

Gemäss Heinrich erfolgen die Anpassungsbemühungen auf Druck der werbetreibenden Wirtschaft, da diese «ebenfalls einen Nutzen, eine Verbreitungs-

und Wirkungswahrscheinlichkeit von Werbebotschaften» verlangt (ebd.: 163). Werbung spielt also eine tragende Rolle im Konzept der Kommerzialisierung. Saxer hat deren besondere Bedeutung in seiner Definition von Kommerzialisierung berücksichtigt: «Als ‹Kommerzialisierung von Medien› wird die Verstärkung ökonomischer Einflüsse, in erster Linie desjenigen der Werbewirtschaft, auf die Strukturen und Funktionen von Mediensystemen und deren Konsequenzen für die Medienproduktion, die Medienmitarbeiter, die Prozesse von Medienkommunikation und deren Rezipienten sowie allgemein in kultureller, wirtschaftlicher, politischer und sozialer Hinsicht bezeichnet» (Saxer 1998: 10).

Ähnlich wie Saxer deutet auch Siegert (2002) die dominante Rolle der Werbung in ihrer stringenten systemtheoretischen Konzeption an, zumal sie auf die steigende Bedeutung von Zahlungen hinweist. Unter Zahlungen sind dabei vor allem Werbeeinnahmen zu verstehen. Dabei gilt es jedoch zu berücksichtigen, dass die Existenz der Werbung als Einnahmequelle noch kein Beleg für die Kommerzialisierung der Medien ist. Hingegen stellt die kontinuierliche Ausrichtung der Unternehmensstrategien an der Werbung, deren Ausdehnung durch die Bereitstellung von mehr Werbefläche oder der Verfeinerung von Werbe- und Marktforschungsinstrumenten durchaus ein Indiz für die Kommerzialisierung der Medien dar. Aus diesem Grund plädiert diese Arbeit auch für die Verwendung des Terms Kommerzialisierung, zumal es vorrangig um die von Unternehmensinteressen geleiteten Veränderungen von Strategien, Prozessen, Strukturen und Inhalte geht (vgl. Winter/Karmasin 2001).

3.2 Kommerzialisierung: Katalysator eines Strukturwandels der Medien

3.2.1 Krise des Journalismus? Transformationsprozesse in der Medienindustrie

Ökonomische Prinzipien sind im Mediensektor alles andere als neu. Obwohl an die Presse hohe gesellschaftliche Erwartungen gestellt werden, war sie – zumindest seit dem Aufkommen der Penny Press – doch immer auch eines: ein Geschäft (Siegert 2004: 21). Denn «Medienkommunikation wird schon durch die alltägliche Gegenwart ökonomischen Handelns, durch Angebot und Nachfrage, durch Produktionskosten und Produktpreise zu einem ökonomischen Thema. Aus dieser Perspektive sind die Medienangebote Waren, deren gewinnorientierter Absatz über die Marktfähigkeit entscheidet [...]» (Altmeppen 1996: 257). Nur eine stabile finanzielle Basis ermöglichte die Ausdifferenzierung eines journalistischen Systems sowie die kontinuierliche Selbstbeobachtung der Gesellschaft.

Letztlich erlaubte die «Ökonomisierung»[19] des Mediensystems zu Beginn des 20. Jahrhunderts, dass Zeitungen überhaupt eine gewisse Staatsferne erlangten und sich der Journalismus jene Strukturen geben konnte, «die ihn in die Lage versetzte[n], seine Funktion für die Gesellschaft zu erfüllen» (Birkner 2010: 49ff). Gleichwohl stellt sich die Frage, ob die Kommerzialisierungsschübe in den letzten Jahren diese Strukturen nicht überstrapaziert und die Balance zwischen Markt und gesellschaftlicher Verantwortung nicht aus dem Gleichgewicht gebracht haben.

Der Journalismus sieht sich momentan mit drei grossen Transformationsprozessen konfrontiert: Auf der einen Seite kosteten die Konjunktureinbrüche von 2001 und 2008/9 die Presse in der Schweiz rund einen Drittel der Werbeerlöse, umgerechnet also etwa 800 Millionen Schweizer Franken (vgl. Forschungsbereich Öffentlichkeit und Gesellschaft fög 2011: 37f). Auf der anderen Seite dürften die technologischen Veränderungen eine weitere, langfristige Herausforderung darstellen. Vor allem das Internet ist dabei der prinzipielle Motor des Wandels. Im Web ist es nun möglich, verschiedene Publikationsformen wie Text, Bild, Audio und Video, die im «analogen» Journalismus noch getrennt waren, zusammen zu bringen und zu kombinieren. Die Digitalisierung hat dazu geführt, dass der Journalismus über zahlreiche zusätzliche Publikationsmöglichkeiten und Distributionskanäle verfügt.

Die digitalen Innovationen im Journalismus mit den derzeitigen ökonomischen Umbrüchen zu koppeln, ist eine grosse Herausforderung für Medienunternehmen. Wirtschaftskrisen können beispielsweise einen Auslöser für redaktionelle Umstrukturierungen sein, zumal sich das Medienmanagement davon Einsparungen und eine höhere Effizienz bei der journalistischen Content-Produktion verspricht (vgl. Jones/Salter 2012: 26). Eine solche Umstellung kann das Management allerdings nicht einseitig verordnen. Neustrukturierungen

[19] Birkner versucht in seinem Beitrag, die aktuell beobachtbare Ökonomisierung in den historischen Prozess der Entdifferenzierungen des Journalismus von den Systemen Politik und Wirtschaft einzuordnen. (Birkner 2010: 42f).

müssen im Zusammenspiel mit der Redaktion und den Journalisten erfolgen, da etablierte Produktionsroutinen davon betroffen sind. Gemäss Meier wollen Konvergenzprojekte spezifische Ziele unter besonderen Rahmenbedingungen erreichen: «Redaktionen müssen ihren eigenen Weg finden, sich dabei aber immer wieder wandeln, um die neuen technischen Möglichkeiten, die veränderten Marktbedingungen und die sich ändernde Mediennutzung produktiv und kreativ nutzen zu können» (2010: 107).

Der dritte Transformationsprozess betrifft den soziokulturellen Wandel und die sich dadurch verlagernde Mediennutzung. Technische Innovationen verändern den Medienkonsum und ermöglichen es dem Publikum, (Print-)Medien überall und jederzeit auf mobilen Empfangsgeräten wie Mobiltelefonen oder pads abzurufen und zu lesen. Dies schlägt sich in einer steigenden mobilen Internetnutzung nieder (Ruedin 2011: 41). Dies wiederum zwingt die Medienunternehmen gerade im Onlinebereich zu einem 24-stündigen Produktionszyklus, um eine möglichst hohe Nutzerzahl vorzuweisen, die dann wiederum möglichst viele werbetreibende Unternehmen anziehen soll.

Die neuen technischen Möglichkeiten rufen auch neue Player auf den Plan, die keine Medienunternehmen im klassischen Sinne sind. Die Unterschiede zwischen den einzelnen Mediensystemen sind zwar nach wie vor gross, aber es lassen sich durchaus Trends erkennen: In den USA beispielsweise gehören – neben Internetseiten von traditionellen Medienunternehmen wie der New York Times oder USA Today – News-Aggregatoren wie *Google-News,* welche Informationen von verschiedenen Internetseiten sammeln und nach Themenspektren neu ordnen,oder alternative Medienplattformen wie die *Huffington Post,* zu den Seiten mit den grössten Nutzerzahlen. In Europa sind es eher noch die etablierten Medien wie die *BBC* oder der Internetableger des Magazins *Der Spiegel,* die auch online am meisten Nutzer anziehen (Nielsen/Levy 2010: 8).

Gemäss Debrouwere (2012) dürften die Substitutionstendenzen noch zunehmen:

> «YouTube nor Facebook or any of these other companies aim to be an alternative to journalism and much of what they facilitate or do doesn't look like journalism at all. A good chunk of it contains written or spoken words, but sometimes not even that. It's not journalism. But you'd be naïve if you thought their services aren't often consumed instead of

> news. It's the same kind of functionality in a different package, after all, and that new package happens to be rather attractive a lot of the time.»

Da die Konkurrenz im Netz nur noch einen Klick entfernt ist, müssen traditionelle Medienunternehmen auch auf Social-Media-Unternehmen wie Facebook achten, die nicht primär auf die Produktion von Inhalten spezialisiert sind. Generell dürfte die grössere Auswahl an Medien, die den Rezipienten online zur Verfügung steht, in der Folge zu einer weiteren Fragmentierung des Publikums führen, so dass die Leserschaft für einzelne Titel noch weiter schrumpft.

Darüber hinaus sind die Finanzierungsgrundlagen für Onlinejournalismus immer noch unsicher, obwohl das Werbevolumen im Internet in den letzten Jahren kontinuierlich gewachsen ist (Media Focus 2012: 3). Ein grosses Stück des Online-Werbekuchens dürfte nicht an klassische Medienunternehmen, sondern an soziale Medien wie *Facebook* gehen. Diese ermöglichen es den Werbetreibenden, ihre Werbebotschaften in Bezug auf die Zielgruppen und die Interessen der Kunden viel präziser zu platzieren. Ausserdem machen die durch Onlinewerbung generierten Erlöse nur einen Bruchteil der Einnahmen aus, die durch klassische Printwerbung generiert werden. Wie Shirky schrieb, ist dies ist vor allem darauf zurückzuführen, dass online andere Marktbedingungen gelten:

> «Digital revenue per head is not replacing lost print revenue and, barring some astonishment in the advertising market, it never will. There is no supply-side scarcity to boost margins; power over aggregation has moved from producer to consumer; advertisers prefer selling cameras and shoes on purpose-built sites; readers feel the same about finding jobs and dates; and there are few commercial or geographic restraints on competition» (Shirky 2011).

Privatwirtschaftliche Medienunternehmen, in erster Linie Printmedien, sind deshalb in den meisten Fällen weiterhin auf das traditionelle Businessmodell der Querfinanzierung durch Werbung angewiesen.

3.2.2 Exzessiver Profitdrang oder «vernünftige Gewinnorientierung»: Wo ist die Grenze?

Medien handeln also durchaus kommerziell. Angesichts dieser Tatsache hat Picard recht, wenn er behauptet, dass nur ökonomisch «gesunde» Medien, die über eine solide finanzielle Basis verfügen, in der Lage sind, unabhängig über Politik und Wirtschaft zu berichten (Picard 2005 zit. in: Phillips/Witschge 2011: 7). Dies setzt aber gleichzeitig voraus, dass Medienunternehmen genügend Ressourcen generieren, um sich eine solche Ausgangslage überhaupt zu verschaffen. Damit befinden sich Medienunternehmen in einem Dilemma: Einerseits sind sie einem grösseren wirtschaftlichen Druck ausgesetzt, der die gesellschaftliche Funktion des Journalismus gefährdet. Auf der anderen Seite ist eine stabile finanzielle Basis notwendig, damit der Journalismus seiner Funktion der gesellschaftlichen Beobachtung und der zeitlichen, sozialen und sachlichen Synchronisation durch Themen und Inhalte nachkommen kann.

Dies führt letztlich zur entscheidenden Frage, die in den normativ gefärbten Debatten über Kommerzialisierung aber zumeist unausgesprochen bleibt: Wo liegt die Grenze zwischen Kommerzialisierung und der «vernünftigen» Gewinnorientierung eines Medienunternehmens? Lässt sich diese Grenze überhaupt (empirisch) feststellen? Bei der Beurteilung dieser Frage scheiden sich die Geister – und sie lässt sich wohl auch nicht mit eindeutiger Präzision beantworten. Aus diesem Grund äussern verschiedene Forscher wie Russ-Mohl wiederholt Kritik an Konzepten wie Ökonomisierung oder Kommerzialisierung:

> «In bester Tradition der Frankfurter Schule wird unterstellt, das (‹kapitalistische›) System unterwerfe immer mehr Lebensbereiche und somit auch die Redaktionen dem Diktat des Ökonomischen und damit (überhöhten) Renditeerwartungen. So komme Journalismus als ‹Kulturgut› unter die Räder: er könne seinen publizistischen Auftrag immer schlechter erfüllen, die Bürger mit hinreichend geprüften Nachrichten zu versorgen, der Demokratie zu dienen und die Mächtigen zu kontrollieren. ‹Ökonomisierung› ist allerdings eine Beschreibung aus der Sicht der Journalisten, also der Nachrichtenproduzenten – und nicht der Kunden. Aus

> dem Blickwinkel der Leser, Hörer, Zuschauer wäre zutreffender von einer Ent-Ökonomisierung des Mediensektors zu sprechen» (Russ-Mohl 2009a).

Russ-Mohl kritisiert in seinem Beitrag insbesondere die Unklarheit des Begriffs Ökonomisierung und weist – durchaus zu Recht – darauf hin, dass sich das Konzept zumeist auf eine medienzentrierte Perspektive beschränkt. Statt von Ökonomisierung, so Russ-Mohl, sollte eher von zunehmendem Wettbewerb die Rede sein. Daraus zieht er den Schluss, dass zunehmend die Leser entscheiden, was produziert wird und nicht mehr der Ressortleiter (ebd.). Dies ist allerdings zu bezweifeln, denn die Medienfinanzierung über Werbung, welche aus Sicht der Leser die so genannte «Ent-Ökonomisierung» – also die zunehmend kostenlosen Medienangebote – überhaupt erst ermöglicht, dürfte dem Publikum nicht mehr Gestaltungsmacht einräumen, sondern eher dazu führen, dass Medienprodukte noch intensiver nach dem Geschmack von werberelevanten Zielgruppen produziert werden. Auch der Einwand, dass sich die Zielgruppen und «das Publikum» ja grösstenteils überschneiden, dürfte nichts an der Tatsache ändern, dass sich die Inhalte an werberelevanten und weniger an publizistischen Kriterien orientieren.

Auch der Hinweis von Russ-Mohl auf die Gratis-Mentalität der nachwachsenden Generationen verkennt das Problem der Kommerzialisierung. Es stimmt zwar weitgehend, dass sich die Nutzer gerade im Onlinebereich und bei Gratismedien «aus jedwedem konkret-monetären Austauschverhältnis mit der Redaktion» verabschieden (ebd.). Dies ist aber nur möglich, wenn Medien genügend Werbung generieren oder sich über andere Plattformen querfinanzieren können.

Die Ent-Ökonomisierung von Medienprodukten mag aus finanzieller Sicht für den Konsumenten interessant sein und deswegen vor allem auch junge Leser ansprechen. Russ-Mohl räumt jedoch selbst ein, dass journalistische Qualität und Unabhängigkeit nicht umsonst zu haben sind (ebd.). Es dürfte kein Zufall sein, dass in der Schweiz Gratiszeitungen die höchsten Qualitätsdefizite aufweisen: «Die Gratispresse schneidet besonders schlecht ab: Sie betreibt einen am Newsticker orientierten, episodischen Journalismus ohne Quellentransparenz, und ihre redaktionellen Eigenleistungen sind im Vergleich klein» (Forschungsbereich Öffentlichkeit und Gesellschaft fög 2011: 42).

Russ-Mohls Kritik an der Ungenauigkeit des Begriffs «Ökonomisierung» – als Zunahme der ökonomischen Rationalität in der Gesellschaft – ist insoweit zuzustimmen, als dass er für die Beschreibung der Veränderungen in der *Medienindustrie* nur bedingt brauchbar ist. Damit argumentiert er auf einer Linie mit Winter und Karmasin, die bemängeln, dass die Kategorie Ökonomisierung «seit jeher die zentrale Handlungsbegründung und Handlungskoordination in der Wirtschaft beschreibt», sie es aber «nicht zulässt, wirtschaftliche Prozesse von gesellschaftlichen Prozessen zu differenzieren» (2001: 208).

Die Kritik an der Kommerzialisierungsthese basiert aber nicht nur auf dem Problem einer eindeutigen Begrifflichkeit, sondern auch auf der Tatsache, dass bei Kommerzialisierungsprozessen kaum kausale Zusammenhänge zwingend dargestellt werden können. Ebensowenig berücksichtigt die Kommerzialisierungsdebatte den Umstand, dass der ökonomische Einfluss je nach Marktsegment unterschiedlich gross sein dürfte. Gratiszeitungen, die über kleinere Redaktionen verfügen und jüngere Journalisten engagieren, mögen ihre Medienleistung eher an kommerziellen Kriterien ausrichten als Titel, die sich traditionell einem Qualitätsjournalismus verschreiben. Sarcinelli (2006: 117) äussert sich deshalb kritisch in Bezug auf die Kommerzialisierung und deren Auswirkungen auf die Medien und deren Funktion in der Demokratie: Vielfach handele es sich um starke theoretische Thesen auf schwachen empirischen Beinen.

Siegert und Brecheis (2005: 256) ist somit beizupflichten, wenn sie behaupten, dass «diese Entwicklungen selten empirisch umfassend auf den alleinigen Einfluss der Werbung zurückgeführt werden können und in den entsprechenden rechtlichen Vorschriften nach wie vor festgehalten wird, dass Werbung das Programm nicht beeinflussen darf». Diese Arbeit soll dazu beitragen, die empirischen Lücken in Bezug auf den Einfluss der Werbung wenn nicht vollumfänglich zu schliessen, so doch zu reduzieren.

3.2.3 Ursachen der Kommerzialisierung

Um sich weiterhin Einnahmen aus der Werbeindustrie zu sichern – so die These – würden Medien verstärkt auf Wünsche der Anzeigenkunden eingehen. Wie Siegert, Meier und Trappel (2005) argumentieren, wird die Werbewirtschaft dadurch zum relevanten Nachfrager, an dessen Bedürfnisse in Bezug auf die Platzierung und Präsentation der Werbebotschaften sich die Medien orientieren. Nur hohe Vertriebszahlen hielten, laut Altmeppen (2008b: 246), das Geschäft der Medien am Laufen.

Herman und Chomsky gehen in ihren Überlegungen sogar noch einen Schritt weiter und behaupten, dass die Werbefinanzierung von vornherein keinen «neutralen» Markt ermögliche, da die Interessen der Werbetreibenden die Prosperität und das Überleben der Medienunternehmen bedingen (Herman/Chomsky 2008: 14). Ferner sehen Herman und Chomsky (2008: 14) in der Orientierung an der Werbeindustrie einen Grund für die zunehmende Medienkonzentration. Neue Konkurrenten, Gratiszeitungen, 24h-Fernsehen, ein zunehmend fragmentiertes Publikum, sinkende Werbeeinnahmen – all dies führt dazu, dass sich Medienunternehmen in einem zusehends volatilen Umfeld befinden. Um die Werbeeinnahmen stabil und die Kosten möglichst tief zu halten, entscheiden sich Medienunternehmen immer häufiger, Produktions- und Vertriebsstrukturen zusammenzulegen. Trappel et al. (2002: 87) erläutern, dass solche strategischen Entscheide auch einen Einfluss auf die Redaktion haben können, wodurch Autonomieverluste auftreten.

In der Schweiz lassen sich diese Entwicklungen relativ gut beobachten:

> «In einem Medienmarkt, in dem die dominanten Kontrolleure zunehmend crossmedial tätig sind und mehrere Verlage besitzen, die sprachregional bedeutende Pressetitel herausgeben, werden die Investitionen in redaktionelle Ressourcen zunehmend konzentriert, um sie für verschiedene Titel in unterschiedlichen Gattungen zu nutzen. Dabei stehen die Pressetitel nicht nur in Konkurrenz untereinander, sondern auch gegenüber den Online-Newssites. Aus Sicht der grossen Medienunternehmen sind in diesem strukturellen Wandel expansive Strategien wichtig. Je breiter die Medienpalette, die eine Diversifizierung erlaubt, Synergien ermöglicht und (mit Ausnahme der Online-Newssites) Kosten senkt, desto besser lassen sich die schwindenden Werbeeinnahmen optimieren» (Kamber/Imhof 2011: 21).

Die Übernahme des Westschweizer Verlags Edipresse durch das Zürcher Medienunternehmen Tamedia zeigt exemplarisch, wie sich diese Entwicklungen in der Schweiz manifestieren (vgl. Udris/Lucht 2011). Beide Unternehmen verfügen über zahlreiche regionale Tages- und Sonntagszeitungen, Zeitschriften und Onlineplattformen. Laut der Medienmitteilung von Tamedia (2009) ermögliche die Fusion bedeutende Einsparungen und die Entwicklung von neuen Werbeangeboten. Ausserdem konnten die beiden ehemaligen Wettbewerber ihre konkurrenzierenden Gratiszeitungen Le Matin Bleu (Edipresse) und 20 Minutes (Tamedia) zusammenlegen, was weitere Synergien ermöglichte. Die hohe Konzentration im Schweizer Pressemarkt zeigt sich gerade am Beispiel von Tamedia, das mittlerweile über einen Marktanteil von 43 Prozent der bedeutendsten Pressetitel verfügt (Forschungsbereich Öffentlichkeit und Gesellschaft fög 2011: 44).

Die zunehmende Ausrichtung auf Kostensenkung, Effizienzsteigerung und Synergien treibt die Ökonomisierungsspirale permanent weiter. Gemäss Altmeppen kann Ökonomisierung[20] deshalb «keinesfalls allein als eine Folge des Wettbewerbs – und somit des Wirkens einer unsichtbaren Hand – aufgefasst werden» (Altmeppen 2008b: 247). Dadurch, dass Medienunternehmen aktiv auf das Marktgeschehen reagieren oder selber Veränderungen im Markt provozieren, ergeben sich Interdependenzen zwischen den unternehmenseigenen Strategien und den Strukturen der Medienmärkte. Jedes Produkt, welches von einem Medienunternehmen lanciert wird, löst bei den Konkurrenten ebenfalls die Suche nach neuen (oder zumindest ähnlichen) Produkten aus. Damit keine Marktanteile verloren gehen, müssen Medienunternehmen umgehend ihre Strategien den neuen Gegebenheiten des Marktes anpassen. Medienunternehmen «produzieren» Ökonomisierung auf diese Weise selber, weshalb Altmeppen von der «Ökonomisierung der Ökonomisierung» spricht (2008b: 246f). Mit anderen Worten: Die Unternehmen selbst drehen die Wettbewerbsspirale immer weiter.

---

[20] Altmeppen spricht hier von «Ökonomisierung», obwohl er sich hauptsächlich auf die Strategien der Medienunternehmen beruft. Seiner Ansicht nach sind Medienorganisationen und Gesellschaft rekursiv miteinander verknüpft, da die Strategien der Medienunternehmen auf das Marktgeschehen einwirken, umgekehrt wiederum die Unternehmen auf Veränderungen im Markt reagieren (Altmeppen 2008b: 238f).

3.3 Medienorganisationen im Wandel

Bis zur ersten grossen Krise zu Beginn des neuen Jahrhunderts liessen sich in der Medienbranche überdurchschnittlich hohe Renditen erzielen. Um die hohen Gewinne zu festigen – und weil die meisten Medienunternehmen in ihren angestammten Märkten langsam an ihre Wachstumsgrenzen gelangten – kam es im Verlauf der 90er-Jahre zu zahlreichen Übernahmen (Trappel 2008: 141). Die Medienbranche begründete dieses Vorgehen oftmals mit der Erzielung von Synergieeffekten, um den Fortbestand des Unternehmens zu sichern.[21] In vielen Fällen zementierten diese Übernahmen aber auch die (Quasi-Monopol-)Stellungen der Medienunternehmen bei der Werbe- und Inseratevermarktung. Bevor Internetseiten wie Craigslist den Kleinanzeigen-Markt umstürzten und dafür sorgten, dass den Medienunternehmen ein Grossteil der Einnahmen wegbrach, konnten diese die Werbepreise zumeist nach Belieben bestimmen.

Nach dem konjunkturellen Aufschwung in den 90er-Jahren brachen die Renditen als Folge der wirtschaftlichen Rückschläge und der zunehmenden Abwanderung der Werbung ins Netz deutlich ein. Zahlreiche Medienunternehmen sind heute aufgrund von Akquisitionen in der Vergangenheit mit aufgeblähten und komplexen Organisationen konfrontiert, die hohe Kosten verursachen. Nun müssen die Schulden getilgt werden, obwohl weniger finanzielle Mittel zur Verfügung stehen. Dieses Szenario verlangt nach innovativen Massnahmen, welche das Medienmanagement vor schwierige Aufgaben stellt.

Um den «Kulturwandel» innerhalb der Medienorganisationen einzuleiten, ist der Ruf nach «Digital First» verführerisch einfach. In etablierten Organisationen muss das Management aber zuerst eruieren, wie sich solche Veränderungen auf die Redaktionsstrukturen und die tägliche Routine auswirken: «Leaders must examine their own actions carefully to determine what they reward and what they punish, what the day-to-day routines of their organizations reflect, and how best to create an environment in which open and constant communication is a priority» (Groves/Brown-Smith 2012). Es braucht Ziele und Vorgaben für die Mitarbeiter, damit die Prioritäten auch unter veränderten

[21] Das Zürcher Medienunternehmen Tamedia begründete den Zusammenschluss mit Edipresse in seiner Medienmitteilung unter anderem mit diesem Argument: «In den nächsten Monaten wollen Edipresse Schweiz und Tamedia Synergien in den Servicebereichen realisieren und in neue Medien sowie den Ausbau bestehender Medien investieren» (Tamedia 2009).

Produktionsbedingungen klar sind. Es braucht aber auch Zeit, bis die veränderten Routinen akzeptiert und verinnerlicht sind. Sinkende Profite und Sparzwänge dürften die Experimentierfreudigkeit der Medienmanager sowie deren Geduld allerdings weiter strapazieren.

Medienunternehmen werden mittelfristig eine Balance zwischen Innovation und Kostenreduktion finden müssen. Medienmanager und Journalisten sollten sich Veränderungen nicht verschliessen auch wenn die neuen Anforderungsprofile gerade bei älteren Medienschaffenden nicht immer auf Akzeptanz stossen. Deshalb ist auch nicht jede Massnahme zur Steigerung der Effizienz als Angriff auf die Professionalität und Qualität der journalistischen Produktion zu verstehen. Vielmehr sollten diese Experimente dazu dienen, Qualität und Effizienz in Einklang zu bringen (Held/Russ-Mohl 2000). Mit anderen Worten: «Now is the time for rampant experimentation. Executives should loosen the reins and encourage risk-taking» (Groves/Brown-Smith 2012).

3.3.1 Medien als intersystemische Organisationen

Medienunternehmen sind komplexe Organisationen. Sie agieren, wie in den vorangegangenen Kapiteln aufgezeigt wurde, erfahrungsgemäss auf zwei unterschiedlichen Märkten: dem Werbe- und dem Publikumsmarkt. Sie unterliegen aber nicht nur Markttrends: Als Intermediäre sind Medienorganisationen «traditionell zwischen Staat und Gesellschaft verankert und […] gehören damit zur Infrastruktur der modernen Gesellschaft» (Jarren 2008: 338f). Die Vermittlungs-, Transformations- und Übersetzungsleistung, welche die Medien erbringen, ist für die gesellschaftliche Integration und Koordination unerlässlich. Dadurch unterstützen sie das Entscheidungsverhalten für den Einzelnen, leisten aber auch einen Beitrag zur Ko-Orientierung[22] der Gesellschaft. Zugleich sind Medien jedoch zahlreichen Einflüssen aus Politik, Wirtschaft und auch von Seiten der Rezipienten ausgesetzt. Laut Jarren (2008: 338) hat dies Konsequenzen für die Institutionalisierung sowie die innere Organisation von

[22] Da der Journalismus die gesellschaftliche Selbstbeobachtung ermöglicht, ist dieser für das Entscheidungsverhalten der Rezipienten relevant. Dadurch, dass die journalistische Beobachtungsleistung entlang etablierter und akzeptierter Auswahlprogramme erfolgt, werden Medien (vor allem Leitmedien) von unterschiedlichen Akteuren aus unterschiedlichen Gesellschaftsbereichen beachtet und anerkannt, so dass sie zur gesellschaftlichen Ko-Orientierung beitragen – beispielsweise über die wechselseitige öffentliche Diskussion relevanter Themen (Jarren/Vogel 2009: 20).

Medienunternehmen. Er bezeichnet Medienunternehmen deshalb als intersystemische Organisationen.

Bode und Brose (2001: 120) beschreiben den intersystemischen Organisationstyp als «systematische Verquickung von Gruppeninteressen, öffentlichen Aufgaben und Formen der bürokratischen oder auch ökonomischen Programmimplementation». Dies ist darauf zurückzuführen, dass Medien zugleich ökonomischen, politischen und kulturellen Erwartungen verpflichtet sind. Medienunternehmen sind also nicht bloss ökonomische oder rein journalistische Organisationen. Da sie dementsprechend nicht einem einzigen Funktionssystem zugeordnet werden können, sind sie mit unterschiedlichen Leistungserwartungen konfrontiert, die sich – gerade weil sie so oft voneinander abweichen – nur schwer überprüfen lassen.

Dieser Organisationstypus erbringt zwar gesellschaftlich erwünschte Leistungen, zumal Medienorganisationen öffentliche Kommunikation überhaupt erst ermöglichen, aber die Qualität der Medienleistung kann je nach Perspektive unterschiedlich ausfallen.[23] Während sich journalistische Leistungserwartungen auf die publizistische Funktion der Medien bzw. die Selbstbeobachtung der Gesellschaft konzentrieren, basieren ökonomische Leistungserwartungen auf hohe Erlöse aus dem Vertriebs- und Werbemarkt. Allein diese beiden Leistungserwartungen unter einen Hut zu bringen dürften dem Medienmanagement nicht leicht fallen. In der Tat scheint die Situation noch weit komplexer zu sein, zumal «die Leistungen, die von den Massenmedien als intersystemischen Organisationen erbracht werden, [...] von unterschiedlichen Akteursgruppen abhängig [sind], und sie [...] von unterschiedlichen Gruppen der Gesellschaft beeinflusst und mitkontrolliert [werden]» (Jarren 2008: 342).

Der intersystemische Status von Medienunternehmen zeigt sich in der organisationalen Trennung von Management und Redaktion bzw. zwischen «Medien» und «Journalismus» (Altmeppen 2006).[24] Das heisst, dass die beiden

---

[23] Das journalistische Monopol hinsichtlich der Selbstbeobachtung und Synchronisation der Gesellschaft scheint laut Meier (2007: 252) allerdings zu wanken. Nicht zuletzt erreichen gesellschaftliche Akteure ihre Zielgruppen nicht mehr über den Gatekeeper Journalismus, sondern auf direkte Weise. Gleiches gilt für die Rezipienten, für die es in vielen Teilbereichen der Öffentlichkeit zusehends natürlich ist, online direkt mit der Quelle zu interagieren.

[24] Altmeppen (2006) bezeichnet in seinem Theorieansatz sowohl das Medienmanagement (Medien) als auch die Redaktion (Journalismus) jeweils als eigenständige «Organisation». Um begriffliche Verwirrung zu vermeiden und um den Diskurs dem organisationstheoretischen Vokabular anzupassen, sollen hier anstelle von «Medien» und «Journalismus» die Begriffe Management und Redaktion bzw. Ausdrücke wie *Teil*organisationen oder Organisations*einheiten* verwendet werden.

Teilorganisationen über unterschiedliche Aufgaben verfügen und sich an verschiedenen Umwelten orientieren. Häufig ist in der Literatur nur von «den Medien» die Rede, dabei landen Journalismus und Verlagsgeschäft zu Unrecht im selben Topf: «Insbesondere das In-eins-setzen von Medien und Journalismus verschüttet den Blick darauf, dass beide Organisationen zwar eng miteinander verbunden sind, aber grundsätzlich eigenen Handlungslogiken und damit unterschiedlichen Formen der Sozialverantwortung folgen sowie auf spezifische Weise von der Ökonomisierung betroffen sind» (Altmeppen 2008a: 85).

3.3.2 Ko-Orientierung zwischen Medienmanagement und Redaktion

Management und Redaktion sind unterschiedliche Organisationsteile mit divergierenden Tätigkeitsfeldern, wodurch sie über verschiedene Orientierungshorizonte verfügen. Diese besagen, dass Organisationen ihre Ziele in Bezug auf einen spezifischen Handlungsrahmen formulieren müssen, so dass sich die Entscheidungen und Operationen der Organisation immer innerhalb eines bestimmten Bereichs – eben des Orientierungshorizontes – bewegen (Altmeppen 2006: 27ff). In Bezug auf Altmeppens Unterscheidung zwischen Medien und Journalismus bedeutet dies, dass das Management dem Orientierungshorizont der Wirtschaft folgt, während sich der Journalismus am Orientierungshorizont der Öffentlichkeit ausrichtet.

Aus den Orientierungshorizonten resultieren unterschiedliche institutionelle Ordnungen und Akteurskonstellationen. Der vom Orientierungshorizont festgelegte Rahmen bestimmt die jeweiligen Organisationsziele auf der Ebene der institutionellen Ordnung. Ein erstes Argument, das für die Distinktion zwischen Medienmanagement und Redaktion spricht, ist deshalb das Geschäft der Medien. Das Medienmanagement handeln vorrangig nach ökonomischen Kriterien. Zu den Managementaufgaben gehört es zum Beispiel, die Distribution von medialen Angeboten wie Information, Unterhaltung und Werbung sicherzustellen. Distribution ist ein zentrales Geschäft von Medienorganisationen, da sie dadurch einen Grossteil ihrer Einnahmen generieren. Es geht dabei nicht nur um das Vertriebsgeschäft, sondern auch um das Generieren von Aufmerksamkeit, die dann wiederum in Form von Quoten, Auflagen und Zielgruppen an die Werbeindustrie weiter verkauft werden kann. Um die mediale Produktion auf Dauer sicherzustellen, sind allerdings noch weitere Schritte nötig.

Dazu gehören «die Beschaffung oder Produktion von Inhalten, die Bündelung dieser Inhalte zu einem Programm oder einer Zeitung und schliesslich die Finanzierung dieser wirtschaftlichen Aktivitäten [...]» (Altmeppen 2008a: 84). Darüber hinaus muss das Management auch mit der Politik über die Marktbedingungen verhandeln, schliesslich geht es um Marktzutrittsmöglichkeiten und die Sicherung der Märkte (Jarren 2008: 341).[25]

Da die Finanzierung dem Medienmanagement obliegt, gehört auch die Werbung nicht zu den Leistungen der journalistischen Teilorganisation. Die Werbung spielt zwar eine Doppelrolle, da sie auch Inhalt ist, aber trotzdem handelt es sich nicht um journalistisch produzierte Güter: Erstens werden die werblichen Inhalte nicht von der Redaktion produziert. Zweitens ist die Kopplung von Vertrieb und Werbung zentral im (aktuellen) Geschäftsmodell der Verlage. Drittens adressiert die Werbung «ihre Distributionswünsche an die Medien, nicht an den Journalismus und dementsprechend adressiert sie auch ihre Sanktionen an die Medien, nicht an die Redaktionen» (Altmeppen 2006: 161).

Im Gegensatz zum Medienmanagement ist die journalistische Organisationseinheit für die publizistische Leistung zuständig. Die institutionelle Ordnung wird hier durch das Redaktionsmanagement hergestellt, welche auch die Ziele festlegt. Der Journalismus produziert die Inhalte, die dann wiederum vom Verlag distribuiert werden. Gemäss Altmeppen fehlt es dem Journalismus an der Möglichkeit, Inhalte direkt zu verteilen. Hier hinkt Altmeppens Aussage, dass der Journalismus über keine Möglichkeit der Distribution verfügt, der Realität allerdings etwas hinterher. Sie ist für grosse Medienunternehmen zwar zutreffend, da Redaktion und Verlag als *Organisationseinheiten* getrennt agieren. Mit dem Aufkommen des Internets (Blogs, Social Web, Onlineangebote) kann nun aber jeder Einzelne – also auch Journalisten in den Redaktionen – Themen setzen und publizistische Inhalte veröffentlichen. Allerdings hat Jarren (2008: 329f) recht, wenn er behauptet, dass moderne Gesellschaften auf Institutionen wie Massenmedien – also auf eine spezifisch *organisierte* Form der Kommunikation – angewiesen sind, um die öffentliche Kommunikation zu gewährleisten.

Dafür beansprucht der Journalismus den Verlag, welcher nicht nur die Löhne der Journalisten bezahlt, sondern auch die für den journalistischen Produktionsprozess unerlässlichen Infrastrukturen bereitstellt. Dadurch zeichnet

[25] Der kontinuierliche Austausch mit politischen Akteuren lässt sich in der Schweiz gut an der Diskussion zwischen den Verlegern und der SRG hinsichtlich des Online-Werbeverbots für die öffentlich-rechtliche Internetplattform, bzw. deren Ausbau, beobachten.

sich bereits das rekursive Verhältnis zwischen den beiden Teilorganisationen ab: Das Medienmanagement stellt dem Journalismus die benötigten Ressourcen zur Verfügung, die es mit dem Verkauf der journalistischen Inhalte überhaupt erst erwirtschaftet (siehe Abbildung 3).

Abbildung 3: Die Beziehung zwischen Medienmanagement und Redaktion

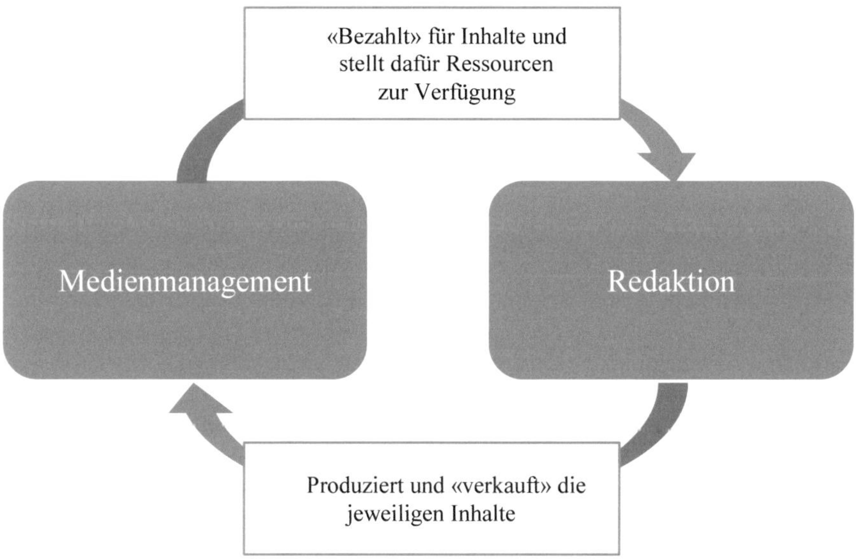

Quelle: Altmeppen 2006, eigene Ergänzungen

Basierend auf Schimanks (1996) Theorie der gesellschaftlichen Differenzierung und Giddens (1997) Strukturationstheorie definiert Altmeppen (2006: 41ff) die beiden Teilorganisationen als Systeme organisierten Handelns, die sich im wechselseitigen Zusammenspiel von Struktur und Handeln konstituieren. Altmeppens Ansatz ist vielversprechend, da er die Makroebene von Systemen und die Mesoebene mit dem Begriff der Organisation verbindet und auch für die Analyse des Handelns von Akteuren anschlussfähig macht. Struktur – verstanden als Regeln und Ressourcen – und Handeln stehen dabei in einem rekursiven Verhältnis zueinander, zumal das Handeln Strukturen re-produziert, die das Handeln wiederum erst ermöglichen. Altmeppen gelingt es so, die einschränkende Strukturdogmatik der Systemtheorie zu überwinden und das Handeln der Akteure aktiv in seine Theorie zu integrieren.[26]

Das Verhältnis zwischen Struktur und Handeln ist allerdings nicht starr, sondern passt sich den jeweiligen Veränderungen an: «Die Strukturen, verstanden als Regeln und Ressourcen, werden durch das Handeln regelmässig reproduziert, zugleich werden sie aber auch verändert, denn die Akteure passen die Regeln an die situativen Gegebenheiten an, und die Ressourcenlage verändert sich» (Altmeppen 2006: 54). Dadurch eignet sich dieser Ansatz besonders gut, um die Auswirkungen von Veränderungen auf Regeln und Ressourcen sowie die Akteure und ihre Handlungen zu analysieren.

Auf die beiden Organisationssysteme bezogen bedeutet dies, dass journalistische Arbeits- und Organisationsprogramme als Routinen journalistisches Handeln leiten und ermöglichen, während die Regeln wirtschaftlichen Handelns den Bezugsrahmen für das Management darstellen. Sollten sich allerdings Veränderungen ergeben, wie beispielsweise ein Rückgang bei den Anzeigenerlösen, so bedeutet dies einen Umbruch bei den Ressourcen, der nach gewissen Reaktionen verlangt. Das Management könnte dann z.B. mit einer Neuorganisation der Redaktion durch Personaleinsparung reagieren, wodurch sich dann wiederum die Qualität der Berichterstattung ändern könnte (Altmeppen 2006: 54).

Das Management (sowohl das Medien- als auch das Redaktionsmanagement) spielt eine zentrale Rolle in der Beziehung zwischen den beiden Organisationssystemen. Die Führungsetagen bestimmen die Strategien, die als Entscheidungsprämissen die Strukturen und das Handeln in den verschiedenen Teilorganisationen bestimmen (Altmeppen 2006: 264). Dadurch wird ersichtlich, wie sich die institutionelle Ordnung, also die Struktur, und die Akteurskonstellationen, also das Handeln der Akteure, wechselseitig bedingen.

Jede Organisationseinheit verfügt über eine spezifische Kernkompetenz, von der die andere Organisation jeweils abhängt. Damit der öffentliche Kommunikationsprozess zustande kommt, müssen beide Teilorganisationen zu-

---

[26] Der Vorteil einer solchen theoretischen Modellierung besteht darin, Organisationsstrukturen nicht als starrern Zwang für Journalisten anzusehen, sondern vielmehr als «Ermöglichungsbedingungen, die im Handeln erzeugt, genutzt, stabilisiert, aber auch modifiziert werden» (Wyss 2004: 308). Da sich Strukturen aufgrund des Handelns von Journalisten wandeln können, dürfte dieser Ansatz auch für andere Theorien wie die der Ökonomik anschlussfähig sein, die das (ökonomische) Handeln von Journalisten – besonders unter der Bedingung knapper Ressourcen – analysieren, strukturelle Aspekte aber teilweise vernachlässigen.

sammenarbeiten, woraus sich vor allem auf Managementebene zahlreiche Interdependenzen zwischen Medien und Journalismus ergeben. Diese gegenseitigen Dependenzverhältnisse sorgen dafür, dass beide Organisationen in einer Form der *Ko-Orientierung* interagieren.

Beide Organisationssysteme müssen die jeweiligen Anforderungen an Publizität und Wirtschaftlichkeit berücksichtigen. Aus diesem Grund sind beide Organisationen gezwungen, die Bedingungen der journalistischen Produktion immer wieder neu zu verhandeln. Allerdings stehen dem Medienmanagement im Gegensatz zum Journalismus deutlich effektivere Massnahmen zur Verfügung, um die journalistische Berichterstattung im Sinne der eigenen Ziele zu beeinflussen. Dabei handelt es sich vor allem um ökonomisch basierte Verfahrensweisen (z.B. die Kapitalverteilung), um in erster Linie die Ressourcen der Redaktion zu beschneiden.

Die rekursiven Aushandlungsprozesse, die in der Ko-Orientierung zwischen Medien und Journalismus stattfinden, führen vor allem im Journalismus zu Veränderungen. Auf den ersten Blick bleibt die Redaktion in ihren Selektionsentscheidungen zwar weiterhin autonom, aber wenn sich die Grundlagen dieser Entscheidungen – also die Entscheidungsprämissen – verändern, ändert sich auch die journalistische Berichterstattung. Wirtschaftliche Aspekte können auf diese Weise zu manifesten Veränderungen in den Redaktionen führen.

Die grundlegenden Strategien bzw. die Ressourcenverteilung werden dabei über strukturelle Verbindungen und soziale Beziehungen ausgehandelt. Dem Management beider Organisationssysteme kommt dabei eine tragende Rolle zuteil, da die Ko-Orientierung in mehr oder weniger institutionalisierten Beziehungen wie Geschäftsführungs- oder Strategiekonferenzen konstituiert wird (Altmeppen 2006: 206f). In solchen Gremien, die aus Vertretern der Geschäftsleitung, Abteilungsleitern der Marketing- und Anzeigenabteilung sowie der Chefredaktion bestehen, vollzieht sich die Ko-Orientierung in machtdurchsetzten Prozessen (ebd.). In den Interaktionen zwischen Organisationsvertretern zeigt sich die Ko-Orientierung am deutlichsten. Dabei bilden sich über organisationale Grenzstellenfunktionen Verhandlungszonen, in denen unterschiedliche Strategien – aber auch Steuerungs- und Machtpotentiale – aufeinander treffen.

3.3.3 Werbefinanzierung als Steuerungsfaktor

Über die personelle Verknüpfung des Medien- und Redaktionsmanagements stehen die beiden Teilorganisationen in konstanten Aushandlungsprozessen. Dabei verfügt das Medienmanagement mit der Möglichkeit der Ressourcenallokation über einen entscheidenden Vorteil in den Verhandlungen. Aus diesem Grund fangen Medienorganisationen gemäss Altmeppen (2006: 207f) sozio-ökonomische Veränderungen nicht einfach auf, sondern reichen diese an den Journalismus weiter.

Im Zusammenhang mit Werbung zeigt sich besonders gut, wie das Medienmanagement versucht, Einfluss auf die Redaktion zu nehmen: Verhandlungspartner für die werbetreibenden Unternehmen oder die sie vertretenden Werbeagenturen ist zumeist die Medienorganisation. Die in den Verhandlungen von Seiten der Werbeindustrie machtvoll erhobenen Forderungen nach optimaler Einbettung der Anzeigen richten sich an das Medienmanagement und nicht etwa an den Journalismus. Aufgrund der Ko-Orientierung erreichen die Forderungen gemäss Altmeppen (vgl. 2007) aber trotzdem die Redaktion.

Die Verhandlungszonen zwischen Medien- und Redaktionsmanagement entwickeln sich so zu Bereichen, in denen unterschiedliche Wirklichkeiten (Zahlung/¬Zahlung vs. Öffentlich/¬Öffentlich) aufeinanderprallen. Die beiden Organisationen scheinen in den Verhandlungen die Entscheidungen des jeweiligen «Partners» zwar zu respektieren. Um die eigene Effektivität zu steigern, versuchen sie aber dennoch, sich gegenseitig zu beeinflussen. Die Verhandlungszonen lassen sich dadurch auch als Zonen der «wechselseitigen Durchdringung von Organisationen mit anderen (Organisations-)Systemen in der Umwelt» (Jarren/Röttger 2004: 32) charakterisieren. Altmeppens Theorie, die zwischen Redaktion und Medienmanagement unterscheidet, kann deshalb mit den Konzepten *Interpenetration* und *Steuerung* verknüpft und weiterentwickelt werden. In einem Medienunternehmen kommt es immer öfter zu Überschneidungen zwischen unterschiedlichen Organisationsteilen. Aufgrund dessen ist es notwendig, starre theoretische Modelle, welche eine strikte funktionale Trennung von Management und Redaktion vorsehen, mit Aspekten wechselseitiger Durchdringung anzureichern. Ansonsten sind diese nicht mehr oder nur ungenügend in der Lage, Phänomene wie eine kontinuierliche Hybridisierung von Werbung und Journalismus zu erklären.

Interpenetrationszonen zwischen Medien und Journalismus

Das Konzept der Interpenetration wurde in der Literatur zumeist auf die Beziehungen zwischen Öffentlichkeitsarbeit und Journalismus angewandt (vgl. Jarren/Röttger 2004; Löffelholz 2004; Weber 2002). Nur vereinzelt haben Autoren wie Siegert und Brecheis (2005) den Begriff auch im Zusammenhang mit Werbung verwendet. Aktuelle Entwicklungen wie Advertorials und Publireportagen sowie die verstärkte thematische Koordination von Anzeigen und journalistischen Beiträgen (auch online durch Instrumente wie Google Adsense) lassen jedoch darauf schliessen, dass ökonomische Interessen in den Verhandlungen zwischen Medien- und Redaktionsmanagement an Bedeutung gewinnen. Westerbarkey beschreibt Interpenetration wie folgt:

> «Unter ‹Interpenetration› wird die wechselseitige Durchdringung von Systemen mit fremden Leistungsanforderungen verstanden: Systeme übernehmen Leistungen anderer zwecks Erhöhung eigener Effizienz, etwa durch Import von Operationsmustern. Damit entlasten sie diese zugleich von Komplexität und funktionalen Problemen, was zu beidseitiger Leistungssteigerung führen kann. Leistungstransfer von Systemen lässt sich gewöhnlich in Interpenetrationszonen lokalisieren, wo Operationen des ‹Muttersystems› denen des Partners angepasst oder sogar partiell vom Partner kontrolliert und gesteuert werden. Insofern folgen Interpenetrationen letztlich dem dialektischen Prinzip, Getrenntes und Gegensätzliches zu vereinen» (Westerbarkey 1995: 154f, H.i.O.).

Auf der Grundlage von Westerbarkeys Definition lässt sich der Interpenetrationsbegriff in Altmeppens Theorie integrieren, weil dieser Medien und Journalismus auf der Grundlage der sozialen Differenzierung als Systemeorganisierten Handelns beschreibt. Die Organisationssysteme verfügen jeweils über einen entsprechenden Orientierungshorizont, folgen also einem bestimmten Code. Beide Organisationssysteme müssen jedoch gleichzeitig die dualen Anforderungen von Publizität und Wirtschaftlichkeit koordinieren.

Westerbarkey betont in seiner Definition jene Wechselwirkungen und Steuerungsversuche, die Altmeppen zuvor bereits hinsichtlich der Ko-Orientierung zwischen den beiden Teilorganisationen Management und Redaktion erwähnte. Laut Altmeppen erfolgen die Wechselwirkungen in der Ko-Orientierung nur auf Struktur- und Interaktionsebene. Hier wird nun vorgeschlagen, dass in gewissen Bereichen – vornehmlich beim Austausch und bei Verhandlungen auf Managementebene – Wechselwirkungen auch auf der Ebene der Organisationssysteme erfolgen. In der Beziehung zwischen Verlag und Journalismus lassen sich Entscheidungen immer weniger einer einzigen Systemrationalität zuordnen. Dies entspricht, wie Siegert (2002: 170) erläutert, einer zunehmenden Vernetzung von unterschiedlichen Subsystemen, die über die eigenen Systemgrenzen hinaus gewisse Relationen etablieren sowie das Handeln koordinieren und abstimmen müssen.

Die Interpenetration unterstellt den beiden Teilorganisationen keine unikausale Beziehung, da die beiden Organisationssysteme ihre relative Autonomie erhalten. Es handelt sich vielmehr um einen kontinuierlichen Anpassungsprozess zwischen existentiell voneinander abhängigen Organisationsteilen (vgl. Löffelholz 2004: 480). Die Auswirkungen solch vernetzter Systemlogiken – faktische Konflikte und unterschiedliche Machtverhältnisse – lassen sich auch gemäss Siegert (2002: 177) über die empirische Beobachtungskategorie der Interpenetrationszone bearbeiten.

Der Interpenetrationsbegriff wird hier allerdings nicht im herkömmlichen, systemtheoretischen Sinne verwendet. Vielmehr ist der Begriff der Interpenetrationszone gemäss Weber (2004: 62) als empirisch-dynamisches Konzept angelegt. Weber selbst deutet an, dass der Fokus auf die «wechselseitige Durchdringung» im Widerspruch zu den orthodoxen Postulaten der Systemtheorie steht. Diese geht davon aus, dass Systeme in jedem Fall autonom bleiben und ihre Identität nicht preisgeben – es kann also auch nicht zu einer wechselseitigen «Durchdringung» kommen. Weber (ebd.: 63) kritisiert diese starre Haltung und stellt die gegenseitige Durchdringung bewusst in den Mittelpunkt seiner Analyse. Erst auf diese Weise sei es möglich, so Weber, die «derzeit expandierende Grauzone der Durchdringung bzw. Überschneidung» (ebd.: 64f) zwischen unterschiedlichen Teilsystemen gewinnbringend zu analysieren.

Der Journalismus kann zwar weiterhin seinem spezifischen Code folgen. Dies bedeutet aber nicht, dass die redaktionelle Produktion nicht gleichzeitig auch durch wirtschaftliche Imperative mitbestimmt wird (Bonk 2010: 102). Altmeppen (2004: 509) spricht in diesem Zusammenhang davon, dass publizistische Entscheidungen strategisch geplant und operativ vorausberechnet werden: «In diese Prozesse fliessen keineswegs allein publizistische Massstäbe ein, sondern in hohem Masse ökonomische [...] Wirkungsfaktoren, die nicht allein ‹im Hintergrund mitlaufen›, sondern die die Operationsweisen des Systems verändern». Mit anderen Worten: Der Code ist zwar die Letztentscheidung, er gibt aber keine Auskunft darüber, unter welchen *Bedingungen* diese Entscheidung gefällt wird (ebd.: 511). Die Aushandlungen der Ko-Orientierung erfolgen somit innerhalb von Interpenetrationszonen. Dadurch ändern sich die Grundlagen für die Entscheidungen journalistischer Arbeit, die dann wiederum Auswirkungen auf die Berichterstattung haben können (ebd.: 513).

Konkret entstehen Interpenetrationszonen zwischen Medien und Journalismus über organisationale Grenzstellenfunktionen bzw. über das Medien- und Redaktionsmanagement. Dabei spielt die Medienfinanzierung eine wichtige Rolle. Gemäss Jarren und Röttger (2004: 33) ist es Anzeigenkunden möglich, über die Medienfinanzierung «strukturell wie auch fallweise auf Medienunternehmen, Produkte wie auch einzelne redaktionelle Medienangebote Einfluss zu nehmen.» Durch solche Geldzahlungen «würden Interpenetrationszonen konstituiert, auf Dauer gestellt und die Voraussetzungen für Interaktionen geschaffen» (ebd.).

Die beiden Autoren gehen dabei von einer direkten Einflussnahme von Seiten der Werbewirtschaft aus, die so aber in den meisten Fällen nicht besteht. Vielmehr leitet das Medienmanagement die Forderungen der Anzeigenkunden über die Ko-Orientierung an den Journalismus weiter, wodurch sich die Bedingungen der journalistischen Operationsweise verändern können. Dies zeigt sich auch immer wieder in den Äusserungen von Journalisten: «Auffallend [...] ist, dass die Bestechungsversuche (ausser im Fall des Tourismusberaters) nicht von irgendwelchen Warenverkäufern ausgingen. Auch nicht von den Journalisten. Sondern von deren Arbeitgebern, also der Verlagsetage. Das Geld wird knapper; man sucht neue Geschäftsmodelle» (Seibt 2012).

Ökonomische Kriterien – z.B. ein für die Werbung positives redaktionelles Umfeld – gewinnen so bei der journalistischen Programmplanung an Gewicht. Dadurch ändern sich die Produktionsbedingungen, zumal der Journalismus nun Rücksicht auf gewisse ökonomische Konditionen nehmen muss. Aus dieser Perspektive erscheint die Vermutung plausibel, dass Medienunternehmen am Prozess der Kommerzialisierung aktiv beteiligt sind, zumal sie gerade in Krisenzeiten verstärkt ökonomische Aspekte in den redaktionellen Selektionsprozess einschleusen.

Werbefinanzierung forciert Kontextsteuerung

Interpenetrationszonen sind nicht nur Bereiche, in denen sich unterschiedliche Organisationssysteme wechselseitig durchdringen. Sie sind gleichzeitig auch die Voraussetzung für Steuerungseinflüsse. Steuerung bezieht sich hier nicht primär auf das Konzept der Manipulation. Vielmehr bezeichnet Steuerung «allgemein das Einwirken eines Systems auf ein anderes, wodurch dessen Verhalten, Struktur, Funktion oder Eigenschaften entsprechend dem Programm oder Algorithmus des steuernden Systems festgelegt oder verändert werden» (Haufe zit. in Jarren/Röttger 2004: 35).

Jarren und Röttger (ebd.) benutzen diesen Steuerungsbegriff, um in ihrer strukturationstheoretisch begründeten PR-Theorie die Öffentlichkeitsarbeit mit Blick auf Steuerungsziele, -Modi, Akteure, Ressourcen und Instrumente zu analysieren. Wie die verwendeten Begriffe nahelegen, lässt sich Altmeppens Konzept der Ko-Orientierung dank des Steuerungsbegriffs weiterentwickeln. Laut Altmeppen bezieht sich die Ko-Orientierung auf einen steten Aushandlungsprozess zwischen den Teilorganisationen Management und Redaktion, wobei Veränderungen in einem Organisationssystem einen Wandel im anderen System nach sich ziehen können. Diese Aushandlungen erfolgen durch rekursive Regulierung und Strukturierung – also über soziale Beziehungsmechanismen und strukturelle Anpassungen (Altmeppen 2006: 204). Altmeppen selbst spricht nur von Einflussnahme bzw. der Veränderung oder Anpassung von Programmen – berücksichtigt man Haufes oben genannte Definition, dürfte dies dem Steuerungsbegriff sehr nahe kommen.

Jarren und Röttger (2004) verwenden den Steuerungsbegriff, um den Einfluss der Öffentlichkeitsarbeit auf die journalistische Produktion zu beschreiben. Aber auch die Beziehung zwischen der Verlagsseite und der Redaktion kann hinsichtlich der Werbefinanzierung Gegenstand der Steuerung sein. Die beiden Autoren schlagen vor, den Begriff der Kontextsteuerung auf die Medienfinanzierung anzuwenden. Laut Willke (1995) tangiert die Kontextsteuerung die operative Geschlossenheit von Systemen zwar nicht, aber sie versucht, die Umweltbedingungen eines anderen Systems so zu verändern, dass sich dieses in die gewünschte Richtung bewegt.

Über die Kontextsteuerung provozieren Systeme demzufolge Änderungen in der Umwelt, «an denen sich das zu steuernde System in seinen eigenen Selektionen orientieren kann und im gelingenden Fall im eigenen Interesse orientieren wird» (Willke zit. in Hoffjann 2009). Kontextsteuerung ist somit gleichbedeutend mit der Konditionierung eines zu steuernden Systems – aber nicht mit dessen Determinierung. Die Erfolgschancen der Kontextsteuerung hängen gemäss Hoffjann davon ab, «wie gut das steuernde System die Strukturen des zu steuernden Systems kennt» (2009: 306). Intersystemische Organisationen wie Medienorganisationen bilden in ihrem Innern in hohem Mass Netzwerkstrukturen aus. Es kann deshalb davon ausgegangen werden, dass die beiden Teilorganisationen über die Strukturen des jeweils anderen Organisationssystems relativ gut Bescheid wissen. Gemäss Hoffjann sind die Kenntnisse umso grösser, je öfter es zu Interaktionen zwischen den beiden Systemen kommt. Diese Interaktionsstrukturen, die sich aufgrund von Steuerungsversuchen noch verstärken werden, dürften in der Beziehung zwischen Management und Redaktion gegeben sein (vgl. Jarren/Röttger 2004: 36).

Konkret betreiben Medien externe Kontextsteuerung, indem sie die Bedingungen zu ändern versuchen, unter denen der Journalismus arbeitet. Dies erreicht das Medienmanagement, indem es beispielsweise die Ressourcen verknappt oder mittels «argumentativer Anreize» darauf hinweist, dass eine Nichtbeachtung von Forderungen negative Folgen für das gesamte Medienunternehmen – Ausbleiben oder Stornierung von Werbeaufträgen – und deshalb auch für den Journalismus haben kann. Auf diese Weise stellt die Verlagsleitung sicher, dass die Redaktion – als «schwächerer Partner» in der Beziehung – auch unbequeme Entscheidungen akzeptiert bzw. die (wirtschaftlichen) Unternehmensinteressen bei eigenen Entscheiden (stärker) berücksichtigt werden (vgl. Hoffjann 2009: 307).

Wie Jarren und Röttger (2004: 36) festhalten, kann «die Finanzierung von einzelnen Medien oder Medienorganisationen durch Werbung oder Sponsoring als Versuch einer [indirekten] Kontextsteuerung aufgefasst werden: Es soll eine bestimmte Ausrichtung des Medienangebots erreicht werden». Auch hier gilt wieder, dass die Forderungen der werbetreibenden Unternehmen über die Ko-Orientierung in die Redaktionen gelangen. In den Interpenetrationszonen zwischen Medien- und Redaktionsmanagement, die zugleich den Rahmen für die Steuerung bilden, werden die Interaktionen auf Dauer gestellt und entsprechend den jeweiligen Organisationszielen umgesetzt.

Empirische Ergebnisse bekräftigen den steigenden ökonomischen Druck der Medien auf den Journalismus. In der ersten gross angelegten Schweizer Journalisten-Enquete (Marr et al. 2001) wurden rund 2000 Medienschaffende befragt, ob sie während ihrer Arbeit einen ökonomischen Druck verspüren. Mehr als ein Drittel aller Befragten bejahten diese Frage. Vor allem Vertreter der Wochen- und Sonntagspresse gaben an, einem solchen Druck ausgesetzt zu sein (Marr et al. 2001: 116f).

Die Folgestudie der ersten Journalisten-Befragung (Keel 2011: 156) in der Schweiz ergab zudem, dass sich in den Redaktionen mehr als die Hälfte aller Befragten unter anderem am Umsatz des Medienbetriebes und an dessen Erfolg auf dem Werbemarkt orientieren.[27] Zwischen den verschiedenen Medientypen gibt es allerdings Unterschiede. Ordnet man verschiedene Medientypen nach ihrer Affinität mit der Orientierungsgrösse der Wirtschaftlichkeit, lässt sich feststellen, dass sich Gratiszeitungen mit Abstand am stärksten, Nachrichtenagenturen oder die SRG nur wenig an der Wirtschaftlichkeit orientieren (ebd.: 157).

Ähnlich sieht es bei den individuellen Rollenbildern der Journalisten aus: Mehr als 90 Prozent der Befragten geben an, dass sie sich an ihren eigenen Wertvorstellungen und Überzeugungen orientieren. Überraschend ist hier allerdings, dass bei den persönlichen Orientierungsgrössen 40 Prozent der Befragten betriebswirtschaftliche Interessen der Unternehmensleitung berücksichtigen. Laut Keel (2011: 242) verweist dies auf eine stärkere, ökonomische Fremdreferenz, die eine journalistische Selbstreferenz überlagert.

In seiner Untersuchung «Was steuert Journalismus» befragte Stefan Weber (2000) schriftlich rund 500 österreichische Journalisten zu den Themen Ökonomisierung, Fremdsteuerung und Entgrenzung des Journalismus. Hinsichtlich der Steuerungsthese gibt Webers Studie Hinweise auf den Einfluss von ökonomischen Faktoren in der Redaktion. Befragt nach den Eingriffen des betriebsinternen Managements/Personalabteilung oder externer Personal- und Unternehmensberater, gibt rund jeder fünfte Journalist an, starke Eingriffe erlebt zu haben. Auch hier zeigen sich Unterschiede beim Medientyp: jeder vierte Boulevardjournalist war mit Eingriffen konfrontiert, hingegen gab dies nur jeder siebte Qualitätsjournalist an. Zusammengenommen finden über 80 Prozent aller Befragten, dass der Einfluss des Managements auf den Journalismus generell zugenommen hat.

Webers Befragung ergab ausserdem, dass knapp über 60 Prozent der befragten Chefredaktoren einen durchschnittlichen bis sehr starken Einfluss

[27] Die Studie erlaubte zu dieser Frage Mehrfachantworten. Über 80 Prozent aller Journalisten gaben an, dass sich deren Redaktionen an eher klassischen Orientierungsgrössen wie der Zufriedenheit des Publikums oder aufklärerischen Motiven wie den Interessen des Gemeinwohls orientieren. Gleichwohl überrascht die starke Orientierung am Umsatz.

durch wirtschaftliche Vorgaben (Marktanteil-, Reichweiten- oder Quotenvorgaben) wahrnehmen. Dies deutet ebenfalls darauf hin, dass die Einmischung des Medienmanagements in redaktionelle Belange – zumindest in Österreich – tatsächlich vorhanden ist.

Einige empirische Befunde lassen allerdings darauf schliessen, dass nicht alle Redaktionen einer rigiden Kostenstrategie ausgesetzt sind: Eine qualitative Befragung von Chefredaktoren in der Schweiz zeigt, dass Chefredaktoren nur in Ausnahmefällen einer expliziten Kostenführerschaft unterliegen – wobei nicht die Redaktion, sondern die Unternehmensleitung diese Strategie bestimmt (Wyss 2002: 286). Einige Chefredaktoren betonen allerdings, dass Journalisten wissen müssten, dass die finanziellen Ressourcen zu drei Vierteln von Inseraten stammen. Einige wenige leitende Redaktoren sprechen sogar explizit den Werbemarkt als Orientierungsgrösse an, «weil nicht vernachlässigt werden kann, dass die Werbewirtschaft zu 70 Prozent zu unserem Ertrag beiträgt» (Wyss 2002: 290).

3.3.4 Die «Chinesische Mauer» bröckelt

Die Krise der Medienindustrie scheint nicht nur das Steuerungspotential des Managements gegenüber der Redaktion erhöht, sondern auch neue Interpenetrationszonen ausdifferenziert zu haben. Analysen im Bereich des Redaktionsmanagements haben ergeben, dass die Zusammenarbeit mit Abteilungen des Medienmanagements wie die Anzeigen- oder Marketingabteilung zunimmt (vgl. An/Bergen 2007). Laut Neverla und Walch (1994: 322ff), die bereits in den 90er-Jahren erste Untersuchungen zum Trennungsgrundsatz durchführten, gehen diese Veränderungen mit dem Wandel in der Medienindustrie einher. Gemäss den beiden Autorinnen müssten Medienunternehmen das Verhältnis zwischen Verlag und Redaktion den neuen Gegebenheiten anpassen: «Während in einer hierarchischen Organisation die Abschottung der publizistischen Einheiten gegenüber den Einflüssen der Geschäftsleitung nahe liegt, kann und muss sich in der modernen Organisationsform die Zusammenarbeit zwischen den gleichwertigen Einheiten Verlag und Redaktion intensivieren» (ebd.: 318).

Trotz allem hat der Trennungsgrundsatz besonders bei grösseren Medienunternehmen immer noch Gültigkeit: Wyss (2002: 278f) weist in seiner Befragung von Redaktionsleitern darauf hin, dass grössere und öffentlich-rechtliche

Medienunternehmen den Trennungsgrundsatz hochhalten. Je kleiner die Medienunternehmen allerdings werden, desto häufiger zeigt sich eine Zusammenarbeit zwischen den beiden Teilorganisationen. In diesen Fällen spielen zentrale Akteure wie Chefredaktoren oder Geschäftsführer eine wichtige Rolle, da sie in den meisten Fällen die strategische Ausrichtung bestimmen, welche den Markterfolg des Produktes garantieren soll (Wyss 2002: 278). In kleineren Unternehmen wird diese Kooperation oftmals sogar als Partnerschaft angesehen, um gemeinsam den Erfolg des Produktes zu garantieren.

Die Vermutung liegt nahe, dass sich die Beeinflussungsversuche durch die tieferen Hürden zwischen Verlag und Redaktion intensivieren und auf weitere Bereiche ausdehnen. Vor allem die Anzeigenabteilung dürfte vor dem Hintergrund des kontinuierlichen Rückganges der Werbeerlöse vermehrt Druck auf die Redaktionen ausüben, um den Forderungen der werbetreibenden Unternehmen nach optimaler Platzierung der Anzeigen zu entsprechen. Die gebeutelten Zeitungsunternehmen scheinen daher neue Konzepte zu entwickeln, «by developing content and promotional strategies in the ‹gray area› between news and marketing» (Eckman/Lindlof 2003: 65).

Diese Tendenz dürfte sich in den letzten Jahren aufgrund der konjunkturellen Einbrüche und den technischen Veränderungen noch weiter verstärkt haben. Beam wies bereits Ende der 90er-Jahre auf diesen Veränderungsprozess hin, der sich seither noch intensiviert hat:

«During the last decade, as the business environment has become more challenging for daily newspapers, many of them have adopted a stronger market orientation. They have concentrated both on learning what their two customer groups – advertisers and readers – say they want and need from a newspaper, and on finding new ways to meet those wants and needs. In newsrooms, this has brought changes to the news-making process» (Beam 1998: 2).

Die stärkere Ausrichtung am Markt, so Beam, führe unwillkürlich zu einer Auflösung der «ethical firewall» zwischen den publizistischen und kommerziellen Interessen eines Medienunternehmens. In seiner Studie befragte er rund 900 Journalisten in leitender Funktion, ob und inwiefern es in ihren Organisationen zu abteilungsübergreifenden Interaktionen kommt. Unter Interaktionen versteht Beam Treffen oder Diskussionen zwischen Vertretern unterschiedlicher Abteilungen – wie zum Beispiel zwischen der Redaktion und der Anzeigenabteilung. Dabei ging er der Frage nach, wie oft solche Treffen stattfinden und ob sie Auswirkungen auf die veröffentlichten Inhalte haben.

Es zeigt sich, dass es in Medienunternehmen mit einer stärkeren Marktausrichtung häufiger zu abteilungsübergreifenden Interaktion kommt: «The findings here suggest, that newsrooms with a strong market orientation are more fully integrated into the rest of the organization than are newsrooms with a weaker market orientation. More plainly, editors at the market-oriented newspaper report that it's more common for journalists to meet with non-journalists to deal with organizational issues and to talk about content» (Beam 1998: 16).

Soley und Craig (1992) kamen bei der Befragung von 250 Journalisten in ausgesuchten US-Tageszeitungen zu ähnlich ernüchternden Ergebnissen: knapp 90 Prozent aller befragten Journalisten berichteten von Einflussversuchen von Seiten der Werbewirtschaft. Davon erlagen 37 Prozent dem Druck und änderten die Berichterstattung oder zogen sie gänzlich zurück. Interessanterweise gaben mehr als die Hälfte aller Journalisten an, dass Druckversuche, die eine positive Berichterstattung über grössere Anzeigenkunden zum Ziel hatten, aus dem eigenen Medienunternehmen und nicht direkt von den werbetreibenden Unternehmen kamen.

Auch An und Bergen (2007) kamen zu ähnlichen Erkenntnissen. In ihrer Studie befragten sie 219 Werbeverkaufsleiter in US-Tageszeitungen daraufhin, wie diese auf die Beeinflussungsversuche von Seiten der Werbetreibenden reagierten. Dabei erstellten sie vier verschiedene Szenarien, in denen ein Werbeverantwortlicher immer mehr Einfluss auf den redaktionellen Inhalt der Zeitung nimmt. Dieser Einfluss reicht von der vorteilhaften Platzierung eines Fotos über die Kombination Werbung-redaktioneller Beitrag bis hin zur direkten Übernahme von PR-Material als redaktionellem Inhalt bzw. der Zensur redaktioneller Berichterstattung. Ausserdem waren die Werbeverantwortlichen fast durchgängig dazu bereit, Werbung möglichst optimal zu platzieren – was auch Druckversuche gegenüber der eigenen Redaktion und deren Berichterstattung mit sich brachte.

Harro-Loit und Saks (2006) bestätigen diese Tendenz in ihrer Untersuchung. In Zusammenarbeit mit einem Technologie- und Wissenschaftszentrum wurde verschiedenen Zeitungen und Magazinen eine Offerte unterbreitet, welche die Anzeigen von der Berichterstattung über eine Ausstellung des Zentrums abhängig machte. Während die Zeitungen entweder nicht auf die Offerte eingingen oder alternative Lösungen vorschlugen, akzeptierten mehr als die Hälfte aller Magazine die Vorgaben. Vor allem Publikationen mit kleineren Werbebudgets scheinen solche Kooperationen zu akzeptieren: «On the question of the choice of journalists to work on promotional material and objective journalism the research revealed that while media organizations try to keep them separate, the lack of resources to process the increasing flow of promotional material invariably means that there is an element where a journalist's workload is in both areas» (Harro-Loit/Saks 2006: 320).

Während Ans und Bergens Befunde darauf hinweisen, dass kleinere Verlage eher den Wünschen der werbetreibenden Unternehmen entsprechen, widersprechen ihnen Nyilasy und Reid (2011). Ihre Ergebnisse sind daher mit Soleys und Craigs Befunden konform, die ebenfalls keine grössenspezifischen Unterschiede feststellen. In diesem Zusammenhang besteht allerdings noch keine Klarheit. Kleinere Verleger dürften den Ausfall eines wichtigen Inserenten in jedem Fall stärker spüren als grosse Medienunternehmen. Vor allem lokale Tageszeitungen, die auf regionale Werbetreibende angewiesen sind, können sistierte Anzeigen nur schwer ersetzen. Dies gilt unter anderem auch für Nischenprodukte, die nicht wie eine Forumszeitung über ein breites Publikum verfügen und Inserenten deshalb eine grössere Plattform bieten können. Hays und Reisner (1990) zeigen dies beispielsweise in ihrer Studie über Journalisten, die für Farmer-Magazine arbeiten.

Nicht nur die Grösse eines Medienunternehmens entscheidet über Kooperationsmodelle. Gleichzeitig ist auch der Medientyp, bzw. das Mediengenre ausschlaggebend. Laut den Ergebnissen von Weber (2000: 146) haben Boulevardjournalisten häufiger Interessenskonflikte mit der Anzeigenabteilung, beispielsweise wenn es um die kritische Berichterstattung über Gross-Inserenten geht. Die zunehmenden Interventionen seitens der Anzeigenabteilung schlagen sich auch in der Wahrnehmung über den Einfluss der Werbewirtschaft nieder: 23 Prozent aller Journalisten klagen über einen starken bis sehr starken Einfluss der Werbewirtschaft in ihrer täglichen Arbeit. Auch hier sind die Boulevardjournalisten stärker betroffen (Weber 2000: 151f).

Der Einfluss der Werbung zeigt sich aber auch in der zunehmenden Entdifferenzierung zwischen genuin journalistischen und kommerziellen Tätigkeiten. Mehr als ein Drittel der von Weber befragten österreichischen Journalisten bearbeiten manchmal bis regelmässig Werbebeiträge. Dazu gehört nicht nur das Texten für hauseigene PR-Beilagen, sondern auch die journalistische Gestaltung von bezahlten Anzeigen (Weber 2000: 146).

Der steigende Einfluss der Anzeigenabteilung auf journalistische Organisationen, Kollaborationen zwischen Medienunternehmen und Werbetreibenden, Sonderwerbeformen wie Advertorials oder Publireportagen – all dies führt dazu, dass die innerorganisationalen Beziehungen komplexer werden. «While the dualism of news and advertising may once have been easy to define in black-and-white terms, advertorial products create the potential for organizational dilemmas to blur these lines» (Eckman/Lindlof 2003: 76).

Die organisationale Integration dürfte in Zukunft weiter zunehmen. Der Journalismus ist aufgrund des Strukturwandels nicht nur gezwungen, sich mit wirtschaftlichen Aspekten zu befassen – er *soll* sich damit auch auseinandersetzen. Gleichzeitig müsste er sich aber aktiver in die organisationsinterne Diskussion einbringen. In den meisten Fällen *reagieren* Journalisten jedoch nur auf Veränderungen – statt diese selbst zu initialisieren. Eine unternehmerisch-kommerzielle Vogel-Strauss-Taktik der Journalisten dürfte dabei nicht sehr hilfreich sein: «If the future of journalism is to be determined largely by journalists, then journalists [...] need to become more proactive and entrepreneurial, exerting their agency in creative ways that make the value of professional journalism work more apparent in a crowded and competitive marketplace» (Gade 2009: 10).[28] Nur auf diese Weise kann der Journalismus sicherstellen, dass er in den sich ausdifferenzierenden Interpenetrationszonen überhaupt noch Gehör findet.

3.4 Konsequenzen des Medienwandels für Medieninhalte

3.4.1 Die These der Primärorientierung an der Werbewirtschaft

Die Primärorientierung an der Werbewirtschaft gründet auf der These, dass sich Verlage primär an den Interessen des Anzeigenmarktes ausrichten – und allenfalls sekundär an denen des Lesermarktes (Pieler 2000: 351). Die Ursachen für dieses Verhalten ist auf die unterschiedlichen Eigenschaften des Werbe- und des Lesermarktes zurückzuführen.

[28] Auch Jeff Jarvis vertritt mit seinem Konzept des «Entrepreneurial Journalism» einen ähnlichen Ansatz: «I believe journalists must become entrepreneurs. They don't all need to be sole proprietors of hypersomething blogs. But they need to make smart business decisions when they decide where to put their effort. They need to sense and serve the market. They need to work with innovators. They need to see a future for journalism that looks different – better, even – than its past. The future of news is entrepreneurial» (Jarvis 2009).

Die Werbewirtschaft sieht in den Medien in erster Linie ein Vehikel, um ihre Werbebotschaften zu platzieren. Die Medien dienen deshalb nur als Mittel zum Zweck, da das gehandelte Gut die Kontaktchancen mit bestimmten Publika ist. Die Rezipienten fungieren nur als «Coin of exchange» (Siegert/Meier/Trappel 2005: 474), sozusagen als Garantie für die Werbegeschäfte. Der redaktionelle Teil eines Medienproduktes soll zu diesem Zweck ein Publikum mit «werblich interessanten Zielgruppen schaffen, der Werbung den Zugang dazu ermöglichen und gleichzeitig auch Aufmerksamkeit und Bereitschaft des Publikums für die Rezeption der Werbebotschaften miterzeugen» (Kiefer 2001: 243).

Damit werden für die Werbewirtschaft relevante Kriterien wie Reichweite, 1000er-Kontakt-Preis sowie Zielgruppenaffinität auch für die Medienproduktion zu wichtigen Faktoren, denn sie bestimmen schlussendlich die Höhe der Werbeerlöse: «Die Dominanz […] des Anzeigensektors erklärt demnach das Rationalverhalten von Verlegern, die ihre Entscheidungen quasi systemimmanent vorrangig am Werbemarkt ausrichten» (Pieler 2000: 351f).

Auf dem Lesermarkt hingegen herrscht eine Informationsasymmetrie zwischen den Marktteilnehmern. Da Medienprodukte Erfahrungs- oder Vertrauensgüter sind, können Rezipienten die Qualität eines solchen Produktes nur mit beachtlichem Aufwand – wenn überhaupt – beurteilen. Wenn Konsumenten aufgrund der Informationsasymmetrie die Qualität eines Produktes allerdings nicht einschätzen können, sinkt deren Bereitschaft, für ein bestimmtes Gut einen höheren Preis zu bezahlen (Akerlof 1970).[29] Dieser Akerlof-Prozess gilt auch für den Lesermarkt. Es besteht für die Medienunternehmen kein Anreiz, ein Produkt von hoher Qualität anzubieten, da die Konsumenten diese Leistung aufgrund der mangelnden Qualitätstransparenz nicht zu bezahlen bereit sind. Den Konsumenten wird also gerade soviel Qualität geboten, dass sie den Konsum des Medienproduktes nicht aufgeben (Sjurts 2004: 175). Damit lässt sich

---

[29] Ariely (2008: 54) behauptet, dass der Mensch eine grundlegende Angst vor Verlustgeschäft hat. Bei Gratisprodukten hingegen sei diese Angst wie weggefegt: «Why do we have an irrational urge to jump for a free item, even when it's not what we really want? […] Most transactions have an upside and a downside, but when something is free we forget the downside, free gives us such an emotional charge that we perceive what is being offered as immensely more valuable than it really is. Why? I think it's because humans are intrinsically afraid of loss. The real allure of free is tied to this fear. There's no visible loss when we choose a free item (it's free). But suppose we choose the item that's *not* free. Uh-oh, now there's a risk of having made a poor decision – the possibility of loss.» Ein Grund mehr für den anhaltenden Erfolg der Gratiszeitungen?

auch erklären, warum auf dem Lesermarkt der Kosten- und nicht der Qualitätswettbewerb dominiert.

Nicht nur das Qualitätsverständnis des Publikums spielt eine zentrale Rolle, sondern auch die Suche nach Alternativen. Wie Kiefer (2001: 241) ausführt, hat die Bewertung des Medienkonsums als Niedrigkostensituation «aus ökonomischer Sicht zur Folge, dass nichtoptimale Lösungen akzeptiert werden und auf die Durchsetzung von Präferenzen verzichtet wird. [...] Das führt zu wenig Widerstand, wenn ein Medienprodukt als zwar nicht optimal erlebt wird, aber eben noch als halbwegs passabel im Rahmen weiter Freizeitinteressen.» Dieses «Satisficing»[30] von Seiten der Konsumenten könnte bedeuten, dass sich das Publikum über die fehlende Qualitätstransparenz zwar im Klaren ist, sich aber aufgrund der mangelnden Zahlungsbereitschaft mit Gratisprodukten begnügt.[31] Damit liesse sich auch erklären, warum die Finanzierbarkeit von Qualitätsjournalismus immer mehr in Gefahr gerät: das Publikum ist offenbar nicht (mehr) bereit, für (qualitativ hochstehenden) Journalismus zu bezahlen.

3.4.2 Fehlende Trennung zwischen journalistischen und werblichen Inhalten

In einer Mediengesellschaft geht die Aufmerksamkeit gegenüber einzelnen Werbebotschaften in der unübersichtlichen Fülle von Informationen zurück. Um diesem Trend entgegen zu wirken, sollen Printmedien Anzeigen und günstige Berichterstattungsumfelder möglichst vorteilhaft kombinieren. Dabei sollen die werblichen Inhalte eine grösstmögliche Nähe zu den redaktionellen Beiträgen aufweisen, so dass die Werbebotschaften keine Reaktanz – also die Erkennung von Beeinflussungsversuchen und deren Abwehr, beispielsweise durch Umblättern oder Weiterzappen – provozieren. Solche hybriden Werbe-

[30] Der Begriff des Satisficing wurde von Herbert A. Simon im Zuge der Entwicklung seines Verhaltensmodells «begrenzter Rationalität» geprägt. Gerade bei Informationsasymmetrie und intransparenten Marktverhältnissen – unter der Voraussetzung, dass Suchkosten als Handlungsrestriktionen aufgefasst werden – ist der Abbruch der Suche nach Alternativen, sobald eine zufrieden stellende Lösung gefunden ist, durchaus rational.

[31] Auch hier ist der Hinweis auf die Ent-Ökonomisierung aus Sicht des Publikums zwar plausibel, er verkennt allerdings, dass das unternehmerische Handeln die Ent-Ökonomisierung überhaupt erst ermöglicht. Auch der Preis ist Teil der Unternehmensstrategie, denn Medienunternehmen rechnen mit einem hohen Satisficing-Faktor.

formen können auch den Vorankündigungseffekt («Vorsicht Werbung») ausschalten, indem sie die kommerzielle Botschaft verschleiern. Ein unaufmerksames Publikum lässt sich dadurch wohl eher überrumpeln (Schönbach 2009: 93f).

Um die Gefahr einer Blockade durch die Rezipienten möglichst klein zu halten, bemühen sich die werbetreibenden Unternehmen, ihre Anzeigen in den redaktionellen Kontext zu integrieren – wie dies beim Product Placement der Fall ist. Die dadurch entstandenen hybriden Werbeformen lassen sich nur noch teilweise als kommerzielle Botschaften erkennen. Siegert und Brecheis (2005: 39) definieren programmintegrierte und hybride Werbeformen wie folgt: «Nur bedingt oder nicht als solche erkennbare Werbung. Sie ist thematisch nahtlos in die redaktionellen Umfelder eingebettet, imitiert redaktionelle Teile in Inhalt und Gestaltung oder ersetzt sie. Die beworbenen Objekte werden gezielt in Sendungsabläufe oder redaktionelle Kontexte integriert und können deren Ablauf, Struktur und Dramaturgie beeinflussen.»

Vielfach übernehmen Medien auch vorgefertigte Seiten, welche das Layout der Printmedien imitieren (Publireportagen), oder ganze Beiträge und Artikel von externen Institutionen. Medien können dadurch gewisse Themenkomplexe outsourcen und Kosten für fest angestellte Journalisten einsparen. Werbetreibende haben so die Möglichkeit, ihre kommerziellen Botschaften direkt in die Beiträge einfliessen zu lassen. Dabei stellt sich das Problem, dass die Redaktionen keinen Einfluss auf die Beziehungen der externen Fachredaktionen haben. Somit entzieht sich der Produktionsprozess weitgehend einer inhaltlichen oder qualitativen Kontrolle.

Als weiteres Merkmal der zunehmenden Hybridisierung zwischen Werbung und Journalismus erscheinen Kooperationen zwischen Medienunternehmen und der Werbewirtschaft. Derartige Medienpartnerschaften greifen bereits in der Konzeptionsphase der Medieninhalte und stellen die Werbekompatibilität der Medieninhalte sicher, indem die Dramaturgie auf bestimmte Marken oder Produkte abgestimmt werden (Siegert/Meier/Trappel 2005: 478). Beispielsweise koppeln werbetreibende Unternehmen ihre Anzeigenaufträge an die Bedingung, dass die Redaktion auch über die Dienstleistungen oder Produkte des Unternehmens berichten muss (vgl. Fassihi 2008: 193ff). Deshalb verlangen Werbeagenturen bei längerfristigen Kooperationen Informationen über den radaktionellen Rahmen, vor allem über geplante Schwerpunkte, Neuigkeiten und Platzierungsformen (Karmasin 1998: 205).

Ähnliche Synergien zeigen sich auch in der Berichterstattung über das eigene Unternehmen oder andere Unternehmenseinheiten desselben Medienkonglomerats. Dieses Phänomen lässt sich besonders gut innerhalb des Medienjournalismus beobachten (vgl. Porlezza 2005b). Wechselseitige Werbeschaltungen innerhalb derselben Organisation erlauben Cross-Promotion. Hinzu kommt, dass Medienunternehmen gegenseitige Werbeschaltungen häufig an redaktionelle Verweise koppeln oder gar als solche ausgeben. Damit erhöhen die Konzerne nicht nur den Werbedruck, sondern versuchen auch die Aufmerksamkeit zwischen den hauseigenen Produkten hin und her zu schieben.

Je nach Medienordnung sind solche Werbeformen verboten oder unterliegen einer Kennzeichnungspflicht. Trotzdem befindet man sich aber oft in einer publizistischen Grauzone.[32] Vielfach ist nicht klar, ob es sich noch um einen redaktionellen Beitrag oder bereits um (Schleich-)Werbung handelt. Aus diesem Grund ist auch die rechtliche Verfahrensweise oft komplex, zumal die zuständigen Institutionen wie Presseräte oder unabhängige Beschwerdeinstanzen fast immer mit spezifischen (Einzel-)Fällen konfrontiert sind (vgl. Bartoschek/Wolff 2010).

Ergebnisse, wie die von Wirth et al. (2009), entschärfen allerdings die aktuelle Diskussion über die Gefährdung von Medieninhalten durch neue werbliche Formate ein wenig, zumal sie aufzeigen, dass neue Werbeformen wie Product Placements im Fernsehen zwar einen Einfluss auf die Markenbewertung haben, die Glaubwürdigkeit der Medieninhalte aber trotzdem nicht darunter leidet. Obendrein erkennen die Rezipienten die persuasiven Absichten relativ gut, weshalb sie sich nur wenig gestört fühlen.

[32] Die Kodizes der Presseräte sprechen zwar Klartext. Ziffer 7.1 des Pressekodex des deutschen Presserates lautet: «Bezahlte Veröffentlichungen müssen so gestaltet sein, dass sie als Werbung für den Leser erkennbar sind. Die Abgrenzung vom redaktionellen Teil kann durch Kennzeichnung und/oder Gestaltung erfolgen. Im Übrigen gelten die werberechtlichen Regelungen.» Der Schweizer Presserat geht in Richtlinie 10.1 zur «Erklärung» auf den Trennungsgrundsatz ein: «Die deutliche Trennung zwischen redaktionellem Teil bzw. Programm und Werbung ist für die Glaubwürdigkeit der Medien unabdingbar. Inserate und Werbesendungen sind gestalterisch von redaktionellen Beiträgen klar abzuheben. Sofern sie nicht optisch/akustisch eindeutig als solche erkennbar sind, müssen sie explizit als ‹Anzeigen›, ‹Werbung›, ‹Werbereportagen›, ‹Werbespots› oder durch andere dem Publikum geläufige vergleichbare Begriffe deklariert werden. Journalistinnen und Journalisten dürfen diese Abgrenzung nicht durch Einfügen von Schleichwerbung in der redaktionellen Berichterstattung unterlaufen.» Trotzdem nehmen die Beschwerden im Zusammenhang mit dem Trennungsgrundsatz zu (Bartoschek/Wolff 2010: 8).

3.4.3 Zunehmende Kongruenz zwischen Journalismus, Werbung und PR

Neben der grösser werdenden Grauzone zwischen Werbung und Journalismus scheint auch der Einfluss der Öffentlichkeitsarbeit auf die Medien, wie dies Baerns (1985) in ihren Schriften immer wieder festgestellt hat, weiter zuzunehmen (vgl. auch Riesmeyer 2007). Immer öfter werden Redaktionen über kostenlose PR-Meldungen subventioniert. Ausserdem zeichnet sich ein Trend weg von der teuren klassischen Werbung hin zu Public Relations ab, deren Botschaften, eingebettet in redaktionelle Berichte, nicht nur billiger sind, sondern auch glaubwürdiger daherkommen.

Werbung konzentriert sich darauf, mittels eines geplanten Kommunikationsprozesses gezielt Wissen, Meinungen, Einstellungen und Verhalten über und zu Produkten, Dienstleistungen, Marken, Unternehmen oder Ideen zu beeinflussen (Siegert/Brecheis 2005: 26). Public Relations hingegen ist nach Benteles (1997: 22f) Definition das Management von Informations- und Kommunikationsprozessen zwischen Organisationen und ihren jeweiligen internen sowie externen Umwelten (Teilöffentlichkeiten). In Bezug auf den grundlegenden Kommunikationsprozess können Werbung und PR nicht unterschieden werden, wohl aber über die Inhalte, ihre jeweiligen Zielsetzungen und die organisationsinterne Zuordnung. Gleichwohl ist die Trennlinie zwischen den beiden Kommunikationsformen unschärfer geworden, besonders wenn sich «[…] Werbung von der reinen Absatzwerbung entfernt und das Unternehmen als Ganzes oder seine Marke(n) bewirbt […]» (Siegert/Brecheis 2005: 43).

Das Abgrenzungsproblem gewinnt weiter an Komplexität, wenn zu Werbung und Öffentlichkeitsarbeit noch der Journalismus hinzukommt. Merten (2008) versucht dieses Beziehungsgeflecht dahingehend zu lösen, dass er aus differenztheoretischer Perspektive den Wahrheitsanspruch der Kommunikationsprozesse thematisiert. Während der Journalismus laut Merten einen Wahrheitsanspruch fixiert, indem er Objektivität zu seiner obersten Leitmaxime erklärt, reklamiert die Werbung keinerlei Wahrheitsansprüche für sich. Zwischen den beiden befindet sich die Öffentlichkeitsarbeit, welche situationsabhängig zwischen uneingeschränkter Wahrhaftigkeit und perfekter Unwahrheit schwankt.Obendrein bestehen zwischen PR und Journalismus vor allem aus normativer Perspektive Unterschiede, zumal in der Idealvorstellung Journalismus als Fremddarstellung von kollektiv relevanten Informationen beschrieben wird, während PR als Selbstdarstellung von partikularen Interessen gilt (vgl. Röttger 2005: 335).

Obwohl das Abgrenzungskriterium «Wahrheitsanspruch» auf analytischer Ebene zu überzeugen vermag, verliert es seine Trennschärfe mit Blick auf den Medienoutput. Gemäss Siegert und Brecheis (2005: 45) haben die drei Aussagenproduzenten Journalismus, PR und Werbung jeweils unterschiedliche Zugänge zu den Medien: Journalismus und Öffentlichkeitsarbeit über die Nachrichtenwerte, Werbung über bezahlten Werberaum. Während PR-Informationen also direkt in die redaktionelle Berichterstattung einfliessen können, so zumindest die idealtypische Annahme, ist klassische Werbung deutlich vom redaktionellen Teil getrennt, zumal eine Kennzeichnungspflicht besteht (siehe Abbildung 4).

Abbildung 4: Idealtypische Darstellung der Beziehung von Unterhaltung, Journalismus, Werbung und PR

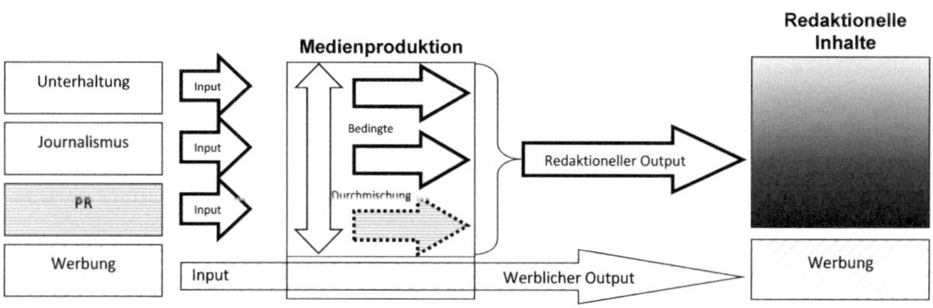

Quelle: Siegert/Brecheis 2005: 46, mit eigenen Ergänzungen

Die in Abbildung 4 dargestellte idealtypische Beziehung dürfte allerdings nicht mehr der Realität entsprechen. Einerseits bezahlt die Öffentlichkeitsarbeit seit je Werbeplätze für Imagezwecke und -Kampagnen, andererseits hat die zunehmende Professionalisierung und Ausdifferenzierung der Werbung, beispielsweise in Formen wie Product Placements, dazu geführt, dass sich die deutliche Unterscheidung zwischen Journalismus, Werbung und Public Relations progressiv auflöst. Dadurch entstehen vermehrt hybride Outputs, die dann als Advertorials, Publireportagen, Werbeumfeldjournalismus oder gar als «Branded Journalism» erscheinen (siehe Abbildung 5).

Abbildung 5: Idealtypische Darstellung der zunehmenden Entgrenzung zwischen Unterhaltung, Journalismus, Werbung und PR

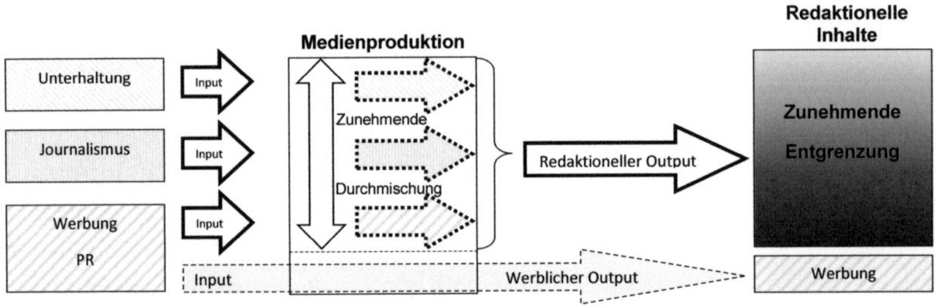

Quelle: Siegert/Brecheis 2005: 47, mit eigenen Ergänzungen

Weil die Art der Wirklichkeitskonstruktion nicht mehr klar deutbar ist, stellen diese neuen Formen der Aussagenproduktion nicht nur für die Rezipienten eine Herausforderung dar. Auch die Kommunikationsforschung sieht sich mit Problemen konfrontiert: Eine präzise formale Abgrenzung von werblichen und redaktionellen Inhalten fällt weiterhin schwer (Fassihi 2008: 48ff). Woelke (2004a: 85f) versteht die Abgrenzungsdebatte in diesem Zusammenhang denn auch als wenig einträglich. Vielmehr müsse man das Rezeptionsverhalten der Zuschauer berücksichtigen. Gleichwohl ist die Abgrenzung als Untersuchungsanlage notwendig, zumal die Rezipienten darauf vertrauen, dass die journalistische Berichterstattung unabhängig erfolgt und nicht durch kommerzielle Interessen verfälscht ist: «Auf Unabhängigkeit und Angemessenheit journalistischer Berichterstattung zu vertrauen ist einerseits Voraussetzung für das Funktionieren von Angeboten der öffentlichen Kommunikation und hat anderseits eben zur Folge, dass ZuschauerInnen den dort mitgeteilten Aussagen vertrauen» (Steininger/Woelke/Dürager 2007: 5).

4 Der Einfluss von Anzeigenkunden auf redaktionelle Inhalte: Forschungsstand

Während in der deutschsprachigen Kommunikationswissenschaft die Beziehung zwischen Journalismus und Public Relations bereits zu den klassischen Forschungsfeldern gehört, wird das Verhältnis zwischen Werbung und Journalismus zumeist nur am Rande thematisiert. In den USA untersuchen Forscher das Spannungsverhältnis zwischen redaktionellen und kommerziellen Inhalten zwar seit längerem. Trotzdem erweist sich die Forschungsliteratur zum Anzeigenkundeneinfluss generell als unübersichtlich. Vor allem praxisnahe Autoren scheinen den Einfluss der Anzeigenkunden häufig einfach vorauszusetzen, ohne letztlich einen eindeutigen empirischen Beweis zu erbringen.

4.1 Von Einzelberichten zu empirisch-sozialwissenschaftlichen Befragungen

Die methodischen Ansätze unterscheiden sich teilweise markant voneinander. Vielfach basieren die Ergebnisse auf «anekdotischen» Studien und Einzelfällen, die sich nicht dazu eignen, verallgemeinernde Aussagen über den tatsächlichen Einfluss auf die journalistische Berichterstattung zu treffen (vgl. z.B. Meier/Niggeschmidt 2005; Pompilio 2009). Zahlreiche Artikel behandeln ausgewählte Beispiele für Kooperationen, versteckte Einflussversuche oder alternative Werbeformen. Andere Beiträge wiederum präsentieren verdeckte Recherchen wie im Fall der taz (Heiser 2011) oder Interviews mit (zumeist anonymen) Redaktions- und Werbeverantwortlichen. Solche Artikel sind zwar hilfreich, wenn es darum geht, neue Fragestellungen zu formulieren oder konkrete Fallbeispiele aufzudecken. Ihr Beitrag hinsichtlich der Prüfung von signifikanten Einflüssen auf die journalistische Berichterstattung ist jedoch begrenzt.

Ein erster Schritt in Richtung sozialwissenschaftlicher Analyse erfolgte zu Beginn der 90er-Jahre, als US-Forscher anfingen, schriftliche Befragungen unter Journalisten durchzuführen. Diese Studien, deren wichtigste Ergebnisse im vorhergehenden Kapitel diskutiert wurden, untersuchten vor allem die Druckversuche der Werbeindustrie und des Medienmanagements auf die Journalisten. Hays und Reisner (Hays/Reisner 1990: 937) erkannten, dass anekdotische Untersuchungen über den Einfluss der Werbetreibenden keine solide Basis bieten, um verlässliche Aussagen über den Einfluss von Werbekunden zu treffen: «Hard data on the extent of this problem do not exist, as it is an area that has received very little research attention.»

Neben Soley und Craig (1992) sowie An und Bergen (2007)befragte auch Williams (1992) Journalisten nach ihren Erfahrungen speziell in der Immobilienberichterstattung. In der deutschsprachigen Schweiz untersuchte Hänecke (1990) anhand einer repräsentativen, schriftlichen Befragung die journalistische Praxis im Umgang mit Anzeigenkunden und gesponserten Ereignissen. Die Befragungen konstatierten im Allgemeinen einen mehr oder weniger ausgeprägten Einfluss der Werbeindustrie auf die Journalisten.

Ähnlich gelagert waren auch die persönlichen Befragungen von Journalisten, die vor allem nach 2000 durchgeführt wurden. Ewart (2000) zum Beispiel führte 24 Leitfadeninterviews mit leitenden und operativen Journalisten in zwei australischen Regionalzeitungen durch und kam zum Schluss, dass sich der kommerzielle Druck der Werbetreibenden auf die Journalisten deutlich erhöht hat. Dies, so Ewart, dürfte auch dysfunktionale Auswirkungen auf die Berichterstattung haben.

Haley und Cunningham (2003) wiederum änderten die Forschungsanlage und befragten nicht länger Journalisten nach ihren Erfahrungen und Eindrücken, sondern Rezipienten. Die beiden Forscher führten 47 Leitfadeninterviews mit Rezipientinnen eines Frauenmagazins durch. Sie wollten herausfinden, wie die Einstellungen der Rezipientinnen gegenüber von zwei Kategorien war: das so genannte «complementary editorial» – also redaktionelle Hinweise auf Produkte – und versuchte Zensur von Seiten der Werbung. Haley und Cunningham erörterten dabei neue Forschungsfragen hinsichtlich der Glaubwürdigkeit und der allgemeinen Bewertung der redaktionellen Leistung. Es stellte sich nämlich heraus, dass die redaktionellen Hinweise auf Produkte keinen Verlust an Glaubwürdigkeit provozieren. Die Zensurversuche von Seiten der Werbetreibenden stellen hingegen sehr wohl ein Problem dar, und zwar für das Magazin und den Anzeigenkunden.[33]

[33] Neben persönlichen Befragungen existieren noch weitere Studien zum Anzeigenkundeneinfluss auf Journalisten, so zum Beispiel historische Analysen wie die von Craig (2004) sowie DeLorme und Fedler (2005).

Einen weiteren alternativen Ansatz bietet die Studie von Siegert und Eberle (2004). Die beiden Forscherinnen untersuchten anhand von 20 Experteninterviews mit Vertretern aus Schweizer Werbeagenturen, wie sich das Verhältnis zwischen Medien und Werbewirtschaft gestaltet. In den Befragungen gingen die Autoren vor allem auf die Themenbereiche Werbe- und Sonderwerbeformen, Hybridisierung sowie Kommerzialisierung ein. Die Experteninterviews liefern zwar kein repräsentatives Bild, geben aber trotzdem interessante Einblicke in die Schweizer Werbebranche: Nach Ansicht der Experten hat die schlechte Wirtschaftslage dazu geführt, dass Medienunternehmen häufiger hybride Werbeformen und «redaktionelle Zusatzleistungen» anbieten. Die Vertreter der Werbeagenturen sehen sich dabei in einem Rollenkonflikt: Als Werber begrüssen sie neue Werbeformen, als Bürger oder gar ehemalige Journalisten sehen sie die kontinuierliche Hybridisierung eher kritisch. Allerdings würden die meisten Sonderwerbeformen, so die Experten, nicht aus ethischen-moralischen Gründen, sondern wegen mangelnder Relevanz abgelehnt.

Nicht nur Medienunternehmen reagieren auf die veränderten Rahmenbedingungen, indem sie rückläufige Werbeinvestitionen durch eine innovative Werbeplatzierung kompensieren wollen. Auch Werbeagenturen drängen auf eine verstärkte Aufmerksamkeitsgenerierung. Zahlreiche Experten deuten an, dass sie für das Schalten von Anzeigen eine redaktionelle Einbettung erwarten. Die Experten äussern sich in den Interviews zwar widersprüchlich, insgesamt deutet sich aber an, dass Werbeagenturen aufgrund der sich wandelnden Rahmenbedingungen in der Medienindustrie, immer stärker auf hybride Werbeformen zurückgreifen.

Obwohl die Befragung von Journalisten, Werbetreibenden und Rezipienten einen wertvollen Einblick in die Dynamik der Beeinflussungsversuche von Seiten der Werbekunden gibt, so ist sie dennoch kein stichhaltiger Beweis dafür, dass die verstärkte Werbeorientierung eine verzerrte Medienberichterstattung bedingt. In erster Linie dienen mündliche oder schriftliche Befragungen dazu, mehr über die innerorganisationalen Wechselwirkungen zwischen Medien- und journalistischer Organisation, sowie zwischen Anzeigenabteilung und Redaktion herauszufinden. Oftmals zeigen sich jedoch Probleme hinsichtlich der Stichprobe und der Inferenz auf die effektiven Wirkungen. So gibt es nur wenige repräsentative Umfragen – oder die Studien konzentrierten sich auf spezielle Medien wie Farmer- oder Frauenmagazine. Zudem ergibt sich bei Befragungen das bekannte sozialwissenschaftliche Problem der systematischen Verzerrung durch den Effekt der sozialen Erwünschtheit.

Nur eine Analyse der Berichterstattung kann letztlich feststellen, ob der Medienoutput verzerrte Informationen enthält. Siegert und Eberle (ebd.: 17) sehen dies ähnlich: «Um aber feststellen zu können, ob die Verschmelzung von redaktionellen und werblichen Inhalten eine Randerscheinung oder ein übergreifendes Phänomen in der Schweiz ist, müssen sowohl die Intentionen der Akteure und das inhaltliche Ausmass hybrider Werbeformen als auch ihre Wirkung auf die Rezipienten noch eingehender erforscht werden.»

4.2 Die Vermischung von kommerziellen und journalistischen Inhalten

Die Durchmischung von werblichen und redaktionellen Inhalten ist vielfältig. Laut Kolb/Woelke (2010: 52) und Fassihi (2008: 141ff) lassen sich unlautere Einflüsse auf journalistische Berichterstattung – generell als Schleichwerbung bezeichnet – auf drei Bereiche eingrenzen:

- Das Product Placement und Sonderwerbeformen wie Advertorials,
- die zunehmende Kopplung von redaktionellem Text und Anzeigen (darunter fällt auch die Eigenwerbung bezüglich Produkten des eigenen Konzerns) sowie
- der Gefälligkeitsjournalismus.

Entlang diesen drei Bereichen hat sich die empirische Forschung in den letzten Jahren weiterentwickelt und zahlreiche Ergebnisse zutage gefördert. Trotzdem beschränken sich Studien, die sich mit Medieninhalten und Product Placement auseinandersetzen, in den meisten Fällen immer noch auf die Analyse von Fallbeispielen. Systematische Inhaltsanalysen bilden in der Forschung zum Trennungsgrundsatz weiterhin die Ausnahme.

4.2.1 Product Placements und Advertorials

Unter Product Placement ist laut Fassihi (ebd.: 143) die bezahlte Nennung oder Platzierung bestimmter Produkte in einem Medium zu verstehen. Laut Kloss ist das Ziel des Product Placements «in erster Linie der Aufbau bzw. die

Verstärkung von **Images**, seltener die Steigerung der **Bekanntheit.** Ein Wirkungseffekt beim Product Placement ist vor allem durch **Wiedererkennbarkeit** eines Markenartikels erzielbar, d.h. ein Mindestmass an Bekanntheit des platzierten Produktes ist für ein Placement Voraussetzung» (Kloss 2007: 502, H.i.O.).

Das Fernsehen kann Produktplatzierungen einfacher umsetzen als Printmedien. Produkte, Marken oder Dienstleistungen lassen sich auf zahlreiche Arten in Videobilder oder Tonspuren integrieren. Bei Zeitungen und Zeitschriften ist der Forschungsstand denn auch nicht so weit fortgeschritten wie beim Fernsehen. Ein Grund für die mangelnde Beachtung von Sonderwerbeformen in Printmedien könnte die subtilere Kopplung von redaktionellen und kommerziellen Botschaften aufgrund der starren Formate sein. Der weitaus grösste Teil der empirischen Studien über Printmedien konzentriert sich auf die Rezeptionsweise von Product Placements oder Advertorials, Inhaltsanalysen bleiben die Ausnahme.

Eine ausführlichere Studie zum Product Placement in Zeitungen führten Pokrywczynski, Carvalho und Preston durch (2010). Die drei Autoren untersuchten die Sportseiten von acht grösseren US-Tageszeitungen daraufhin, ob der Anteil an abgebildeten Marken in den Fotografien seit den 1950er-Jahren zugenommen habe. Die Stichprobe der Inhaltsanalyse umfasste zwölf Wochen aus sechs verschiedenen Jahrzehnten (1956-1966 usw. bis 2006). Die Autoren fanden heraus, dass Marken im Verlauf der Jahrzehnte immer häufiger auf Sportfotos erschienen. Während 1956 nur gerade eine Abbildung über das Logo eines Unternehmens bzw. eines Produktes verfügte, waren es 1996 deren 32 und 2006 noch 22. Der Rückgang an Markenlogos zwischen 1996 und 2006 lässt sich darauf zurückführen, dass die Anzahl an Sportseiten generell zurückging und 2006 sogar unter das Niveau von 1986 fiel. Aufgrund der begrenzten Fläche dürften die Zeitungen insgesamt weniger Fotos veröffentlichen.

Der Anstieg von Markenlogos auf Fotografien im Vergleich zu den 50er-, 60er- und 70er-Jahren führen die Forscher auf die technischen Neuerungen im Farbdruck und die vermehrte Zulieferung von Fotomaterial, z.B. von Seiten der Associated Press zurück. Allerdings halten die Autoren fest, dass 32 Fotos mit Markenlogos, verteilt auf zwei Wochen und acht verschiedene Zeitungen, eher wenig sind. Dieser Anteil dürfte in Sportmagazinen deutlich höher ausfallen (ebd.: 36).

Die Forscher konnten allerdings die Frage nicht beantworten, ob die Marken explizit in die Fotos integriert wurden oder ob dies zufällig geschah. Der Anstieg lässt vermuten, dass die Fotografen Markenlogos bewusst einfügen. Die Journalisten wiesen auf Anfrage der Forscher aber darauf hin, dass sie hinsichtlich der Integration von Markenlogos keine expliziten Regeln beachten müssten. Es komme dabei auf den Inhalt des Fotos an: «[...] photographers are told to look for neutral backgrounds, but the paper would not avoid printing a ‹key play› photo just because a logo appeared inthe background» (ebd.: 35).

Im deutschsprachigen Gebiet beschränken sich Untersuchungen zur Verwendung von Product Placements in Zeitungen oder Zeitschriften auf Fallstudien. So untersuchten Bartoschek und Wolff (2010) Einzelfälle von Produktplatzierungen hinsichtlich der Spruchpraxis des deutschen Presserates. Dabei wird klar, dass der Presserat alles andere als eine eindeutige und gleichmässige Sprachpraxis verfolgt. Auch Fassihi (2008: 191) analysierte Schleichwerbung anhand verschiedener Beispiele und ergänzt diese mit den Reaktionen des Presserates und denjenigen der betroffenen Chefredakteure. Ähnlich gingen auch Kreibe und Lang (2012) vor, welche die Trennung von redaktionellen und kommerziellen Inhalten anhand von vier Fallbeispielen aus Print und Fernsehen illustrierten. Sie kamen dabei zum Schluss, dass der Trennungsgrundsatz in den Gesetzen und Verordnungen der untersuchten Länder zwar festgeschrieben sei, dieser für die Medienunternehmen aber offensichtlich keine Priorität darstelle.

Advertorials unterscheiden sich vom Product Placement hinsichtlich ihrer Gestaltung. So handelt es sich dabei nicht um kommerzielle Botschaften, die in redaktionelle Beiträge – wie beispielsweise Fotos – integriert sind, sondern um Anzeigen, «die von der äusseren Aufmachung her eine erhebliche Nähe zum redaktionellen Teil aufweisen» (Fassihi 2008: 143). Problematisch bei Sonderwerbeformen wie Advertorials, oftmals auch Publireportagen genannt, ist die «Verschleierung» des Umstandes, dass es sich um bezahlte Werbung handelt. Dadurch erhoffen sich die Werbetreibenden eine grössere Wirkung auf die Rezipienten hinsichtlich der Bewertung und der Glaubwürdigkeit des Produktes.[34]

[34] Die kommunikationswissenschaftliche Forschung hat sich bislang eher mit den Effekten von Product Placements befasst. Die Effekte und die Wahrnehmung von Advertorials sind weit weniger gut erforscht. Tendenziell deuten die Ergebnisse in Bezug auf Advertorials aber tatsächlich eine «Verschleierung» der Werbebotschaft an (Eisend/Küster 2011; vgl. Kim/Pasadeos/Barban 2001).

Die Verwendung von Advertorials hat seit den 1980er-Jahren stark zugenommen. Stout, Wilcox und Greer (1989) führten dazu zunächst eine Inhaltsanalyse in acht US-Magazinen zwischen 1980 und 1986 durch. Die Forscher wollten ermitteln, wie viele Advertorials pro Jahr in den Zeitschriften erschienen und welcher Produktgruppe sie angehörten. Die Ergebnisse zeigen, dass die Anzahl Advertorials in den sieben untersuchten Jahren stetig zunahm. Während 1980 in allen Magazinen insgesamt nur acht Advertorials veröffentlich wurden, stieg dieser Wert bis 1986 auf 43.

Auch hinsichtlich der Advertorial-Seiten lässt sich eine Zunahme feststellen: So stieg die Anzahl Seiten mit Advertorials von 116 (1980) auf 556 (1986). Die drei Forscher leisteten mit ihrer explorativen Untersuchung einen wichtigen Beitrag zur Analyse des Phänomens, obwohl sie in ihrer Analyse Advertorials nur als «those advertiser paid blocks that combine clearly identifiable advertising with simulated editorial text» (ebd.: 960) definierten. Eine präzisere Operationalisierung des Begriffes für die Inhaltsanalyse nahmen sie nicht vor.

Vier Jahre später untersuchten Burner und Nowak (1993) dann erneut das Aufkommen von Advertorials in acht News-, Wirtschafts-, Frauen- und Männermagazinen. Die Autoren untersuchten mittels Inhaltsanalyse alle Ausgaben eines Jahres zwischen Juli 1991 und Juni 1992. Dabei gingen sie der Frage nach, welche Werbetreibende wie viele Advertorials im Jahr schalten und ob die Anzeigen über einen Hinweis verfügen, der sie zweifelsfrei als bezahlte Werbefläche kennzeichnet.

Die Ergebnisse zeigen, dass Wirtschaftsmagazine (wie Forbes oder Business Week) häufiger als andere Zeitschriftengenres Advertorials veröffentlichen. Bis zu zehn Prozent des gesamten Werbeaufkommens entfällt auf Advertorials. Auch bei der durchschnittlichen Länge der Advertorials unterscheiden sich die Finanzzeitschriften deutlich von den anderen Magazinen. Business Week veröffentlichte Advertorials, die sich im Schnitt über rund 20 Seiten hinziehen, während das Newsmagazine Time nur auf rund drei Seiten kommt. In den meisten Fällen waren die Advertorials mit dem Hinweis versehen, dass es sich um eine Anzeige handele. Die wenigen Ausnahmen waren dadurch bedingt, dass die Anzeige Teil eines grösseren Features war.

Generell scheinen Advertorials in Wirtschaftsmagazinen äusserst beliebt zu sein, zumal auch die Gesamtzahl an Werbetreibenden mit 150 am höchsten ist. Im Gegensatz dazu kamen die Newsmagazine nur gerade auf elf unterschiedliche Anzeigenkunden. Die Autoren erklären sich die markanten Unterschiede zwischen den Wirtschaftsmagazinen und anderen Zeitschriftengenres damit, dass die beiden Finanzblätter den loyalen Anzeigenkunden offenbar zusätzliche Werbemöglichkeiten bieten, die über die klassischen Anzeigen hinausgehen. Beispielsweise passen die Magazine die kommerziellen Inhalte jeweils den redaktionellen Inhalten an. Business-Magazine tendieren allerdings dazu, Advertorials mit mehreren Sponsoren zu veröffentlichen, was die Aufmerksamkeit für den einzelnen Werbetreibenden vermindert. Die beiden Autoren schliessen daraus, dass sich Advertorials in der Werbepraxis zwar weiter etablieren dürften, jedoch nicht auf Kosten der traditionellen Anzeige, sondern als «value-added service» (ebd.: 13). Aus heutiger Sicht lässt sich dieses Argument wohl nicht mehr halten, zumal Anzeigenkunden aufgrund der Einbussen auf dem Werbemarkt jene Werbeformen bevorzugen, die eine möglichst geringe Reaktanz provozieren.

Im Gegensatz zu Burner und Nowak stellten Cameron, Ju-Pak und Kim (1996) in ihrer Inhaltsanalyse von US-Magazinen fest, dass Advertorials nicht immer über einen deutlich sichtbaren Hinweis auf Werbung verfügen. In ihrer Studie gingen sie der Frage nach, ob Zeitschriften ihre Advertorials gemäss den Richtlinien der American Society of Magazine Editors (ASNE) kennzeichnen. Die Autoren analysierten 222 Ausgaben von neun Magazinen zwischen 1990 und 1991, aus sieben unterschiedlichen Kategorien wie News, Wirtschaft, Sport etc.

Die Autoren kommen zum Schluss, dass mehr als ein Drittel aller Advertorials nicht den Richtlinien der ASNE entsprechen, da sie über keinen Hinweis auf Werbung verfügen. In zahlreichen Fällen wandten die Zeitschriften auch einfach die kleinstmögliche Schrift an, um die Anzeige zu kennzeichnen: «The widespread practice of making the label the smallest typesize in the magazine is probably reducing the effectiveness of the disclaimer that readers use to sort out editorial and commercial messages» (ebd.: 727). Obendrein zeigte sich bei nicht gekennzeichneten Advertorials wiederholt, dass die Sponsoren ihr Logo nicht in der Nähe des Titels platzierten, sondern eher gegen Ende. Die Forscher vertreten daher die These, dass das Verhalten der Magazine nicht im Interesse der Leser erfolgt und sich durch die mangelnde Kennzeichnung vielleicht gar «Sleeper-Effekte» ergeben könnten.

In einer Folgestudie erhärteten Cameron und Ju-Pak (2000) den Verdacht, dass sich Advertorials weiter den redaktionellen Inhalten anpassen. Dieses Mal untersuchten sie 52 Wochenendausgaben von drei US-Tageszeitungen zwischen 1986 und 1995 und identifizierten 430 Advertorials. Die Inhaltsanalyse ergab, dass Tageszeitungen Advertorials häufiger als Magazine kennzeichnen. Nur eine von zehn Anzeigen verfügte über keinen Hinweis. Ein neues Ergebnis war jedoch, dass mehr als ein Drittel aller Advertorials eine klassische Anzeige enthielten. Damit erhält das Advertorial aus Sicht des Anzeigenkunden einen quasi-redaktionellen Status, indem es neben der traditionellen Anzeige Objektivität vorgaukelt: «The advertorial may appear to cover an advertiser in an objective fashion that then endorses or reinforces the message in the accompanying display advertisement» (ebd.: 71). Gemäss den Autoren dürfte eine solche Verwendung von Advertorials die Konflikte mit den redaktionellen Leitlinien verschärfen. Cameron und Ju-Pak plädieren deswegen für eine deutlichere Trennung zwischen redaktionellen und kommerziellen Inhalten, da Advertorials ihrer Ansicht nach die Glaubwürdigkeit eines Blattes aufs Spiel setzen.

Kovačič, Volčič und Erjavec (2010) führten eine Diskursanalyse von 146 nicht gekennzeichneten Advertorials aus dem Bereich der Gesundheitskommunikation in drei slowenischen Qualitätszeitungen durch. Die Analyse ergab, dass nicht gekennzeichnete Advertorials eine klar promotionale Absicht verfolgen. In den meisten Fällen liessen sich die angegebenen Quellen sowie die zitierten Personen einem bestimmten Pharmaunternehmen zuordnen. Gestützt auf die zusätzliche Befragung von 14 Personen wie Chefredakteuren oder Werbeverantwortlichen beurteilen die Autoren die Entwicklung in Slowenien als durchaus besorgniserregend, zumal es hier nicht nur um die Durchmischung von redaktionellen und kommerziellen Inhalten, sondern bereits um Formen der innerorganisationalen Zensur geht: «The practice of publishing advertorials may be described as a kind of *covert censorship,* preventing any critical or negative information to be published about advertisers who are among the biggest providers of health-related products and services in Slovenia» (ebd.: 40, H.i.O.).

Zwar könnte man argumentieren, dass eine ausreichende Erkennungskompetenz der Rezipienten die ethischen Bedenken im Zusammenhang mit Sonderwerbeformen relativieren würde: Verschiedene Studien haben ergeben, dass Advertorials von Lesern weitgehend unbeachtet bleiben oder als Anzeigen erkannt werden (vgl. Burkart/Kratky/Stalzer 2004). Mittlerweile dürfte diese Auffassung so aber nicht mehr aktuell sein: Es zeigt sich, dass die Rezipienten nur bei ausreichend hoher Aufmerksamkeit, geringer Betroffenheit und gefestigtem Persuasionswissen die Kontrolle über mögliche Persuasionsversuche behalten. Studien zur impliziten Wahrnehmung belegen, dass bei geringer

Aufmerksamkeit oder begrenztem Persuasionswissen auch beiläufig aufgefasste Werbebotschaften die Einstellung der Rezipienten beeinflussen können (vgl. Matthes/Schemer/Wirth 2007; Wirth et al. 2009).[35]

4.2.2 Die Kopplung von Anzeigen und redaktionellen Inhalten

Gemäss Baerns gelten redaktionelle Werbebotschaften sowie Produktplatzierungen auch in Zeitungen und Zeitschriften mittlerweile als salonfähig (Baerns 2004: 9). Diese Entwicklung untergräbt jedoch zusehends den Trennungsgrundsatz. Schliesslich stellt sich die Frage nach der Unabhängigkeit und Glaubwürdigkeit der Medien und ob sich der Journalismus weiterhin an seinem – selbstdeklarierten – Objektivitätsprinzip und der Interessenneutralität orientieren kann: «Ein allgemeiner Werbe- oder *Bias*-Verdacht dürfte diesen Bonus noch mehr ruinieren als eine offene Deklaration von Motiven, denn wenn das Publikum verborgene Absichten vermutet, ist es erst recht (und zu Recht) verstimmt» (Westerbarkey 2004: 203f).

Eine besonders in den USA intensiv betriebene Forschung zu den Zusammenhängen zwischen Alkohol- und Tabakwerbung sowie den redaktionellen Beiträgen über diese Themenkomplex lässt vermuten, dass tatsächlich «verborgene Absichten» existieren. Tankard und Peirce (1982) gingen der Frage nach, ob ein hohes Anzeigenaufkommen im Bereich der Alkoholwerbung mit einer positiven redaktionellen Berichterstattung über Alkohol einhergeht. Die Autoren führten dazu eine Inhaltsanalyse von 30 Magazinen zu je 12 Exemplaren durch. Die Forscher kamen zum Schluss, dass zwischen dem Anzeigenaufkommen und der Berichterstattung über Alkohol tatsächlich eine signifikante Korrelation besteht. Allerdings lassen Korrelationen keine Rückschlüsse auf die Wirkungsrichtung zu. So könnte der hohe Anteil an Alkoholwerbung die Berichterstattung zwar positiv beeinflussen – die positive Berichterstattung über Alkohol könnte aber auch die Alkoholproduzenten davon überzeugen, in diesem Magazin zu inserieren.

---

[35] Woelke (2004b) weist zudem darauf hin, dass die Tatsache, ob Rezipienten journalistische von kommerziellen Inhalten unterscheiden können, vom Format des redaktionellen Inhaltes abhängt. Bei Informationssendungen erkennen Zuschauer werbliche Komponenten besser als bei Unterhaltungsformaten und besser als Produktplatzierung in Fernsehserien.

Rouner et al. (2009) beschäftigten sich mit der Frage, ob zwischen Alkohol- und Tabakwerbung und der Berichterstattung über Tabak- und Alkoholkonsum eine negative Korrelation besteht: Je häufiger Zeitungen über Tabak und Alkohol berichten, desto weniger Tabak- und Alkoholwerbung enthalten diese. Die Autoren untersuchten mittels Inhaltsanalyse 955 Zeitungen aus unterschiedlichen Regionen der USA und durchforsteten diese auf Anzeigen und Beiträge. Die Befunde zeigen überraschenderweise keinen Zusammenhang zwischen Anzeigenaufkommen und Berichterstattung über Alkohol und Tabak. Gründe dafür sehen die Autoren in erster Linie darin, dass im Verhältnis zu anderen Produktgattungen die Alkohol- und Tabakwerbung nur einen kleinen Teil des Werbekuchens ausmachen. Ausserdem vermuten Rouner et al., dass sich Alkoholwerbung primär in Nischenprodukten oder spezialisierten Zeitschriften findet, aber nicht mehr in Tageszeitungen. Der Niedergang der Tabakwerbung dürfte aber auch auf die Stigmatisierung des Tabakkonsums zurückzuführen sein.

Ungerer (2003) führte keine Inhalts-, sondern eine Textanalyse anhand von je zwei Fallstudien aus Grossbritannien und Deutschland durch. Dabei untersuchte er die Struktur sowie die Strategien von «hybriden» Texten. Diese Texte verfügen über genrespezifische Aspekte sowohl von Anzeigen als auch von journalistischen Beiträgen und versuchen diese jeweils auch zu imitieren. In seiner Untersuchung fand der Autor eindeutige Hinweise auf Kopplungsgeschäfte zwischen Anzeigen und journalistischen Beiträgen. Am deutlichsten ergaben sich Symbiosen zwischen sogenannten «shopping features» bzw. den redaktionellen Ankündigungen von Aktionen, Rabatten oder Ausverkäufen, und Werbung. Diese sind laut Ungerer zwar weit weniger spektakulär als eine Symbiose zwischen Nachrichten und Anzeigen, dafür aber umso effektiver.[36]

Auch die Eigenwerbung überwindet immer wieder Trennungsgrundsätze. Santín Durán (2006) untersuchte bei drei spanischen Tageszeitungen, wie diese mit selbstreferentiellen Inhalten umgehen. Die Autorin unterscheidet dabei zwischen absolut selbstreferentiellen Inhalten (wenn die Zeitung über sich selbst berichtet) und relativ selbstreferentiellen Inhalten (die Zeitung berichtet über Produkte und Dienstleistungen von Dritten, die aber demselben Konzern angehören). Santín Durán kommt zu dem Schluss, dass es sich bei selbstreferentiellen Inhalten in den meisten Fällen um Schleichwerbung für das eigene Blatt oder das eigene Medienunternehmen handelt (vgl. auch Porlezza 2005b).

---

[36] Siehe dazu auch Erjavec (2004), die eine ähnliche Untersuchung in Slowenien durchführte.

4.2.3 Gefälligkeitsjournalismus

Es gibt zwei unterschiedliche Arten von Gefälligkeitsjournalismus. In erster Linie ist damit die positive Berichterstattung über Anzeigenkunden gemeint. Unternehmen können sich die Gunst der Journalisten beispielsweise durch Geschenke erkaufen. Damit gemeint sind aber auch Absprachen zwischen Medienorganisationen und Werbetreibenden. Letztere knüpfen die Bezahlung von grösseren Anzeigenaufträgen an eine Gegenleistung der Redaktion, indem sie eine (positive) Erwähnung des Unternehmens im redaktionellen Teil erwarten. Besonders anfällig für diese Art des Gefälligkeitsjournalismus sind Ressorts wie Mode, Reisen und Automobil (Lagetar/Mühlbauer 2012: 168). Gerade der Automobiljournalismus steht seit langem in Verdacht, mit Kopplungsgeschäften und gekauften Inhalten die Grenzen zur Werbung zu verwischen (vgl. Prinzing 2008a).

Die zweite Ausprägung ist subtiler: Journalisten vermeiden eine negative Berichterstattung («non-reporting») über inserierende Unternehmen aus Angst vor einem potentiellen Anzeigenstopp (vgl. Fassihi 2008: 208f; Lagetar/Mühlbauer 2012: 168f). Die Furcht scheint begründet, denn es sind zahlreiche Beispiele aus der Praxis bekannt:

- 1976 drohten Pharmaunternehmen dem Magazin Modern Medicine, das zur New York Times gehörte, mit einem Anzeigenboykott, nachdem in der Tageszeitung eine Serie über medizinische Fehlbehandlungen erschienen war (An/Bergen 2007: 112).
- In den späten 90er-Jahren zog der Autohersteller Ford Anzeigen für den Zeitraum von sechs Monaten aus dem New Yorker zurück, da das Magazin neben einer Anzeige einen Beitrag mit freizügigen Songtexten veröffentlichte (Craig 2004: 238).
- 2011 sistierte das Zürcher Modehaus Jelmoli sämtliche Inserate im Tages-Anzeiger, nachdem das Blatt einen kritischen Artikel über die «doofe, sexistische und frauenverachtende» Schaufenstergestaltung des Warenhauses veröffentlicht hatte. Interessantes Detail: Der Beitrag hätte ursprünglich auch auf der Internetseite des Tages-Anzeigers erscheinen sollen, wurde nach der Reaktion von Jelmoli aber nicht ins

Netz gestellt – offenbar aus Angst vor weiteren Stornierungen (o.V. 2011).[37]

Gefälligkeitsjournalismus in der Medienberichterstattung nachzuweisen ist problematisch. Dies hängt vor allem mit methodischen Aspekten zusammen. Zum Beispiel sind Inhaltsanalysen aufwendig und benötigen viel Zeit. Die bisher durchgeführten Studien konzentrieren sich jeweils auf unterschiedliche Aspekte.

Reuter und Zitzewitz (2006) analysierten in ihrer Studie die Berichte von Tageszeitungen und Wirtschaftsmagazinen über Aktienfonds. Sie beschäftigten sich mit der folgenden Frage: Wird über Aktien eines Anbieters positiver berichtet, wenn dieser häufig inseriert? Die beiden Autoren befassten sich in ihrer Untersuchung explizit mit der Berichterstattung über Fonds, da sich deren Wert vor und nach der Berichterstattung gut verfolgen lässt (vgl. auch Storbeck 2006).

In ihrer Studie nahmen sie die Tageszeitungen New York Times und Wall Street Journal sowie die drei Zeitschriften Money, Kiplinger's Personal Finance und Smart Money unter die Lupe (ebd.). Auf diese fünf Printmedien entfallen in den USA rund 45 Prozent der Anzeigenvolumina von Fondsgesellschaften. Die Forscher beschafften sich in der Folge die Angaben über das Werbeaufkommen der Fonds in den Jahren zwischen 1997 und 2002. Daneben untersuchten sie, wie positiv oder negativ die Printmedien über die einzelnen Aktienpakete berichteten.

Bei den Tageszeitungen liess sich keine signifikante Korrelation zwischen dem Werbeaufkommen und positiven Nennungen feststellen. Anders bei den Wirtschaftsmagazinen: Alle drei wiesen einen signifikanten Zusammenhang zwischen Anzeigenaufkommen und redaktionellen Empfehlungen auf. Beispielsweise erwähnte die Zeitschrift Money in der Liste der 100 besten Fonds rund 84 Prozent aller Gesellschaften, die zu diesem Zeitpunkt mindestens eine Million Dollar an Werbung schalteten. Von den Fonds, die in besagtem Magazin über keine Werbung verfügten, fanden sich nur gerade sieben Prozent.

Der Unterschied zwischen Tageszeitungen und Magazinen könnte allerdings auch darauf zurückzuführen sein, dass Anzeigen von Fondsgesellschaften bei Zeitschriften einen weitaus grösseren Teil ausmachen. Während die

[37] Es ist symptomatisch für den Umgang mit einem grossen Werbekunden, dass andere Tageszeitungen nicht über den Vorfall berichteten. Eine eingehende Diskussion fand einzig auf Medienseiten und -Blogs im Internet statt.

Werbeerlöse von Fonds bei der New York Times und dem Wall Street Journal nur 3,8 Prozent bzw. 1,1 Prozent ausmachen, sind es bei den Zeitschriften zwischen 15 *(Money)*, 16 (Smart Money) und 28 Prozent (Kiplinger's). Dies würde bedeuten, dass Tageszeitungen mögliche Werbeausfälle einfacher kompensieren könnten als Magazine, deren Einnahmen zu einem bedeutenden Teil von Fonds abhängig sind. Die Autoren versuchten diese Unterschiede zu kontrollieren, indem sie die Qualität der Fonds anhand von «objektiven» Kriterien bestimmten. Sie bezogen dazu die Wertentwicklung, die Fondsgebühren sowie die Bewertungen von Ratingagenturen in ihre Berechnungen mit ein.

Die Ergebnisse zeigen, dass Fondsgesellschaften, die viel Werbung in den Magazinen schalten, häufiger in den Empfehlungen berücksichtigt werden. Beispielsweise fügte Moneys in der Liste der 100 besten Fonds acht bis neun Gesellschaften ein, die aufgrund der Performance nicht auf der Liste hätten auftauchen sollen, aber über beträchtliche Werbeetats in der Zeitschrift verfügen. Die beiden Ökonomen schliessen daraus, dass Magazine tatsächlich dazu tendieren, Fonds von Gesellschaften zu empfehlen, die häufiger inserieren. Sie können darüber hinaus auch ausschliessen, dass die Empfehlungen auf der Basis der Qualität der Fonds erfolgen. Nicht die erfolgreichsten Fonds werden empfohlen, sondern diejenigen mit den grössten Werbeetats.

Gambaro und Puglisi (2009) untersuchten die Wirtschaftsberichterstattung in sechs italienischen Tageszeitungen über 13 an der Börse kotierte Unternehmen. In der zwischen 2006 und 2007 durchgeführten Studie gingen sie der Frage nach, ob die Blätter je nach Anzeigenaufkommen unterschiedlich über die Unternehmen berichteten. Die beiden Autoren kommen zum Schluss, dass die Unternehmensberichterstattung positiv und signifikant mit dem Anzeigenvolumen korreliert. Darüber hinaus scheint es ebenfalls eine positive Korrelation zwischen dem am Vortag generierten Börsengewinn und den Erwähnungen in der journalistischen Berichterstattung zu geben.

Die Studie weist jedoch methodische Mängel auf, sodass die Resultate relativiert werden müssen. Die beiden Ökonomen generieren die zu analysierenden Beiträge über eine computergestützte Suche, in der sie mit Hilfe von Stichwörtern Artikel herausfiltern. Dies bedeutet, dass die Stichprobe sämtliche Artikel enthält, in denen der Name des Unternehmens auftaucht. Dies sagt aber noch nichts über die tatsächliche Relevanz bzw. das Thema des Berichtes aus. Es überrascht somit auch nicht, dass die Autoren zum Beispiel häufiger auf Beiträge stiessen, wenn das Unternehmen am Vortag eine Medienmitteilung publiziert hatte. Die Erwähnung eines Unternehmens sagt noch nichts darüber aus, dass das Unternehmen oder seine Produkte/Dienstleistungen auch wirklich das zentrale Thema waren. Ausserdem bezogen die Autoren die in der Berichterstattung vorgenommenen Bewertungen nicht in ihre Analyse mit ein. Aus medienwissenschaftlicher Perspektive sind die Ergebnisse daher nur bedingt verwendbar.

Eine ähnliche Studie von Rinallo und Basuroy (2009) untersuchte die Berichterstattung über 291 italienische Modeunternehmen in 123 Publikationen aus Italien, Frankreich, Deutschland, Grossbritannien und den USA. Dabei suchten sie nach Zusammenhängen zwischen der Häufigkeit von Produktplatzierungen bzw. Beitragsseiten und dem Anzeigenaufkommen der Unternehmen. Die Autoren beschränkten sich aber nicht nur auf den Einfluss des Werbevolumens, sondern bezogen auch intervenierende Variablen in ihre Studie mit ein. Dazu gehören beispielsweise die Abhängigkeit eines Printmediums von einer bestimmten Werbeindustrie (hier die Modeindustrie), der Wettbewerb zwischen den Medien auf einem bestimmten Markt, die Grösse des Modeunternehmens, dessen Innovativität und ob das Unternehmen im selben Land wie das Medienunternehmen beheimatet ist.

Analog der Studie von Gambaro und Puglisi fanden auch sie heraus, dass der Umfang der Inserate eindeutig mit der Berichterstattungsfrequenz korreliert:

«Whether because of overt pressures or an unconscious desire to please advertisers, publishers provide a special treatmentto companies that, through their advertising investments, provide magazines with financial resources necessary for economic survival and market success» (ebd.: 38).

Die Ergebnisse der Studie zeigen beiallen Hypothesen eine positive und signifikante Korrelation. Die Autoren resümieren daher, dass in dem von ihnen untersuchten Bereich ein ausreichend grosses Anzeigenvolumen zwangsläufig zu einer positiven Berichterstattung führen kann – unabhängig von der tatsächlichen Produktqualität. In dieser Hinsicht dürfte das Problem der ohnehin schon im Verdacht von Gefälligkeiten stehende Modejournalismus sein. Je mehr sich Modezeitschriften um der Anzeigen willen an die Hälse der Modeunternehmen werfen, desto weniger glaubwürdig dürfte der Modejournalismus insgesamt werden.

Eine der bislang umfassendsten Untersuchungen zum Gefälligkeitsjournalismus führte Andresen (2006) durch. In seiner Magisterarbeit beschäftigte er sich mit der Frage, ob eine vorteilhaftere Berichterstattung über werbende

Wirtschaftsunternehmen auf das Anzeigen-Geschäfts-Verhältnis zurückzuführen sei. Neben dieser zentralen Forschungsfrage ging er aber auch auf weitere wichtige Aspekte, wie etwa den Zusammenhang zwischen Werbetätigkeit und Intensität der Berichterstattung oder deren Auswirkungen auf die Darstellung von Produkten und Dienstleistungen ein (ebd.: 5).

In seiner Arbeit führte Andresen zwei Inhaltsanalysen durch: In der ersten Teilstudie erfasste er die Auftraggeber sowie das Werbevolumen. In der darauffolgenden Teilstudie analysierte er auf der Basis der Ergebnisse der ersten Studie die Berichterstattung über vier Anzeigenkunden (UBS, Hypo Vereinsbank, Axel Springer, Ford) im Nachrichtenmagazin Spiegel sowie in der Süddeutschen Zeitung. Die Werbetreibenden unterschieden sich bezüglich ihrer Anzeigenaufkommen in den beiden Printmedien. Damit war es möglich, unterschiedliche Einflussstufen zu eruieren.

Die Ergebnisse der Inhaltsanalyse deuten darauf hin, dass die Bewertung der Unternehmen tatsächlich von der Höhe des Anzeigenaufkommens abhängen: «Dagegen scheint, obwohl die redaktionellen Berichte offensichtlich auf journalistischem Interesse beruhen, die Bewertung des Unternehmens vom Anzeigenaufkommen abhängig zu sein. Das heisst, wer viel wirbt, hat eine bessere Chance auf eine positive Aussendarstellung – eine verlockende Aussicht!» (ebd.: 113). Im Übrigen scheinen wichtige Werbetreibende auch bei der Produktberichterstattung von ihren Werbeinvestitionen zu profitieren, zumal die Titel Produkte oder Dienstleistungen von grossen Kunden signifikant häufiger erwähnen. Demgegenüber scheinen Anzeigenvolumina keinen Einfluss auf die Bewertung der Produkte zu haben. Wenngleich die Ergebnisse nicht alle Hypothesen zum Anzeigenkundeneinfluss bestätigen, liefert die Studie von Andresen trotzdem wichtige Anhaltspunkte für weitere Untersuchungen im Bereich des Gefälligkeitsjournalismus.

Kolb und Woelke (2010) führten eine ähnliche Studie in der Schweiz durch. Im Gegensatz zu Andresen untersuchten sie zwei Gratiszeitungen hinsichtlich der Berichterstattung über die Schweizer Grossbank UBS, die während des Untersuchungszeitraumes in der Kritik stand, Steuerhinterziehung in den USA zu begünstigen. Die Wahl fiel auf die Bank als Untersuchungsgegenstand, da sie zum Zeitpunkt der Untersuchung in einem der beiden Pendlerblätter, 20 Minuten, inserierte, beim Konkurrenzblatt .ch jedoch keine Anzeigen schaltete. Da Vorgängerstudien eher geringe Effektstärken vorwiesen, konzentrierten sich die Autoren in ihrer «quasi-experimentellen Studie» auf einen besonders pointierten Fall wie die UBS-Affäre.

Es stellte sich heraus, dass .ch nicht nur häufiger über die UBS berichtete als 20 Minuten, sondern die Beiträge auch weit prominenter platziert waren: .ch erwähnte die Grossbank doppelt so oft auf der ersten Seite wie das Konkurrenzblatt. Vor allem hinsichtlich der Bewertung der UBS ergaben sich deutliche Unterschiede. Obwohl beide Titel generell eher negativ über die Vorkommnisse berichteten, waren die Bewertungen von 20 Minuten im Schnitt signifikant positiver als diejenigen von .ch. Die Autoren schliessen daraus, dass das «Engagement eines Unternehmens als Werbekunde einen qualifizierenden Einfluss auf die Berichterstattung über dieses Unternehmen hat» (ebd.: 70).

Die Berichterstattung der beiden Pendlerblätter unterscheidet sich auch hinsichtlich der Gesprächspartner. .ch befragte in der Mehrzahl unabhängige Experten, 20 Minuten dagegen vor allem Kunden oder Mitarbeiter des Unternehmens. Daraus folgern die Autoren, dass das Anzeigenaufkommen nicht nur einen positiven Effekt auf die Bewertung des Unternehmens hat, sondern auch die Auswahl der befragten und zitierten Personen beeinflusst. Trotz aller positiven Auswirkungen eines grösseren Anzeigenaufkommens auf die Unternehmensberichterstattung zeigt die Studie auch, dass den Einflussnahmen von Werbetreibenden Grenzen gesetzt sind. So haben beide Gratiszeitungen die Vorfälle rund um die Grossbank tendenziell negativ bewertet.

Zwei Master Studentinnen der Universität Salzburg verfassten kürzlich eine weitere Studie über Gefälligkeitsjournalismus (Lagetar/Mühlbauer 2012). Als Untersuchungsgegenstand wählten sie einen «Bespitzelungsskandal» rund um den Discounter Lidl. Dieser geriet 2008 in Verdacht, Mitarbeiter per Videoüberwachung auszuspionieren. Die beiden Autorinnen wollten herausfinden, ob Zeitungen, in denen Lidl zum Zeitpunkt des Skandals Anzeigen schaltete, anders über den Vorfall berichteten als Titel, die Lidl nicht als Werbekunden hatten (ebd.: 172f). Das Untersuchungsdesign der Studie orientiert sich hinsichtlich Fragestellung und Operationalisierung stark an der Untersuchung von Kolb und Woelke (2010).

Die Studentinnen konnten in den Tageszeitungen, in denen Lidl zum Zeitpunkt der Untersuchung inserierte, keine Begünstigung des Discounters feststellen. Obwohl die Ergebnisse aufgrund der kleinen Fallzahlen mit Vorsicht zu interpretieren sind, deutet sich an, dass Zeitungen mit Werbung von Lidl sogar häufiger und vielfältiger über den Skandal berichteten und dafür weniger

Agenturmaterial verwendeten. Damit widersprechen die Resultate der Untersuchung weitgehend denen von Andresen (2006) sowie Kolb und Woelke (2010), die alle einen Einfluss des Anzeigenaufkommens feststellten.

Dass die Studie entgegen der ursprünglichen Vermutung keine Hinweise auf Einflussnahme lieferte, dürfte auf den speziellen Untersuchungsgegenstand zurückzuführen sein. Konkret analysierten die Studentinnen einen Fall, bei dem ein Anzeigenkunde öffentlich skandalisiert wird. Ähnlich wie die Steuerungsmacht von Redaktionen gegenüber PR im Falle von Krisen zunimmt, können es sich Redaktionen von Qualitätszeitungen nicht erlauben, einen Skandal nur aufgrund von eingegangenen Werbeerlösen weniger differenziert zu thematisieren. Daraus könnte folgen, dass bei aussergewöhnlichen Vorkommnissen wie Skandalen oder Krisen die Steuerungsmacht der Werbetreibenden abnimmt. Obendrein dürften überregionale Qualitätszeitungen im Vergleich zu kostenlosen Pendlerblätternin geringerem Mass von den Inseraten eines einzigen Werbekunden abhängen, so dass sie voraussichtlich weniger Rücksicht auf ökonomische Interessen nehmen müssen (vgl. Reimann/Kreibe 2012).

5 Gratiszeitungen und ihr Einfluss auf die Schweizer Presselandschaft

Bis Ende der 1980er-Jahre war die Schweizer Presselandschaft praktisch sorgenfrei: Die Gesamtauflage der Presse stieg auf über vier Millionen Exemplare und konnte sich bis kurz nach der Jahrtausendwende auf diesem Niveau halten. In den 1990er-Jahren begann die Zahl der Pressetitel allerdings massiv zu schrumpfen. Etwa ein Drittel aller eigenständigen Zeitungstitel verschwanden (vgl. Forschungsbereich Öffentlichkeit und Gesellschaft fög 2010). In diesem Zeitraum nahmen auch die Fusionen zwischen Medienunternehmen zu. Der Konzentrationsprozess setzte sich nach der Jahrtausendwende ungehindert fort, so dass der Konkurrenzkampf zwischen den grösseren Zeitungshäusern stetig zunahm. 2001 und vor allem 2002 führte die konjunkturelle Krise dazu, dass die Anzeigenpreise einbrachen und die Zeitungen – zusätzlich zu den fallenden Auflagenzahlen – noch weiter unter Druck gerieten.

Vor diesem Hintergrund begann in der Schweizer Presselandschaft am 13. Dezember 1999 eine neue Ära: Mit 20 Minuten, lanciert vom norwegischen Medienkonzerns Schibsted, erschien in Zürich erstmals eine kostenlose Pendlerzeitung, die auch mit journalistischem Inhalt aufwartete und auf die «unproduktive» Zeit der Pendler zwischen Heim und Arbeitsplatz abzielte. Zwar gab es auf lokaler Ebene zuvor schon kostenlose Blätter wie die Züri-Woche oder den Zürich Express, doch deren Blattstruktur und Nachrichtenangebot entsprachen den klassischen städtischen Amtsanzeigern.[38] Die Lancierung von Gratiszeitungen bildete somit den Auftakt zu einer Neustrukturierung des Schweizer Pressemarktes und einem zusätzlich radikalisierten Verdrängungskampf.

---

[38] Das Tagblatt der Stadt Zürich wurde 1999 als Reaktion auf die Neulancierung von 20 Minuten zwar in den Zürich Express umgebaut und ebenfalls als Gratiszeitung vertrieben, doch 2003 wieder als klassisches, städtisches Amtsblatt angeboten.

5.1 Die Einführung der Gratiszeitungen in der Schweiz

Aufgrund des kontinuierlichen Auflagenrückganges und Reichweitenschwundes schien der Zeitpunkt für den Start eines neuen Zeitungsprojektes eher ungewiss. Darüber hinaus ist Zürich nicht nur seit je eines der medialen Zentren der Schweiz, mit Titeln wie die Neue Zürcher Zeitung, dem Tages-Anzeiger und dem Blick haben die Leser auch eine grosse Auswahl an unterschiedlichen Zeitungstypen. Der Markt schien also gesättigt. Trotz dieser abschreckenden Voraussetzungen wagten zwei Unternehmen den Schritt und realisierten ihr Vorhaben.

Den Anfang machten dabei 20 Minuten sowie Metropol des schwedischen Konzerns Metro International. Die beiden Gratiszeitungen erschienen beinahe gleichzeitig auf dem Markt, wobei Metropol sechs Wochen Verspätung auf den Konkurrenten aufwies und am 31. Januar 2000 erstmals in den Verteilerboxen auflag. Beide Blätter verfügten über exklusive Pachtverträge mit den Verkehrsbetrieben (20 Minuten mit den Zürcher Verkehrsbetrieben, Metropol mit den Schweizerischen Bundesbahnen SBB), die es ihnen erlaubten, die Distribution über Boxen und zusätzliche Kolporteure an den jeweiligen Haltestellen und Bahnhöfen zu organisieren.

Die beiden Blätter verfügten über unterschiedliche Konzepte, die sich für die weitere Zukunft der Zeitungen als entscheidend herausstellten sollten. Während 20 Minuten die Umsetzung seines Projektes hiesigen Medienexperten anvertraute und sich auch inhaltlich lokal positionierte, war Metropol als überregionale Zeitung konzipiert (ebd.: 106f). Im September 2000 erschlossen beide Blätter neue Ballungsräume, indem sie lokale Ausgaben in Bern und Basel verteilten. Während 20 Minuten jedoch auf lokale Journalisten zurückgriff, und so auch lokale Schwerpunkte und Primeurs setzen konnte, bot Metropol nur je eine Seite an Lokalnachrichten an, die zumeist auf Agenturmeldungen basierten. Zudem entschied sich 20 Minuten bereits früh für eine Crossover-Strategie, indem eine auf das junge Zielpublikum abgestimmte Internetseite lanciert wurde, die das Printprodukt beispielsweise durch Stellenbörsen oder Serviceangebote ergänzen sollte.

Die Reaktionen der grösseren Verlage waren unterschiedlich: Ringier hielt sich zurück, obwohl sein Boulevardblatt Blick seit der Einführung der Gratiszeitungen über sechs Prozent an Auflage verlor. Tamedia hingegen baute kurzerhand sein Anzeigenblatt Tagblatt der Stadt Zürich in den Zürich Express um und reicherte das Blatt mit Unterhaltungsstoff und Nachrichten an. Auch in Bern und Basel reagierten die lokalen Verlage mit der Neulancierung ihrer Anzeigenblätter.

Nur gerade ein Jahr nach dem Eintritt von Metropol in weitere urbane Märkte brach das Unternehmen die Strategie ab, da sich die überregionale Ausrichtung hinsichtlich der Werbeerlöse und der Relevanz der redaktionellen Inhalte als Fehler herausstellte. Metropol sollte nach Verlagsangaben zudem als Qualitätszeitung produziert werden, konnte dieser Vorgabe aber nie entsprechen. Das Image von Metropol litt unter den Rückschlägen derart stark, dass Metro International im März 2003 das Blatt schliesslich vom Markt nahm.

Mit dem Aus von Metropol übernahm der Medienkonzern Tamedia 20 Minuten, nachdem den Verhandlungen ein Drohszenario (die Lancierung von weiteren Gratiszeitungen mit lokaler Kompetenz in den Ballungsräumen Zürich und Bern) vorausgegangen war. In den folgenden drei Jahren konnte 20 Minuten seine Marktstellung weiter festigen. Tamedia baute zudem die Internetseite noch weiter aus und lancierte eine Wochenendausgabe von 20 Minuten.

2006 trat der Ringier-Verlag mit einer Pendlerzeitung in den Gratiszeitungsmarkt ein. Das Konzept unterschied sich von 20 Minuten jedoch erheblich, da es sich bei Heute um eine Abendzeitung handelte. Das Blatt sollte die Aufmerksamkeit der Pendlerströme auf dem Nachhauseweg ansprechen, da der morgendliche Berufsverkehr bereits durch 20 Minuten abgedeckt war. 2007 unterzog Ringier Heute einem Relaunch, um die Marke Blick zu stärken. Ende Mai 2008, just zum Start der Fussball-Europameisterschaft, erschien erstmals der Blick am Abend.

Parallel zu diesem Projekt lancierte Ringier im September 2006 mit Cash Daily eine kostenlose Special-Interest-Zeitung, die auf Wirtschaftsberichterstattung spezialisiert war. Allerdings verfügte das Blatt über ein anderes Distributions-Konzept: Während Heute/Blick am Abend in Verteilerboxen auflag, war Cash Daily nur an den Kiosken der Valora-Gruppe erhältlich. Darüber hinaus lieferte Ringier das Blatt an registrierte Kunden. Als Alternative dazu richtete der Verlag ein Web-Portal ein, das neben Nachrichten auch Multimedia-Elemente wie Podcasts oder Nachrichtenvideos enthielt. Das Konzept der Verteilung über Kioske konnte sich allerdings nicht durchsetzen, da das Risiko einer Kannibalisierung mit anderen Kauftiteln bestand. Nach stetem Inseraterückgang wurde Cash Daily im März 2009 vom Markt genommen.

Mitte September 2007 wurde der Konkurrenzkampf auf dem Gratiszeitungsmarkt noch weiter verschärft, als der PR-Berater und ehemalige Blick-Chefredakteur Sascha Wigdorovits mit .ch ein weiteres Gratisblatt lancierte. Im Gegensatz zu den bereits bestehenden Gratiszeitungen sollte .ch nicht in Boxen aufliegen, sondern die Leser frühmorgens zu Hause erreichen. Man wollte die Leser bereits in den eigenen vier Wänden erreichen und an das Blatt binden, noch bevor diese an den Bahnhöfen und Haltestellen in die Boxen der Konkurrenzgriffen.

Der neue Wettbewerber provozierte vor allem bei Tamedia heftige Reaktionen: Im Dezember 2007 lancierte Tamedia mit NEWS eine weitere Gratiszeitung, die in den gleichen Gebieten wie .ch verteilt werden sollten. Obwohl NEWS in Zusammenarbeit mit der Berner Zeitung und der Basler Zeitung erschien und als nüchternes publizistisch Produkt daherkam, war es doch ein reines Verdrängungsprodukt das dazu diente, die Dominanz von Tamedia im Pendlerzeitungsmarkt zu zementieren.

Die aufwendige Heimzustellung von .ch entpuppte sich im Nachhinein als Fehler:

> «Die flächendeckende Hauszustellung einer Gratiszeitung kostet das Dreifache der Distribution der Pendlerzeitung. Hauszustellung erfordert gute Ortskenntnisse, das Vertrauen der Kunden und ist zudem sehr störanfällig; ausserdem wird das Briefkastenfüllen von vielen Menschen als Eingriff in ihre Privatsphäre empfunden und abgewehrt. Drittens bedeutet Hauszustellung, dass die Zeitung im direkten Wettbewerb mit den Abo-Zeitungen um Aufmerksamkeit buhlt – und dies zwingt zu höherer Qualität, die wiederum hohe Investitionen erfordert und zu höheren Produktionskosten führt, die den Break-Even unwahrscheinlich machen» (Haller 2009b: 35).

Nach einer Neulancierung im Oktober 2008, die auch mit einer Überarbeitung des Erscheinungsbildes einherging, beschränkte sich auch .ch auf die Distribution mittels Zeitungsboxen. Trotzdem gingen die finanziellen Probleme des Titels weiter, sodass die Gratiszeitung nach nur anderthalb Jahren der Existenz im Mai 2009 eingestellt wurde. Knapp sieben Monate später, im Dezember 2009, nahm Tamedia NEWS vom Markt. Damit ging ein langer und harter

Verdrängungskampf um den Gratiszeitungsmarkt in der Deutschschweiz zu Ende, der in den grösseren Ballungsräumen zwischenzeitlich fünf Blätter aufwies und das Bild einer Schweiz als Hochburg für Gratiszeitungen festigte (siehe Abbildung 6)[39]. Am Ende blieben in Zürich zwei Gratiszeitungen übrig, die sich die Pendlerströme teilen und nicht direkt in die Quere kommen.

Abbildung 6: Existenzspanne der überregionalen Deutschschweizer Pendlerzeitungen

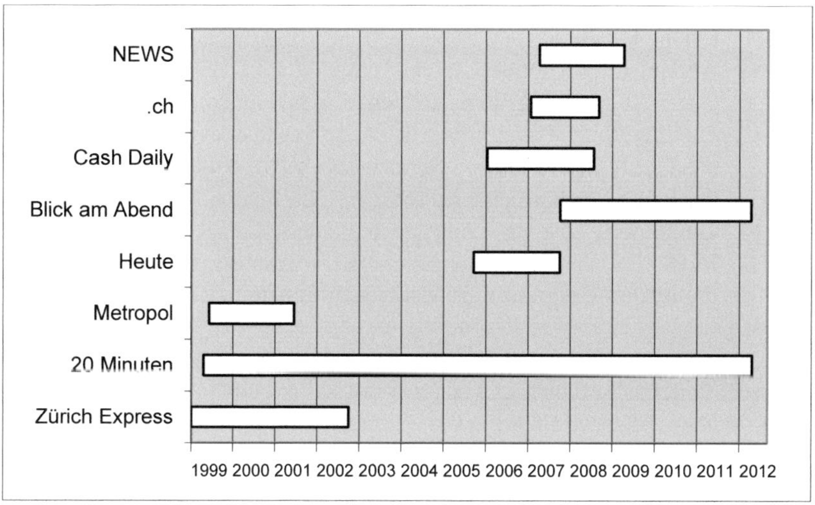

Quelle: eigene Berechnungen

[39] Dazu kamen noch weitere lokale Gratiszeitungen wie z.B. der Baslerstab, der Berner Bär oder französischsprachige Ausgaben wie Le Matin Bleu.

5.2 Auswirkungen der Gratiszeitungen auf den Pressemarkt

Gratiszeitungen konnten sich in der Schweiz innerhalb kürzester Zeit auf dem Markt durchsetzen. Nur vier Jahre nach ihrer Einführung hielten sie 2003 aufgrund einer äusserst aggressiven Marktpenetrationsstrategie einen Marktanteil von über 18 Prozent am gesamten Pressemarkt (Bakker 2008: 438). Laut Haller (2009b: 32) sprechen vier Faktoren für den Erfolg der Pendlerzeitungen:

- Einkauf von lokaler Kompetenz: Einheimische Journalisten produzieren die Inhalte;
- Aufbau eines Kopfblattsystems, um möglichst viele lokale/regionale, aber auch nationale Werbetreibende zu gewinnen;
- kontinuierliche Optimierung des Angebots über einen attraktiven Mix aus Hard- und Softnews, Sport und lokalem Nutzwert. Dabei spielt der Inhalt durchaus eine Rolle[40];
- kontinuierliche Line-Extension des Titels: Lancierung von weiteren Produkten wie Wochenendausgaben, sodass der Titel besonders bei der jungen Zielgruppe als Marke wahrgenommen wird.

Dass Gratiszeitungen etablierte Tageszeitungen kannibalisieren und dadurch für deren Auflagenschwund verantwortliche sind, mag wohl zutreffen – dürfte aber nicht der alleinige Grund für die Krise etablierter Zeitungstitel sein. Die Gesamtauflage der Schweizer Zeitungen ging bereits seit 1995 um fast 600.000 Exemplare zurück (siehe Abbildung 7). Zudem sanken die Gesamtauflagen der Zeitungen sowohl in Ländern mitPendlerblättern als auch in Ländern *ohne* Gratiszeitungen – unter anderem auch in Deutschland.[41] Trotz allem zeigt sich europaweit ein Zusammenhang zwischen den Auflagen- und

[40] Die Argumentation von So und Lee (So/Lee 2007: 21f) erscheint in dieser Hinsicht sehr vereinfachend: «The editorial content is not that important since it is freely distributed to the readers.» Gratis ist kein Programm, auch nicht für Pendlerzeitungen. Es sei als Beispiel auf das Ende der Gratiszeitung *Metropol* hingewiesen.

[41] Weitere Gründe für den Auflagenrückgang dürften Anzeigenkrisen sowie die Abwanderung jüngerer Leser ins Internet sein. Aber nicht nur die Rezipienten wandern ins Internet ab, auch von Seiten der Werbeindustrie fliessen immer mehr finanzielle Mittel in die Onlinewerbung. Die Printmedien können die Verluste über den Online-Werbezuwachs zwar nicht vollumfänglich kompensieren, aber die Wachstumsraten belaufen sich im Online-Bereich auch in der Schweiz weiterhin um die elf Prozent. Quelle: http://www.kleinreport.ch/news/media-focus-rechnet-mit-mehr-einnahmen-im-online-bereich-66460.html (24.09.2012).

Reichweitenverlusten etablierter Zeitungen und dem Marktzutritt der Pendlerzeitungen (Bakker 2008). Die Intensität der Relation fällt allerdings unterschiedlich aus.

Abbildung 7: Auflagenentwicklung von Schweizer Zeitungen 1995-2011 (in Tausend)

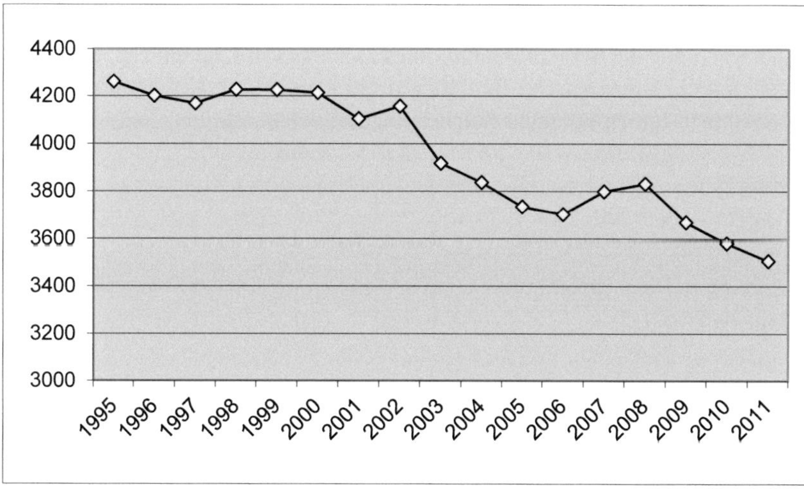

Quelle: Verband Schweizer Medien, 2012

In der Deutschschweiz zeigen sich die Auswirkungen deutlicher. Im Zeitraum zwischen 2004 und 2008 – also während der starken Segmentierungsphase des Gratiszeitungsmarktes – verloren die Kaufzeitungen kontinuierlich Leser (siehe Abbildung 8). Besonders schmerzhaft bekam dies der Blick zu spüren. Dies ist nicht weiter erstaunlich, wenn man bedenkt, dass sich Pendlerzeitungen hauptsächlich am Boulevard-Segment ausrichten: «Inhaltlich orientieren sich die Marktführer an Boulevard-Zeitungen, bringen eine grosse Bandbreite an Themen in einer bunten und komprimierten Aufmachung, die sich speziell an ein junges Leserpublikum wendet» (Machill/Zenker 2006: 8). Beide Zeitungen konzentrieren sich stark auf Themen aus dem Bereich Human Interest, Sport und Unterhaltung.

Es besteht allerdings auch die Gefahr, dass sich Publikationen aus demselben Medienunternehmen die Leser streitig machen. Eine solche Entwicklung zeigte sich in der französischsprechenden Schweiz: Der Kampf um die Pendler zwischen Le Matin bleu und 20 Minutes hatte negative Folgen für Le Matin, da die Bezahlzeitung nicht weniger als elf Prozent an Reichweite einbüsste. Der Trend setzte sich auch in der Deutschschweiz fort, als 2011 der Blick am Abend das etablierte Schwesterblatt Blick zum ersten Mal hinsichtlich der Reichweiten überholte.

Die Reichweitenentwicklung der traditionellen Kaufzeitungen sieht auf den ersten Blick zwar nicht sehr dramatisch aus im Vergleich zu den Gewinnen der Pendlerzeitungen. Dies täuscht allerdings über die Tatsache hinweg, dass zahlreiche Medienunternehmen ihre Reichweiten nur dank Kooperationen und Übernahmen halten konnten. Solche Einkäufe werden in den Reichweiten in der Regel nicht ausgewiesen. So hat beispielsweise die Mittelland-Zeitung ihre Leserschaft aufgrund der Übernahme der Basellandschaftlichen Zeitung vergrössert (Stadler 2008).

Abbildung 8: Reichweitenentwicklung der auflagenstärksten Zeitungen in der Deutschschweiz

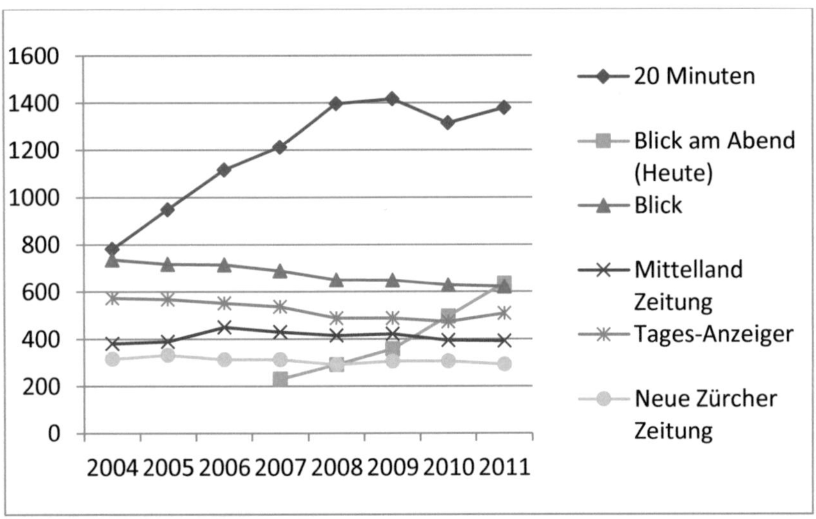

Quelle: WEMF, Mach Basic 2004-2011

In urbanen Zentren, also in den Kernverbreitungsgebieten der Gratiszeitungen, zeigen sich gewisse Substitutionseffekte: «The readers of the free dailies are likely to be new readers: (young) people who did not read a newspaper before, although some substitution is possible» (Bakker 2002: 186). Die Pendlerzeitungen ziehen überwiegend Neuleser an, dienen aber auch als Zweitblatt. Wie eine 2001 von der Universität Zürich durchgeführte Studie ergeben hat, werden Gratiszeitungen zwar als gut und informativ eingeschätzt, stellen aber keinen Ersatz für eine gekaufte oder abonnierte Zeitung dar. Knapp die Hälfte aller Befragten betrachtet den Informationsgehalt der Gratiszeitungen als ausreichend und gut. Nur gerade 15 Prozent sehen in den Gratiszeitungen einen Ersatz für die herkömmliche Zeitung (Leonarz 2002).

Problematisch dabei ist allerdings, dass gerade jüngere Leser über Gratiszeitungen medial sozialisiert werden. Dies könnte dazu führen, dass zukünftige Generationen von Lesern weniger Wert auf Recherche und Akkuratesse im Journalismus legen:

«Der Informationsgehalt der neuen Angebote beschränkt sich eben meistens auf oberflächliche Fakten, welche höchstens zu kurzfristiger Informiertheit führen. Der starke Fokus auf Unterhaltung und das Ausgeh-Angebot in und um Zürich trägt wenig zur gesellschaftspolitischen Bildung der Bevölkerung bei. Die neu gewonnenen (jungen) Leserinnen und Leser, die sich ausschliesslich über die Pendler- und Gratiszeitungen informieren, werden allzu einseitig informiert und zudem auf eine oberflächliche Berichterstattung getrimmt, die fragwürdig ist und die herkömmlichen Tageszeitungen unter Druck setzt» (ebd.: 51).

5.3 Auswirkungen der Gratiszeitungen auf den Werbemarkt

Die Werbeumsätze brachen in der Schweiz nach dem Boom Ende der 90er-Jahre völlig ein, erholten sich ab 2005 allerdings schwach – bevor sie 2008 erneut zurückgingen und 2009 sogar unter das Niveau von 1985 fielen (siehe Abbildung 9). Trotzdem nehmen Tageszeitungen auf dem Schweizer Werbemarkt immer noch eine bedeutende Stellung ein. Im Vergleich zu den anderen Medien hält die Presse 2011 noch 43 Prozent des gesamten Netto-Werbeumsatzes, das ist knapp dreimal so viel wie das Fernsehen (Stiftung Werbestatistik

Schweiz 2012). Gegenüber dem Vorjahr ist der Anteil der Presse am Werbekuchen sogar noch um drei Millionen Franken gestiegen. Generell zeichnet sich hinsichtlich der Werbeumsätze auf dem Pressemarkt eine Stabilisierung ab, obwohl die Stelleninserate 2011 ihren absoluten Tiefpunkt erreicht haben (ebd.).

Abbildung 9: Netto-Werbeumsätze der gesamten Schweizer Presse (in Millionen)

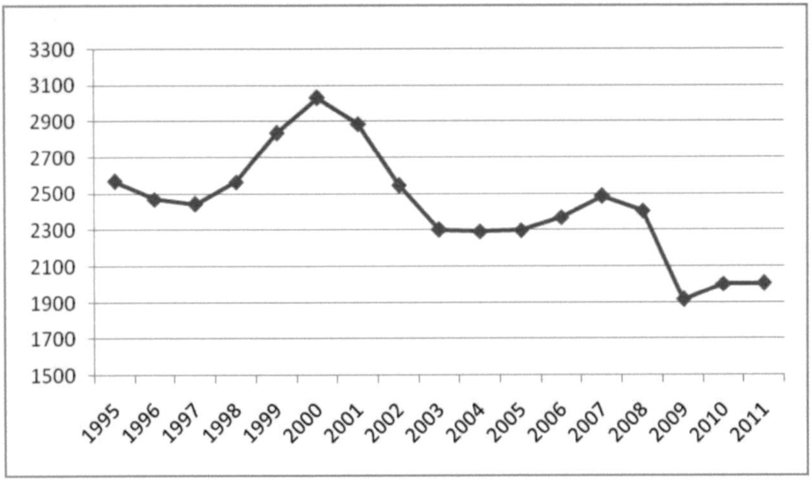

Quelle: Stiftung Werbestatistik Schweiz, 2012

Weder die konjunkturelle Entwicklung noch das Internet dürften alleine dazu geführt haben, dass den etablierten Tageszeitungen die Werbeerlöse wegbrechen. Ein entscheidender Faktor war der Erfolg der Gratiszeitungen. In den letzten fünf Jahren haben die Pendlerzeitungen ihren Anteil am Anzeigenvolumen der Tages-, Wochen- und Sonntagszeitungen kontinuierlich erhöht, sodass mittlerweile knapp 30 Prozent des Werbevolumens auf Gratiszeitungen entfallen. Gleiches gilt für das Auflagenvolumen (siehe Abbildung 10). Pikantes Detail: Pendlerzeitungen scheinen gegenüber konjunkturellen Krisen resistenter zu sein. Während die Netto-Werbeumsätze in der Deutschschweiz zwischen 2008 und 2009 bei den verkauften Pressetiteln um 25 Prozent zurückgingen, beschränkte sich der Rückgang bei der Gratispresse auf lediglich zwölf Prozent (ebd.).

Abbildung 10: Das Auflagenvolumen von Gratis- und Bezahlpresse

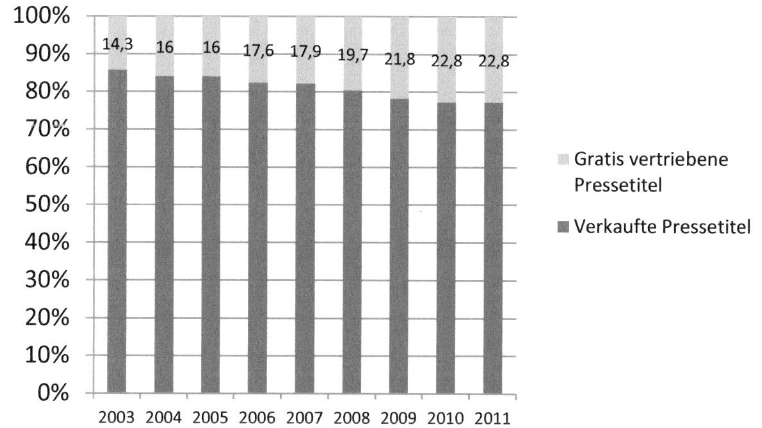

Quelle: Stiftung Werbestatistik Schweiz, 2012

Die Zukunft der Pendlerzeitungen scheint ungewiss. Nach Auffassung einiger Medienwissenschaftler (vgl. Prinzing 2008b) sind Pendlerzeitungen nur ein Übergangsmedium «mit Ablaufdatum», da sie in Zukunft durch Onlinemedien ersetzt werden dürften. Dass sie ihren wirtschaftlichen Zenit bereits überschritten haben, erscheint zurzeit eher unwahrscheinlich. Nach ersten Anzeichen einer Stagnation Anfang 2010, in der 20 Minuten erstmals seit dem Start einen Reichweitenrückgang hinnehmen musste, gewannen die Gratiszeitungen gegen Ende 2012 erneut Leser hinzu.[42]

[42] Basierend auf den Mach-Basic-Daten 2010-1 und 2012-1 (WEMF).

6 Medieninhalte unter dem Einfluss von Werbung: eine empirische Analyse

Im Folgenden gilt es, die theoretischen Erwägungen in Bezug auf die Beeinflussungsversuche von Seiten der Anzeigenkunden und deren Auswirkungen auf die Beziehungen zwischen Verlag und Redaktion anhand der konkreten Medieninhalte empirisch zu überprüfen. Die Vermutung liegt nahe, dass sich durch die zunehmende Kommerzialisierung der wirtschaftliche Druck von Seiten des Medienmanagements und der Anzeigenabteilung auf die Redaktionen erhöht, sodass sich vermehrt Interpenetrationszonen bilden, in denen Medieninhalte nicht mehr allein nach publizistischen Kriterien veröffentlicht werden. Es gilt zu ergründen, ob die Forderungen der werbetreibenden Unternehmen nach optimaler Platzierung der Anzeigen somit bis in die Publikationsentscheidungen durchschlagen.

Eine umfassende Erklärung des Anzeigenkunden-Einflusses auf Medieninhalte von Tageszeitungen kann diese Studie nicht leisten. Vielmehr untersucht diese Arbeit eine ganz bestimmte Kategorie von Printmedien: in der Deutschschweiz publizierte Gratiszeitungen. Darüber hinaus stehen anhand einer traditionellen Tageszeitung auch die Divergenzen zwischen Gratis- und Bezahlzeitungen im Zentrum der Analyse. Die Studie nimmt aus forschungsökonomischen Gründen keine vollumfängliche Beschreibung der Einflüsse *aller* Anzeigenkunden vor, sondern beschränkt sich auf ausgesuchte Unternehmen.

Wie Kapitel vier darlegte, beschränkten sich die meisten Studien, die den Einfluss von Anzeigenkunden untersuchten, auf Befragungen von Journalisten. Die hier durchgeführte Studie verfolgt ein anderes Ziel, indem sie den Fokus auf die Medieninhalte legt. Das Forschungsdesign der Studie gründet auf den wenigen Arbeiten, die sich einer Analyse der Medieninhalte angenommen haben, verfolgt aber einen eigenen Forschungsansatz.[43] Die Studie versucht deshalb, ähnlich wie dies Kolb und Woelke (2010) in ihrem Aufsatz ansprechen, eine weitere Lücke zu schliessen.

---

[43] Vor allem die Arbeiten von Andresen (2006) sowie Kolb und Woelke (2010) spielen dabei eine zentrale Rolle.

Dabei verlangen zwei Aspekte besondere Aufmerksamkeit:

1. Die Erforschung des Einflusses von Anzeigenkunden auf die Berichterstattung erweist sich als aufwändig. Dies beginnt schon damit, dass die zu untersuchenden Zeitungen die Anzeigenerlöse der Unternehmen in der Regel nicht veröffentlichen – und auch nicht für eine wissenschaftliche Analyse zur Verfügung stellen. Deshalb ist es notwendig, für die Berechnung der Anzeigenvolumina andere Indikatoren wie die Werbefläche heranzuziehen.
2. Die Analyse des Anzeigenkundeneinflusses setzt ein Untersuchungsdesign voraus, das allfällige Störfaktoren und Konfundierungen weitestgehend vermeidet bzw. kontrollierbar macht. Die hier vorgestellte Untersuchung versucht, diesen Punkten Rechnung zu tragen, indem sie zwei Teilstudien durchführt.

Die erste Teilstudie widmet sich der Werbung und ihren Sonderformen. Dabei geht sie der Frage nach, ob, und wenn ja, welche Interdependenzen zwischen Werbung und redaktionellen Inhalten auftreten. Die Analyse konzentriert sich insbesondere darauf, wie sich das journalistische Umfeld der Anzeigen präsentiert, und ob es nachweislich zu Verletzungen des Trennungsgrundsatzes kommt. Die zweite Teilstudie widmet sich hingegen der journalistischen Berichterstattung über ausgewählte Anzeigenkunden, um Formen von Gefälligkeitsjournalismus zu analysieren. Das Ziel der Arbeit besteht also darin, den Tenor der Berichterstattung über Anzeigenkunden auf einen Einfluss von Seiten des Werbevolumens hin zu untersuchen. Abbildung 11 ermöglicht einen Überblick über die beiden Teilstudien.

Abbildung 11: Untersuchungsanlage

Teilstudie A: Werbeanalyse	Teilstudie B: Analyse der journalistischen Berichterstattung
Ziel und Gegenstand der Studie	
• Ermittlung der Werbefläche als Indikator für den Werbeaufwand. Welche Unternehmen schalten wie viel Werbung? • Vorhandensein und Typologie der Werbeformen. Welche Sonderwerbeformen werden am häufigsten verwendet (auch im Spezialfall der Eigenwerbung seitens der Zeitungen)? • Bezug der (Sonder-)Werbeformen zum redaktionellen Inhalt. Formale und inhaltliche Zusammenhänge zwischen Werbung und journalistischem Inhalt.	• Häufigkeit und Umfang der Berichterstattung über ein Unternehmen sowie über seine Produkte. • Themensetzung, Gewichtung, Darstellungsformen und Aktualitätsbezug der Berichterstattung werden ebenfalls analysiert. • Valenz der Berichterstattung über ein Unternehmen und dessen Produkte im Verhältnis zum Anzeigenvolumen. Zentrale Hypothese: Je höher das Anzeigenvolumen, desto positiver die Berichterstattung über die Unternehmen.
Methode der Studie	
• Quantitative Inhaltsanalyse von fünf Gratiszeitungen und einer Bezahlzeitung. Untersuchung der fünf werbeintensivsten Branchen sowie von vier Untergruppen. Zusätzlich dazu wird die Eigenwerbung der Medien analysiert.	• Quantitativ-qualitative Inhaltsanalyse derselben fünf Gratiszeitungen sowie der Bezahlzeitung. Untersucht wird die Berichterstattung über ausgesuchte Unternehmen aus den werbeintensivsten Branchen sowie deren direkte Konkurrenten.

Quelle: eigene Darstellung

6.1 Forschungsfragen und Herleiten der Hypothesen

6.1.1 Teilstudie A: Formale Werbeanalyse

Gilt es, den Einfluss von Anzeigenkunden auf Medieninhalte zu erforschen, kann sich eine Untersuchung nicht nur auf die Analyse der journalistischen Berichterstattung beschränken, da die Inhalte einer Zeitung aus redaktionellem Teil *und* Werbung bestehen. Gerade hybride Werbeformen zeigen aber, dass es innerorganisationale Nahtstellen gibt. Die erste Teilstudie versucht deshalb Antworten auf den folgenden Fragenkatalog zu finden:

FF1: Welche Unternehmen schalten wie viel Werbung bzw. wie viele Anzeigen?

Die Anzahl der Werbeschaltungen gibt nicht nur Auskunft darüber, welche werbetreibenden Unternehmen über den Untersuchungszeitraum am häufigsten werben, sondern dient als Ausgangspunkt für die zweite Teilstudie, in der die journalistische Berichterstattung im Verhältnis zum Werbeaufkommen analysiert wird. Dies ist nötig, da Medienunternehmen über die Werbeinvestitionen einzelner Unternehmen keine Auskunft erteilen.

FF2: Welche Werbeformen werden von den Anzeigenkunden am häufigsten verwendet?

Dabei geht es um die Frage, ob zwischen einzelnen Unternehmen signifikante Unterschiede bezüglich der Verwendung von Werbeformen bestehen. Wie gross ist die Anzahl von hybriden Werbeformen wie Advertorials oder Publireportagen, und zeigen sich im Umgang mit derartigen Sonderwerbeformen auch Unterschiede zwischen Gratis- und Bezahlzeitungen?

FF3: Inwiefern sind diese Sonderwerbeformen gekennzeichnet?

Diese Frage dreht sich um die Rezeption auf Seiten der Leser: Diese würdendurch hybride- und Sonderwerbeformen in die Irre geführt und bemerkten deshalb nicht, dass sie es mit einer kommerziellen Botschaft und nicht dem redaktionellen Teil der Zeitung zu tun haben. Ob und wie Medien (hybride) Werbeformate kennzeichnen, lassen Rückschlüsse auf den Umgang der Unternehmen mit Sonderwerbeformen zu.

FF4: Welche Werbeformen verwenden Medienunternehmen in der Eigenwerbung?

Dank einer symbiotischen Beziehung zwischen Redaktion und Marketing- bzw. PR-Abteilung lassen sich Synergieeffekte kreieren, wodurch die eigenen redaktionellen Angebote als «verdeckte Werbeträger» für das jeweilige Blatt oder vom eigenen Konzern offerierte Güter und Dienstleistungen genutzt werden (Russ-Mohl 1997: 202; Porlezza 2004).

FF5: Welchen Bezug weisen die unterschiedlichen Werbeformen zum redaktionellen Teil der Zeitung auf?

Diese Forschungsfrage zielt bereits auf den Kern des Forschungsvorhabens und auf die zweite Teilstudie, indem sie die Kopplung von Werbung und redaktionellem Teil thematisiert. Mit den formalen und thematischen Bezügen zwischen Werbung und redaktionellem Inhalt beginnt damit jene Grauzone, in welcher die «Chinesische Mauer» zu bröckeln beginnt und sich eine wechselseitige Durchdringung von wirtschaftlichen und journalistischen Rationalitäten abzeichnet.

Auf der Basis der forschungsleitenden Fragen sowie unter Berücksichtigung der theoretischen Argumentation lassen sich folgende Hypothesen formulieren:

H1: In Gratiszeitungen finden sich häufiger als bei Bezahlzeitungen hybride Werbeformen, da die Werbeabhängigkeit bei Gratiszeitungen grösser ist als bei Bezahlzeitungen und der strukturelle Einfluss der Anzeigenkunden deshalb stärker zum Tragen kommt.

Die Hypothese geht explizit auf die unterschiedliche Werbeabhängigkeit von Gratis- bzw. Bezahlzeitungen ein. Die Hypothese unterstellt, dass sich Gratiszeitungen aufgrund ihrer einseitigen Einnahmestruktur stärker an den Bedürfnissen der werbetreibenden Unternehmen orientieren, als dies Bezahlzeitungen tun müssen.

H2: Sonderwerbeformen sind wegen ihres hybriden Charakters nur spärlich gekennzeichnet.

Um bei den Rezipienten möglichst wenig Reaktanz gegenüber der Werbung hervorzurufen, behelfen sich die Medienunternehmen immer häufiger mit der gezielten Einbindung von Anzeigen in den redaktionellen Kontext. Um die Wirkung von hybriden Werbeformen im Sinne des Mere-Exposure-Effects noch zu steigern, verzichten Zeitungen vereinzelt auf die Kennzeichnung von Sonderwerbeformen, um den kommerziellen Botschaften den Schein redaktioneller Leistung anzuheften.

H3: Im Zuge der Ökonomisierung weisen auch selbstreferentielle Inhalte eine zunehmend stärkere ökonomische Rationalität auf, wobei sich in diesem speziellen Fall werbetreibendes Unternehmen, Werbeträger sowie beworbenes Objekt zumeist überschneiden. Gerade Eigenwerbung erscheint deshalb meistens als hybride Werbung.

H4: Printmedien, die unter einem Konzerndach zusammengefasst sind, betreiben zunehmend Cross-Promotion. Bei Gratiszeitungen, die zum selben Medienkonzern gehören, findet sich häufiger Werbung für andere Medien desselben Unternehmens als bei Bezahlzeitungen.

Diese beiden Hypothesen gehen davon aus, dass zwischen der Marketingabteilung und der Redaktion eines Unternehmens eine enge und synergetische Beziehung besteht. Eigenwerbung – oder von Unternehmen des gleichen Konzerns bzw. anderen Unternehmenseinheiten geschaltete Anzeigen – lassen sich deshalb optimal und zu Sonderkonditionen platzieren.

H5: In Gratiszeitungen lassen sich häufiger als bei Bezahlzeitungen Bezüge zwischen Anzeigen und redaktionellem Kontext ausmachen, da die Werbeabhängigkeit bei Gratiszeitungen grösser ist als bei Bezahlzeitungen und der strukturelle Einfluss der Anzeigenkunden stärker zum Tragen kommt.

«Wichtige» Anzeigenkunden, die bei einer Zeitung den Grossteil der Werbeeinnahmen ausmachen – so die These – können nicht nur Einfluss auf die Werbeform nehmen, sondern auch sicherstellen, dass die Inserate optimal in das redaktionelle Umfeld eingebettet werden. Damit lassen sich zwischen den Anzeigen und dem journalistischen Kontext optimal Bezüge herstellen, welche die kommerziellen Botschaften in ihrer Wirkung nicht nur unterstützen, sondern durch einen begleitenden Text auch glaubwürdiger erscheinen lassen.

H6: In der Wirtschaftszeitung bestehen die meisten Bezüge zwischen Anzeigen und redaktionellem Kontext,da Wirtschaftszeitungen in besonderem Masse auf Informationen von Wirtschaftsunternehmen angewiesensind. Wirtschaftspublikationen weisen zudem eine geringere Varianz an werbetreibenden Unternehmen auf, zumal diese in den meisten Fällen auf dem Finanzmarkt tätig sind.

Diese Hypothese geht davon aus, dass Wirtschaftszeitungen häufig auf Insiderwissen angewiesen sind und deshalb in einem umfassenden Abhängigkeitsverhältnis mit den Unternehmen stehen, über die sie berichten. Da es sich bei diesen Unternehmen oft auch um Anzeigenkunden handelt, können diese über ihr gesteigertes Steuerungspotential bessere Konditionen für ihre Werbeschaltungen diktieren.

6.1.2 Teilstudie B: Die Analyse der journalistischen Berichterstattung

Bezogen auf den Untersuchungsgegenstand, lässt sich nun vermuten, dass gerade in der Berichterstattung über Anzeigenkunden ökonomische Faktoren eine beträchtliche Rolle spielen, was dazu führen könnte, dass sich Journalisten in der Beurteilung des Nachrichtenwertes – also in der Nachrichtenselektion – sowie in der Informationsvermittlung stärker als früher an wirtschaftlichen Rationalitäten orientieren. Daraus folgt, so die These, dass sich dieser gestiegene Druck nicht nur in der Beziehung zwischen Redaktion und Anzeigenabteilung offenbart, sondern auch im redaktionellen Output niederschlägt. Dabei ergeben sich dysfunktionale Folgen, zumal genuin journalistische Texte zu Gunsten von Anzeigenkunden «schöngeschrieben» werden.

Die fehlende Trennung von journalistischen und kommerziellen Angeboten zeigt sich allerdings nicht nur in der zunehmenden Häufigkeit von Werbesonderformen und der Einbettung in werbefreundlichen Umfeldern. Es soll auch eine bestimmte Ausrichtung des Medienangebotes erreicht werden, mit der möglichen Konsequenz, dass zusehends Formen von Gefälligkeitsjournalismus entstehen. Die Aufgabe der zweiten Studie besteht darin, Antworten auf den folgenden Fragekomplex zu finden:

FF6: Welche Auswirkungen hat das Anzeigenvolumen der einzelnen Werbekunden auf den Inhalt der redaktionellen Berichterstattung über diese Kunden in den Printmedien?

Vor diesem Hintergrund soll in einem ersten Schritt vor allem auf die Auswahl der Themenaspekte bzw. der Deutungsrahmen innerhalb der Berichterstattung eingegangen werden. Fassihi (2008: 140) weist explizit auf die Möglichkeit hin, dass sich aufgrund des Anzeigenkundeneinflusses Unterschiede bei der Themenselektion und -behandlung ergeben können: «Die Selektion von bestimmten Themen, die von einer Redaktion zur Veröffentlichung ausgewählt werden – sei es gegen Entgelt oder als Kompensationsgeschäft –, deren Hervorhebung durch Platzierung und Umfang in der Berichterstattung nach Meinungslinie des Mediums oder des PR-Kunden sowie die Verwendung von geschickter Formulierungen in redaktionellen Erzeugnissen, die dem Rezipienten eine bestimmte Auffassung nahe legen, eine andere aber unmöglich machen sollen, lassen sich ebenfalls unter dem Stichwort ‹implizite Vermischung von Werbung und redaktionellem Produkt› subsumieren.»

Im Anschluss daran konzentriert sich die Studie auf die folgenden, aus den theoretisch beschriebenen Rahmenbedingungen abgeleiteten Hypothesen. Die ersten drei Thesen beschäftigen sich mit den Auswirkungen des Werbeeinflusses auf primär formale Aspekte der Berichterstattung:

H7: Gratiszeitungen nennen die Namen von Anzeigenkunden häufiger in Überschriften als die Bezahlzeitung.

H8: Gratiszeitungen verwenden häufiger Bildmaterial von Anzeigenkunden, als dies Bezahlzeitungen tun.

H9: Die Berichterstattung über Anzeigenkunden unterscheidet sich je nach Werbeaufkommen bezüglich Umfang und Platzierung.

Die letzte Hypothese gibt Auskunft über den vermuteten Umfang bzw. die vermutete Platzierung der Berichterstattung über gewisse Anzeigenkunden. Im Vergleich zu den beiden Hypothesen H7 und H8 nimmt Hypothese H9 zumindest hinsichtlich des Umfangs erstmals Zusammenhänge zwischen dem konkreten Werbeaufkommen und der Berichterstattung an. Platzierung und Umfang geben zwar Hinweise auf mögliche Einflüsse, sie sagen aber noch nichts über den konkreten Einfluss der werbetreibenden Unternehmen auf die *textuellen* Inhalte der Berichterstattung aus. Differenzen in der Berichterstattung können aus verschiedenen Gründen entstehen. Einige Unternehmen verzichten gerade bei negativer Nachrichtenlage lieber auf schlechte Publicity und geben den Medienorganisationen zu verstehen, dass sie möglichst wenige Schlagzeilen wollen. Unternehmen könnten aber auch der Maxime «Schlechte Publicity ist besser als gar keine Publicity» folgen (vgl. Lagetar/Mühlbauer 2012: 189).

Die beiden Verhaltensweisen sind grundsätzlich gleich wahrscheinlich, obwohl die Unternehmen höchstwahrscheinlich eher auf schlechte Publicity verzichten möchten. Kolb und Woelke (2010: 64) weisen deshalb aus gutem Grund auf den Umstand hin, dass «das Zählen von Nennungen eines Unternehmens nicht ausreicht, um Aussagen über potentielle Beeinflussungen zu treffen.» Die Analyse von Gefälligkeitsjournalismus müsse deshalb bei der Thematisierung der Unternehmen beginnen, vor allem hinsichtlich der (positiven) Valenz der Berichterstattung. Aus diesem Grund erweist sich eine Untersuchung der qualitativen Aspekte in den ausgewählten Zeitungen als unumgänglich. Der Tenor der journalistischen Berichterstattung steht deshalb im Mittelpunkt der zweiten Teilstudie.

Zwei unterschiedliche Effekte stehen hierbei im Vordergrund: Je höher das Anzeigenvolumen eines werbetreibenden Unternehmens ist, desto grösser dürfte die Wahrscheinlichkeit sein, dass es die Berichterstattung mitsteuern kann. Grosse Werbekunden sind zentral für das Überleben einer Gratiszeitung, da ein Ausfall grosse Löcher in das Budget reissen würde. Aus diesem Grund lässt sich vermuten, dass diese Medien über wichtige Anzeigenkunden positiver berichten. Daraus folgt, dass Printmedien, bei denen ein Unternehmen kaum oder gar keine Werbung schaltet, weniger Rücksicht auf dessen Interessen nehmen muss und deshalb unabhängiger und kritischer berichten kann. Die generelle Hypothese lautet demnach:

H10: Je höher das Anzeigenvolumen eines Werbekunden, desto grösser ist die Wahrscheinlichkeit einer positiven Berichterstattung.

Analog zur Unternehmensebene ist es durchaus möglich, dass auch die Berichterstattung über Produkte eines Unternehmens von der Höhe des Anzeigenvolumens abhängt:

H11: Je höher das Anzeigenvolumen eines Werbekunden, desto grösser ist die Wahrscheinlichkeit einer positiven Berichterstattung über dessen Produkte.

Die Studie beschränkt sich in der Analyse aber nicht nur auf eine aggregierte Analyse, in welcher der Einfluss des Werbeaufkommens auf die Medieninhalte *generell* untersucht wird. Sie unterscheidet dabei auch die beiden Medientypen Gratiszeitungen und Bezahlzeitung. Auf der Grundlage der oben formulierten Hypothesen gestaltet sich das Analysemodell wie folgt:

Abbildung 12: Modellformulierung

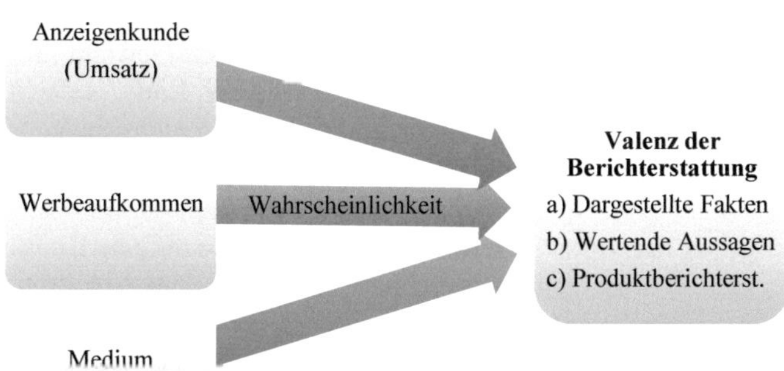

Quelle: eigene Darstellung

Der Abbildung ist zu entnehmen, dass das Hauptaugenmerk auf dem Werbeaufkommen der Anzeigenkunden liegt. Als zusätzliche Kontrollvariablen dienen zwei weitere Aspekte: Bei der ersten Zusatzvariable handelt es sich um die Bedeutung des werbetreibenden Unternehmens, die in Form des Umsatzes 2007 in die Berechnung einfliesst. Die Verwendung dieser Kontrollvariable basiert auf vorangegangenen Studien (vgl. Rinallo/Basuroy 2009), in denen unternehmensspezifische Charakteristika wie die Unternehmensgrösse näher untersucht wurden. Die Studie geht davon aus, dass ein grösseres Unternehmen – ausgedrückt durch die gesamten Anlagewerte (total assets) – automatisch mehr Aufmerksamkeit generiert und deshalb häufiger darüber berichtet wird. Aus diesem Grund ist es interessant, diesen Aspekt auch im Zusammenhang mit der Valenz der Berichterstattung zu untersuchen.

Die zweite Kontrollvariable geht auf die Grösse des Medienunternehmens ein. Die Variable impliziert die jeweiligen Reichweiten der Zeitungen zum Zeitpunkt der Untersuchung. Auch in diesem Fall geht der Einbezug der Variable auf frühere Forschungsarbeiten zurück, wie beispielsweise die von Beam (2002). Dieser untersuchte in seiner Studie den Einfluss der (Medien-)Unternehmensgrösse auf die sogenannte «Market-Orientation» der Titel. Dabei fand er heraus, dass unternehmensspezifische Charakteristika einen erheblichen Einfluss auf die Auswahl des redaktionellen Outputs haben. Es könnte nun sein, dass Gratiszeitungen, die auf Werbung angewiesen sind den Unternehmen hinsichtlich des Berichterstattungstenors entgegen kommen, um die wichtigen Werbeerlöse zu erhalten. Der Umkehrschluss wäre, dass grössere Medienunternehmen den Anzeigenkunden weniger entgegenkommen müssen, da sie über eine breitere Palette an gewichtigen Werbetreibenden verfügen und einzelne Anzeigenkunden daher nicht mehr so stark ins Gewicht fallen.

Im Anschluss an die aggregierte Analyse über den Einfluss der Anzeigenkunden auf den Tenor der Berichterstattung führt die Untersuchung eine auf demselben Untersuchungsmaterial basierenden Fallstudie durch. Diese dient dazu, das Material auf qualitativer Ebene noch genauer zu durchdringen und auf etwaige, in der vorhergehenden Analyse nicht manifeste Einflüsse eines Werbekunden zu untersuchen. Ein fallbezogenes Vorgehen ist aufschlussreich, weil sich in einem *Einzelfall* direkte Vergleiche zwischen der unternehmensbezogenen Berichterstattung verschiedener Zeitungen machen lassen. Dadurch lassen sich Rückschlüsse auf mögliche Einflussversuche ziehen:

FF7: Zeigen sich bei der Bewertung eines einzelnen Anzeigenkunden signifikante Unterschiede in der Berichterstattung der untersuchten Zeitungen?

6.2 Untersuchungsanlage im Detail

6.2.1 Teilstudie A: Werbeanalyse

Erhebungsinstrument

Die erste Teilstudie konzentriert sich auf die formale Einordnung von Anzeigen sowie auf die Analyse der Bezüge zwischen Werbung und dem redaktionellen Umfeld. Als Untersuchungsinstrument dient eine Inhaltsanalyse. Nach Früh (2007: 27) ist die Inhaltsanalyse eine «empirische Methode zur systematischen, intersubjektiv nachvollziehbaren Beschreibung inhaltlicher und formaler Merkmale von Mitteilungen, meist mit dem Ziel einer darauf gestützten interpretativen Inferenz auf mitteilungsexterne Sachverhalte». Systematisch ist dahingehend zu verstehen, dass eine Inhaltsanalyse «einerseits auf eine klar strukturierte Vorgehensweise beim Umsetzen der Forschungsaufgabe in eine konkrete Forschungsstrategie und andererseits auf deren konsequente, durchgängig invariante Anwendung auf das Untersuchungsmaterial» basiert (ebd.: 39). Darüber hinaus ist nicht eine Objektivität im Sinne einer vom Beobachter unabhängigen, stets gleichartig ausfallenden Wahrnehmung anzustreben, sondern eine intersubjektiv nachvollziehbare Wahrnehmung. Eine Beobachtung also, die «über das einzelne Individuum hinaus – also intersubjektiv – anhand genauer Regeln zu ähnlichen Wahrnehmungen gelangt» (Rössler 2005: 21).

Nicht zuletzt ist die Inhaltsanalyse aber auch eine Methode «zur Erhebung sozialer Wirklichkeiten, bei der von Merkmalen eines manifesten Textes auf Merkmale eines nicht-manifesten Kontextes geschlossen wird (Merten 1995: 19). Dies spielt in dieser ersten Teilstudie, aber auch in der der darauffolgenden Analyse der Berichterstattung über die Anzeigenkundeneinflüsse, eine erhebliche Rolle. Im Vordergrund steht dabei der Rückschluss vom redaktionellen Output auf den Kommunikator, zumal die untersuchten Texte das Ergebnis von journalistischen Handlungen und (Selektions-)Entscheidungen sind.

Diese Vorgehensweise birgt auch Risiken: «Schliesst man nur aufgrund der Veröffentlichungen auf die Entscheidungskriterien der Kommunikatoren rück, werden eine ganze Reihe von Einflüssen nicht berücksichtigt» (Rössler 2005:

30). Dazu gehören beispielsweise äussere Zwänge, die in einer Zeitungsredaktion auftauchen können, wie Zeitdruck oder Platzmangel. Gleichwohl scheint die Inferenz auf den Kommunikator in diesem Fall zulässig, sind die redaktionellen Texte und die darin vorkommenden Bewertungen doch das Resultat journalistischen Handelns. Und genau dieses journalistische Handeln – und ein möglicher Einfluss von Seiten der Anzeigenkunden – steht im Zentrum dieser Studie. Darüber hinaus fokussiert die Untersuchung nicht auf einzelne Journalisten, sondern auf Redaktionen. Dies verringert die Inferenzproblematik ebenfalls, da keine Aussagen über einzelne Individuen und deren Intentionen, sondern über eine Organisation als Ganzes getroffen werden (vgl. Andresen 2006: 93).

Weitere Kontextvariablen (Zeitungstypus, Publikationsrhythmus, Untersuchungszeitraum, Verbreitungsgebiet etc.), die ebenfalls einen Einfluss auf die redaktionelle Berichterstattung haben könnten, wurden so gut wie möglich vereinheitlicht, um deren Einfluss zumindest konstant zu halten. Darüber hinaus soll ein präziser Gegenstandsbezug – abgesehen von einer grossen Materialbasis und der Vollerhebung aller Gratiszeitungen – die Adäquatheit der Methode noch weiter bestärken. Das Analyseverfahren entspricht somit, wie dies Mayring (2003: 44) voraussetzt, den Erfordernissen der konkreten Studie.

Die Basis der ersten Inhaltsanalyse bildet ein Codebook, das mittels zahlreicher Kategorien die Bezüge zwischen Anzeigen und redaktionellem Kontext analysiert.[44] Es geht also darum, Werbung in konkret erfassbare Kategorien zu unterteilen, die eine möglichst detaillierte Analyse ermöglichen. Diese Teilstudie orientiert sich in diesem Zusammenhang an der I/P-Matrix von Siegert und Brecheis (2005: 176) bzw. an zwei idealtypischen Kategorien der (Print-)Werbung: getrennt ausgewiesene Werbung und Werbung mit inhaltlichen und redaktionellem Kontext, der aber weiterhin von diesem getrennt ist. Darüber hinaus untersucht die Teilstudie auch die Eigenwerbung der Medien. Der Kriterienkatalog umfasst demzufolge:

- *Getrennt ausgewiesene Werbung:* Diese Werbeform ist nach wie vor der Prototyp der Werbung. Einerseits wird sie zusammen mit einem redaktionellen Teil über die Massenmedien – in diesem Fall über Printmedien – verteilt. Andererseits ist sie deutlich vom redaktionellen Teil getrennt. Im weitesten Sinne geht es bei der getrennt ausge-

[44] Das Codebook findet sich im Anhang A1 der Studie.

wiesenen Werbung um Wirtschaftswerbung, oder konkreter, um *Absatzwerbung* (vgl. Siegert/Brecheis 2005: 27). Das klassische Werbemittel bei getrennt ausgewiesener Werbung ist die *Anzeige.*

- *Werbung mit redaktionellem und inhaltlichem Kontext (hybride Werbeformen):* «Programmintegrierte Werbung oder hybride Werbeformen bezeichnen diejenige Werbung, die als solche nur noch bedingt oder überhaupt nicht mehr erkennbar ist» (Siegert/Brecheis 2005: 37). Oft ist sie «thematisch nahtlos in die redaktionellen Umfelder eingebettet, imitiert redaktionelle Teile in Inhalt und Gestaltung oder ersetzt sie. Die beworbenen Objekte werden gezielt in Sendungsabläufe oder redaktionelle Kontexte integriert und können deren Ablauf, Struktur und Dramaturgie beeinflussen» – bis hin zur Gestaltung von «werbefreundlichen Umfeldern» (ebd.: 39). Hybride Werbeformen können beispielsweise Advertorials, Publireportagen, Sponsoring, redaktionelle Hinweise oder Preisausschreiben sein.[45]
- *Eigenwerbung und Selbstthematisierung:* Wie Siegert und Pühringer (2001: 260) vermerken, nutzen Medienorganisationen ihr selbstproduziertes Angebot, ihre Programme und ihre Kontaktmöglichkeiten um Aufmerksamkeit in ihrem eigenen Interesse werblich zu bündeln. Das «Eigen-» der Werbung bezeichnet in diesem Zusammenhang nicht die beworbene Sache, sondern die Tatsache, dass das eigene Medium für die werblichen Botschaften benützt wird. Die Eigenwerbung entzieht sich oft einer präzisen Klassifikation, zumal sie als redaktioneller Verweis, Medien-PR oder Anzeigen sehr häufig hybriden Charakter hat. Trotzdem liegt die Vermutung nahe, dass Medienorganisationen Eigenwerbung betreiben: «But within the framework of a commercialized media system, media firms can be expected to use all possible means to address their commercial advertising interests» (Siegert 2008: 17)

Die journalistische Berichterstattung spielt in dieser ersten Teilstudie eine untergeordnete Rolle. Dagegen fungieren Kategorien, welche Werbeformen als Untersuchungsgegenstand haben, als zentrale Analyseinstanzen. Auch die Werbefläche spielt eine wichtige Rolle, da sie den Ausgangspunkt für die zweite Teilstudie darstellt. Das so errechnete Werbevolumen ist wichtig, um

[45] Die einzelnen Werbeformen werden im Codebook näher beschrieben.

diejenigen Unternehmen zu eruieren, die häufig Werbung schalten und deshalb über ein erhöhtes Steuerungspotential gegenüber den Redaktionen verfügen könnten.

Samplebildung und Stichprobe

Bei der Definition des Untersuchungsgegenstandes wurde darauf geachtet, ein umfassendes Bild der Grundgesamtheit, also aller Gratiszeitungen, zu erreichen. Aus diesem Grund bietet sich auf der Ebene der Auswahleinheit eine Vollerhebung an. Das Sample umfasst alle in der Deutschschweiz zum Zeitpunkt der Untersuchung präsenten Gratiszeitungen, also 20 Minuten, Heute, NEWS, .ch und Cash Daily. Bei allen Gratiszeitungen wird jeweils die Zürcher Ausgabe analysiert, um mögliche Verzerrungen zu vermeiden, die auf unterschiedliche regionale Werbebuchungen oder Berichterstattungen zurück zu führen wären. Ausserdem sind (bzw. waren) alle Medienunternehmen, zu denen die Gratiszeitungen gehörten, in Zürich beheimatet.

Als zusätzliches Vergleichsobjekt dient der Tages-Anzeiger. Als traditionelle Abonnementszeitung, die sich über den Verkauf mitfinanziert, verfügt sie über ein gänzlich unterschiedliches Finanzierungsmodell. Darüber hinaus handelt es sich beim Tages-Anzeiger um eine Forumszeitung, die sich nicht ausschliesslich auf einen Berichterstattungstyp wie den Boulevard konzentriert. Zwar ist die Zeitung regional vor allem in der Stadt Zürich verankert, hat aber über die Stadt- und Kantonsgrenzen hinaus auch eine überregionale Ausstrahlung, die Tamedia auch immer wieder betont.[46] Der Tages-Anzeiger verfügt somit durchaus über das Prädikat «Qualitätszeitung», was auch durch mehrere gewonnene Journalistenpreise deutlich wird.

Mit Hilfe des Tages-Anzeigers soll untersucht werden, ob sich zwischen Gratis- und Bezahlzeitungen Unterschiede hinsichtlich der Bezüge zwischen Werbung und redaktionellen Inhalten feststellen lassen. Bei der Auswahl der Vergleichspublikation spielte aus diesem Grund nicht nur der Erscheinungsort- bzw. der Einzugsraum eine erhebliche Rolle, sondern auch die Art der Bericht-

[46] Siehe z.B. die Medienmitteilung über die Einstellung der vier regionalen Split-Ausgaben des Tages-Anzeigers und der Neuausrichtung der unternehmenseigenen Regionalzeitungen: http://www.tamedia.ch/de/pressekontakt/medienmitteilungen/2012/pressrelease/dominique_hiltbrunner_uebernimmt_beteiligung_der_espace_media_ag_am_schweizer_bauer (27.08.2012).

erstattung. Als Forumszeitung erscheint der Tages-Anzeiger gegenüber Boulevardtiteln wie dem Blick geeigneter, um Unterschiede bezüglich der Qualität der Berichterstattung – im Sinne der Unabhängigkeit von Anzeigenkunden – herauszuarbeiten.

Ausserdem eignet sich der Tages-Anzeiger für die Studie, da er wie die untersuchten Gratiszeitungen einen starken Bezug zur Stadt Zürich aufweist. Darin unterscheidet er sich substanziell von anderen überregionalen Zeitungen wie die Neue Zürcher Zeitung, die zwar ebenfalls in der Stadt Zürich beheimatet ist, aber im Gegensatz zum Konkurrenzblatt weit weniger Regionalnachrichten publiziert.

Um die Hypothesen der ersten Teilstudie zu überprüfen, wird eine standardisierte Inhaltsanalyse der sechs ausgewählten Tageszeitungen durchgeführt. Erhoben werden drei natürliche Wochen vom 18. Februar 2008 bis zum 07. März 2008. Der Zeitraum für die Untersuchung ist so gewählt, dass die Untersuchung auf zwei Monate mit eher durchschnittlichem Werbeaufwand entfällt. Dadurch sollen saisonale Schwankungen ausgeglichen werden, sodass sich die Analyse nicht nur auf Monate mit ausserordentlich hohen Werbeinvestitionen beschränkt, die die Ergebnisse verzerren könnten. Es fallen auch konkrete Ereignisse wie die Bankenkrise – insbesondere bezüglich der UBS – sowie ein Streikfall im Zusammenhang mit dem geplanten Stellenabbau bei den SBB in den Untersuchungszeitraum. Diese sind vor allem hinsichtlich des Krisenmanagements interessant, da – wie Kolb und Woelke in ihrer Studie (2010: 63) betonen – ein Unternehmen gerade in Krisensituationen eher zu riskanten Mitteln greifen könnte, um weitere negative Schlagzeilen zu vermeiden. Die Stichprobe verzichtet aus diesem Grund auch bewusst auf künstliche Wochen, damit Werbekampagnen (aber eben auch die kontinuierliche Thematisierung eines Ereignisses), die sich über Tage und Wochen erstrecken, in die Untersuchung einfliessen können.

Das Untersuchungssample besteht aus Zeitungen unterschiedlicher Formate. Um Verzerrungen in dieser Hinsicht zu vermeiden, wandelt die Studie die Werbefläche in einen Index um, so dass die Werbevolumina anschliessend vergleichbar sind. Dieser Werbeindex wird wie folgt berechnet:

$$WI = \sum F_{AU} / F_{SP}$$

Dabei bedeutet $\sum F_{AU}$ die Summe der geschalteten Anzeigenfläche eines Unternehmens und F_{SP} den Seitenspiegel einer Zeitung. Dieser berechnet sich aus der Höhe und Breite der bedruckbaren Fläche. Indem die gesamte Anzeigenfläche eines Unternehmens durch den Seitenspiegel geteilt wird, erhält man einen Werbeindex WI. Dieser dient nicht nur als Grundlage für Vergleiche zwischen den Zeitungen, sondern auch als Ausgangslage für die Berechnungen hinsichtlich des Anzeigenkundeneinflusses. Mit anderen Worten: Je grösser der Werbeindex, desto wichtiger ist der Anzeigenkunde.

Es werden nur Unternehmen bzw. Produkte der fünf grössten Werbeinvestoren (Produktgattungen: Händler und Grossverteiler, PKW, Banken und Versicherungen, Telekommunikation und Mobile, Elektronik) sowie vier Untergruppen (Verkehr, Bekleidung, Uhren/Schmuck und Accessoires, Kosmetik) analysiert.[47] Der Grund hierfür liegt darin, dass Unternehmen, die wichtige Werbetreibende sind oder wesentlich zur Medienfinanzierung beitragen, über einen deutlicheren Machtvorteil gegenüber den Medien verfügen. In Tabelle 1 sind alle erhobenen Unternehmen der ersten Teilstudie ersichtlich.

Beim Untersuchungsgegenstand handelt es sich um Werbung, die Untersuchungseinheit (UE) ist deshalb «die Anzeige» in all ihren Variationen. Kodiert werden demgemäss alle «Anzeigen»:

- dazu gehören Anzeigen, Anzeigenstrassen, Mantel(-anzeigen), Advertorials, CI/CD-basierte Advertorials, PR-Inserate, Sponsoring und Unterbrecherwerbung;
- dazu gehören *nicht*: beigelegte Prospekte, Folder, Blätter oder ähnliche Werbemittel, Stellen-, Bildungs- oder Marktplatzanzeigen sowie Kino- und Fernsehprogramme, die in einer Zeitung vorkommen.

[47] Als Basis für die Auswahl dient die Analyse der grössten Werbeinvestoren von Nielsen Media Research (vgl. Media Focus Werbetrend, «Die grössten Werbungtreibenden der Schweiz»).

Tabelle 1: Werbetreibende Unternehmen

Händler und Grossverteiler	**PKW**	**Banken und Versicherungen**	**Telekommunikation und Mobile**	**Elektronik**
Migros	Opel	UBS	Swisscom	Media Markt
Coop	Toyota	Credit Suisse	Orange	Fust
Nestlé	VW	ZKB	Sunrise	Interdiscount
Jelmoli	Renault	Bank Vontobel	Tele 2	Ricardo.ch
Spar	Peugeot	Raiffeisen Bank	Die Post	Microsoft
Denner	Citroën	ABN AMRO	Yallo	Dell
Aldi Schweiz	Mercedes	SwissLife	Nokia	
Manor	BMW	Helvetia	Samsung	
	Fiat	VP Bank	Sony Ericsson	
Verkehr	**Bekleidung**	**Uhren, Schmuck und Accessoires**	**Kosmetik**	**(Fremd-medien)**
SBB	C&A	Blackout	L'Oréal	Blick
ZVV	H&M		Body Shop	Tages-Anzeiger
	Globus		Lancôme	NZZ
				Weltwoche
				20 Minuten
				Heute
				CashDaily
				.ch
				NEWS

Quelle: eigene Darstellung

Alle Objekte, die den oben genannten Kriterien nicht entsprechen, werden in der vorliegenden Studie nicht als «Anzeige» betrachtet und somit auch nicht kodiert. Die Analyse umfasst die ganzen Zeitungen, sodass keine Rubrik ausgeschlossen wird. Redaktionelle Inhalte werden in dieser Teilstudie nicht berücksichtigt. Journalistische Beiträge fliessen nur so weit in die Studie mit ein, als sie einen Bezug – formal oder thematisch – zu einer Anzeige aufweisen.

Der Reliabilitätstest fand mit Hilfe von 30 zufällig ausgewählten Anzeigen statt. Die dabei untersuchten Anzeigen waren, worauf Rössler (2005: 169) mit Nachdruck hinweist, nicht Teil der nachträglichen Erhebung. Der Pretest des Codebuchs wurde durch ein halbes Dutzend deutschsprachiger Studenten der Universitäten Lugano und Zürich durchgeführt.[48] Diese erhielten vorab eine

[48] Der Autor dankt den folgenden (ehemaligen) Studenten Valentina Anderegg, Rahel Aschwanden, Daniel Braun, Valentin Hasler, Sebastian Knebel sowie Irina Lock für die Hilfe.

Codierschulung durch den Autor dieser Studie. Die Anzeigen für den Pretest unterschieden sich bezüglich Fläche, Typ und Bezug zum redaktionellen Kontext, sodass sich die Studenten mit einer grossen Zahl unterschiedlicher Testobjekte befassen mussten. Aufgrund der Rückmeldungen wurde das Codebuch nach dem Testlauf durch weitere Beispiele und Codieranweisungen, speziell bei der Zuweisung des Anzeigentyps und der Analyse der Gestaltung des redaktionellen Kontextes ergänzt um weiteren Missverständnissen vorzubeugen. Die formale Einordnung der Anzeigen erfolgte sicher, die Zuordnung der einzelnen Werbe(-sonderformen) zufriedenstellend (Krippendorffs Alpha 0.74) und die Bewertung der Bezüge zwischen Anzeigen und redaktionellem Kontext gut (0.85).[49] Die konkrete Codierung des Materials wurde danach vom Autor selber durchgeführt. Damit ist sichergestellt, dass die Codierung einheitlich wird und im Sinne des für die Untersuchung erarbeiteten Codebooks erfolgt.

Datenerhebung und Auswertung

Die standardisierte Inhaltsanalyse erfolgt anhand eines Codebuches, das insgesamt 15 Variablen umfasst. Die Analyse ist in drei Teile unterteilt, wobei sich der erste auf die formalen Aspekte der Anzeigen wie Datum, Fläche, Platzierung oder werbetreibendes Unternehmen konzentriert. Im zweiten Teil geht es um die formale Bestimmung der Werbeform, während der dritte und letzte Teil die Einbettung in den redaktionellen Kontext sowie die Beziehung zwischen kommerziellem und redaktionellem Teil behandelt. Die Analyse wurde direkt an den Zeitungen vorgenommen, die vorab für den ausgewählten Zeitraum gesammelt wurden. Die Datenerfassung erfolgt in der Auswertungssoftware SPSS. Das Statistikprogramm diente im Anschluss an die Kontrolle der Datensätze im Hinblick auf Eingabefehler auch zur Auswertung.

[49] Im Anhang A2 findet sich die vollständige Liste mit den Testergebnissen zu jeder einzelnen Variable.

6.2.2 Teilstudie B: Berichterstattungsanalyse

Eine Analyse der (Sonder-)Werbeformen und der Bezüge zwischen Anzeigen und redaktionellem Kontext können erste Anhaltspunkte über die Trennung von journalistischen und kommerziellen Inhalten liefern. Trotzdem bleibt die erste Teilstudie in ihrer Aussagekraft beschränkt, da sie zwar Ergebnisse über die *Bezüge* liefert, die konkrete journalistische Berichterstattung über die Werbekunden allerdings nicht erfasst. Um das Steuerungspotential von Seiten der werbetreibenden Unternehmen zu eruieren, ist eine Analyse der Unternehmensberichterstattung notwendig. Die zweite Teilstudie knüpft somit unmittelbar an die erste Teilstudie an und analysiert die journalistische Berichterstattung über ausgewählte Unternehmen vor dem Hintergrund des Werbeaufwandes.

Erhebungsinstrument

Das Erhebungsinstrument dieser zweiten Teilstudie ist ebenfalls eine standardisierte Inhaltsanalyse. Auf eine weitere *grundsätzliche* Definition und Beschreibung des Erhebungsinstruments wird verzichtet, da dies bereits hinsichtlich der ersten Teilstudie geschah. Trotzdem sollen die beiden nachfolgenden Absätze kurz die Vorzüge der Inhaltsanalyse als sozialwissenschaftliche Methode zur Erfassung und Beschreibung von journalistischen Entscheidungsprozessen diskutieren.

Scholl (1997: 472) betont bei seiner Analyse des Journalismus als Gegenstand empirischer Forschung, dass es mithilfe von Inhaltsanalysen möglich ist, Faktoren zu erforschen, die typisch für die journalistische Produktion massenmedialer Aussagen (Selektionsregeln oder Themenkarrieren) sind. Diese methodische Vorgehensweise erscheint umso plausibler, da die journalistischen Kommunikationsabsichten oder Kommunikationszwecke gerade *nicht* unabhängig vom Inhalt – zum Beispiel in der Form von Motiven durch eine Befragung – erhoben werden sollen bzw. können. Die Kommunikationsabsichten der Journalisten müssten, so Scholl (2003: 47), als bereits realisierte Inhalte interpretiert werden.

Da das Forschungsinteresse dieser Arbeit vor allem auf die Ergebnisse journalistischer Entscheidungsprozesse abzielt, bietet sich eine Inhaltsanalyse als geeignetes methodisches Vorgehen an. Trotzdem ist der Schluss von manifesten auf nicht-manifeste Aspekte nicht problemlos möglich. Zwar lässt die Inhaltsanalyse indirekte Schlüsse auf die Aussagenentstehung zu, aber es können keine direkten Nachweise über die Entscheidungsprozesse und -bedingungen des Journalismus erbracht werden (vgl. Scholl/Weischenberg 1998: 60). Dafür müssten zusätzlich zu inhaltsanalytischen Verfahren Befragungen oder Beobachtungen durchgeführt werden. Auf diese Weise könnten die inhaltsanalytischen Ergebnisse besser interpretiert und in den redaktionellen Kontext eingebettet werden. Diese Methoden geben zwar Hinweise auf die Entstehungsprozesse und die Aussagenproduktion, sind aber nicht geeignet, die tatsächlichen Einflüsse dieser Bedingungen auf die Berichterstattung zu messen und zu bewerten (ebd.: 60). Daraus folgt, dass die beiden methodischen Vorgehensweisen hinsichtlich ihrer Vor- und Nachteile komplementär sind.

Die hier durchgeführte Studie konzentriert sich auf die Analyse massenmedialer Inhalte, um die in den Inhalten realisierten, personenunabhängigen Kommunikationsabsichten zu untersuchen. Mit anderen Worten: Es interessieren die Ergebnisse der Aussagenproduktion im Hinblick auf Anzeigenkunden, zumal diese von den Lesern als «neutrale» öffentliche Kommunikation rezipiert werden. Eine Befragung von Journalisten sieht diese Studie nicht vor, da die Ergebnisse der Inhaltsanalyse mit den zahlreichen, bereits bestehenden und umfangreicheren Befragungen von Journalisten (z. B. Soley/Craig 1992; Weber 2000) auch in der Schweiz (Keel 2011; Marr et al. 2001; Meier 2006), verglichen werden können.

Samplebildung und Stichprobe

Auf der Ebene der Auswahleinheit nimmt diese Teilstudie eine Vollerhebung vor, indem das Sample die gleichen Gratiszeitungen *(20 Minuten, Heute, NEWS, .ch und Cash Daily*) sowie eine traditionelle Bezahlzeitung (*Tages-Anzeiger*) umfasst. Der Untersuchungszeitraum umfasst dieselben drei Wochen aus der ersten Teilstudie. Diesen drei Wochen fügt die Berichterstattungsanalyse allerdings noch je eine Woche vor und eine Woche nach der Werbeanalyse hinzu. Damit vergrössert sich nicht nur die Anzahl Artikel. Es lassen sich auch etwaige Berichterstattungstendenzen in die Analyse aufnehmen, die durch vor- oder nachgelagerte Ereignisse auftreten können. Der Untersuchungszeitraum für die Analyse der Unternehmensberichterstattung erstreckt sich demzufolge vom 11. Februar 2008 bis zum 14. März 2008.

Die Wahl natürlicher Wochen ist auch in dieser Studie von erheblicher Bedeutung: Dadurch lassen sich Werbekampagnen und Berichterstattung kombinieren. Zwar kann es so zu einer Überrepräsentation von Unternehmen in der Berichterstattung kommen, andererseits besteht dank der Vergleichsmöglichkeit mit den anderen untersuchten Blättern die Möglichkeit der Kontrolle von unterschiedlichen Berichterstattungsmustern. Die zeitgleiche Untersuchung der Berichterstattung aller Printmedien ermöglicht auch eine vergleichende Analyse der Themenselektion sowie der unterschiedlichen Deutungsrahmen.

Es werden nur Unternehmen der folgenden Branchen untersucht: Händler und Grossverteiler, Banken, Telekommunikation und Mobile sowie Verkehr. Die Auswahl der Branchen erfolgte aufgrund der in der ersten Teilstudie erhobenen Werbeflächen der einzelnen Branchen. Die zweite Teilstudie konzentriert sich demzufolge auf die Berichterstattung der werbeintensivsten Branchen bzw. auf ausgesuchte Unternehmen dieser Sektoren. Tabelle 2 gibt Auskunft über die für die Studie relevanten Unternehmen.

Tabelle 2: Untersuchte Unternehmen

Händler und Grossverteiler	**Banken**	**Telekommunikation**	**Verkehr**
Migros	UBS	Swisscom	SBB
Coop	Credit Suisse		

Quelle: eigene Darstellung

Beim Untersuchungsgegenstand handelt es sich um journalistische Berichterstattung in Form von journalistischen Beiträgen. Die Analyseeinheit ist der einzelne Artikel. Die Ergebnisinterpretation geht somit nicht auf einzelne Aussagen unterhalb der Artikelebene ein, zumal es primär um die generelle Valenz innerhalb der untersuchten Beiträge geht und nicht um die semantische Analyse einzelner Aussagen. Trotzdem sind einzelne Argumente bzw. Wertungen wichtig für die Analyse, da sie darüber befinden, wie der Beitrag in seiner Gesamtheit auf die Rezipienten einwirkt. Diese Vorgehensweise scheint aus Publikumssicht gerechtfertigt, da sich die Rezipienten tendenziell einen globalen Eindruck vom gelesenen Artikel machen und sich nicht jedes einzelne Argument des Beitrages merken. Dafür müssen sie allerdings die Argumente und

Bewertungen gegeneinander abwägen und einen Schluss daraus ziehen. Um diese Tendenz in den Artikeln zu erfassen, muss der Codierer sich einen Gesamteindruck bilden, unterschiedliche Sachverhalte gewichten, zueinander in Beziehung setzen und abschliessend eine abgewogene Bewertung abgeben (Rössler 2005: 147). Codiert werden demnach alle Artikel:

- dazu gehören redaktionelle Beiträge in verschiedenen Formen wie Nachrichten, Berichte, Reportagen, Kommentare, Features, Kurzmeldungen u.Ä.
- dazu gehören <u>nicht</u> Leserbriefe, Gegendarstellungen, Richtigstellungen, kalendarische Überblicke, chronologische Darstellungen u.Ä.
- die in einer der zum Sample gehörenden Zeitung vorkommen und
- die eines der Schlüsselwörter (Namen der Unternehmen) der Suche enthalten.[50]

Untersuchungsebene ist die ganze Zeitung. Bilder und Fotografien fliessen ebenfalls in die Analyse ein. Dabei stehen die abgebildeten Akteure bzw. Logos im Vordergrund. Die Bildanalyse soll weitere Kontextinformationen über die Berichterstattung in Bezug auf die ausgewählten Unternehmen liefern.

Der Reliabilitätstest wurde anhand von 30 zufällig ausgewählten Artikeln durchgeführt, wobei auch hier für die Schulung kein Material verwendet wurde, das später Gegenstand der Auswahleinheit war. Die formale Einordnung der Beiträge erfolgte sicher, die thematische Zuordnung akzeptabel. Die Bewertung der Valenz fiel sowohl für die Kategorie der dargestellten Fakten (Krippendorffs Alpha 0.86) als auch für die eigenen und referierten Bewertungen gut aus (0.81). Die Bewertung der Produktberichterstattung ist genügend (0.61).[51] Auch in diesem Fall wurde die konkrete Codierung des Materials vom Codierer selbst durchgeführt.

---

[50] Die ausgewählten Unternehmen müssen zentrales Thema der Beiträge sein. Artikel, in denen nur der Name des Unternehmens fällt, ohne dass diese eine zentrale Rolle spielen, werden aussortiert.

[51] Im Anhang A4 findet sich die vollständige Liste mit den Testergebnissen zu jeder einzelnen Variable.

Datenerhebung und Auswertung

Die zweite Inhaltsanalyse erfolgt anhand eines Codebuches, das aus insgesamt 17 Variablen besteht. Das Codebuch ist in drei Teile unterteilt: Die Analyse der journalistischen Berichterstattung konzentriert sich auf die formale, inhaltliche und die wertende Ebene. Insbesondere die thematische (inhaltliche) Ausrichtung der Beiträge sowie die Valenz (Tenor, wertende Ebene) der Berichterstattung sollen dabei aufschlussreiche Daten über den Anzeigenkundeneinfluss liefern.

Die Artikelsuche in den besagten Blättern erfolgte über zwei Datenbanken (Swissdox und Factiva). Durch die doppelte Kontrolle reduziert sich auch das Risiko, Beiträge, die in den Datenbanken nicht erfasst sind, zu übergehen. Wo dies nicht möglich ist, namentlich bei der Gratiszeitung *.ch*, erfolgt eine klassische Durchsicht der gesammelten Zeitungsausgaben. In der elektronischen Datenbank erfolgt die Suche mittels Schlüsselwörtern bzw. über die Namen der einzelnen Unternehmen. Bei *.ch* sah das Vorgehen für die Erfassung von relevanten Beiträgen jeweils zwei Durchsichten des gesamten Materials vor, um ein «Überlesen» relevanter Artikel zu vermeiden. Die Datenerfassung erfolgt auch in dieser Teilstudie direkt in der statistischen Auswertungssoftware SPSS. Nach der abgeschlossenen Eingabe wurde der Datensatz auf Unregelmässigkeiten geprüft und, wo nötig, bereinigt. Die Datenauswertung erfolgte mit Hilfe des Statistikprogrammes SPSS.

Bezüglich der Interpretation der Daten bleibt zu erwähnen, dass den zuvor beschriebenen Einschränkungen der Untersuchungsmethode Rechnung getragen wird, indem eindeutige und klar zu interpretierende Ergebnisse nötig sind, um eine Einflussnahme seitens der werbetreibenden Unternehmen zu bestätigen. Dabei müssen jedoch die unterschiedlichen Analyseebenen (formal, inhaltlich und wertend) der Studie zueinander in Beziehung gesetzt werden, um eine abschliessende Beurteilung – sowohl aus quantitativer als auch aus qualitativer Perspektive – der Ergebnisse zu erlauben. Der Umkehrschluss zu den oben aufgestellten Bedingungen bedeutet demnach, dass bei Ergebnissen, die keine eindeutigen Trends erkennen lassen, kein direkter oder indirekter Einflussversuch seitens der Anzeigenkunden auf den redaktionellen Inhalt zu vermuten ist (vgl. Kolb/Woelke 2010: 11).

7 Ergebnisse der Teilstudie A: Werbeanalyse

7.1 Datenmaterial der Untersuchung

Die erste Teilstudie analysiert primär das Werbeaufkommen in sechs ausgesuchten Tageszeitungen. Der Datensatz der Werbeanalyse umfasst insgesamt 912 Anzeigen. Dabei entfallen 268 Anzeigen auf den Tages-Anzeiger, 237 auf 20 Minuten, 129 auf Heute, 118 auf NEWS, 116 auf Cash Daily und 44 auf .ch. Aufgrund der Anzeigenzahl könnte man nun vermuten, dass der Tages-Anzeiger über das grösste Werbeaufkommen verfügt. Schliesslich handelt es sich bei der Bezahlzeitung auch um das Blatt mit dem grössten Format.[52]

Vergleicht man nun die einzelnen Zeitungen anhand des Seitenspiegels, zeigt sich, dass eine grossformatige Zeitung wie der Tages-Anzeiger zwar mit Abstand über die grösste potentielle Werbefläche verfügt (da er durchschnittlich auch mehr Seiten hat), nicht aber über die meisten Anzeigenseiten (siehe Abbildung 13). Die grösste Zahl an Anzeigenseiten finden sich bei der Pendlerzeitung 20 Minuten, während der Tages-Anzeiger in Bezug auf das Werbeaufkommen nur an zweiter Stelle steht. Die beiden Titel sind gleichzeitig auch die auflagenstärksten Blätter dieser Studie. Zusammen mit der jüngsten Pendlerzeitung NEWS sind die drei Titel im Besitz des Medienunternehmens Tamedia. Diese Besitzverhältnisse belegen bereits 2008 die dominante Stellung Tamedias auf dem Zürcher Pressemarkt.

Den beiden Blättern des Medienhauses Tamedia folgt Heute, das Anfang 2008 über die dritthöchste Auflage verfügte. Cash Daily verfügt über fast gleich viele Anzeigenseiten wie Heute – beide gehörten dem Medienhaus Ringier an. Dies überrascht insofern, dass die kostenlose Wirtschaftszeitung mit knapp 111.000 Exemplaren die kleinste Auflage präsentierte. Die starke Fokussierung auf Wirtschaftsberichterstattung dürfte auch eine kleinere Varianz bei den Anzeigenkunden mit sich bringen, da vermutlich mehrheitlich Unternehmen aus dem Finanzsektor inserierten. Es erstaunt deshalb umso mehr, dass

[52] Dabei handelt es sich um das so genannte «Schweizer Format» von 320mm Breite x 470mm Höhe. Die Tabloidformate der Pendlerzeitungen variieren leicht, orientieren sich aber am «Halben Schweizer Format» von 240mm Breite x 330mm Höhe.

Cash Daily fast gleich viele Anzeigenseiten wie das Boulevardblatt Heute aufwies.

Abgeschlagen auf dem letzten Platz liegt .ch. Der Grund für die geringe Anzahl an Anzeigenseiten dürfte auf zwei Faktoren zurückzuführen sein: .ch erschien erstmals im September 2007, nur rund sechs Monate vor der Stichprobe dieser Studie. Die Startauflage betrug eindrückliche 435.000 Exemplare. Das Werbeaufkommen entsprach aufgrund des allgemeinen Anzeigenrückganges von Beginn weg nicht den Erwartungen, sodass die Auflage und die Leserzahlen bis zum Relaunch im Oktober 2008 kontinuierlich sanken. Der zweite Grund für die wenigen Anzeigenseiten dürfte das Konkurrenzblatt NEWS sein. Das kurz nach .ch lancierte Pendlerblatt von Tamedia war von Anfang an als Gegenprojekt konzipiert.

Abbildung 13: Anzahl Anzeigenseiten pro Titel

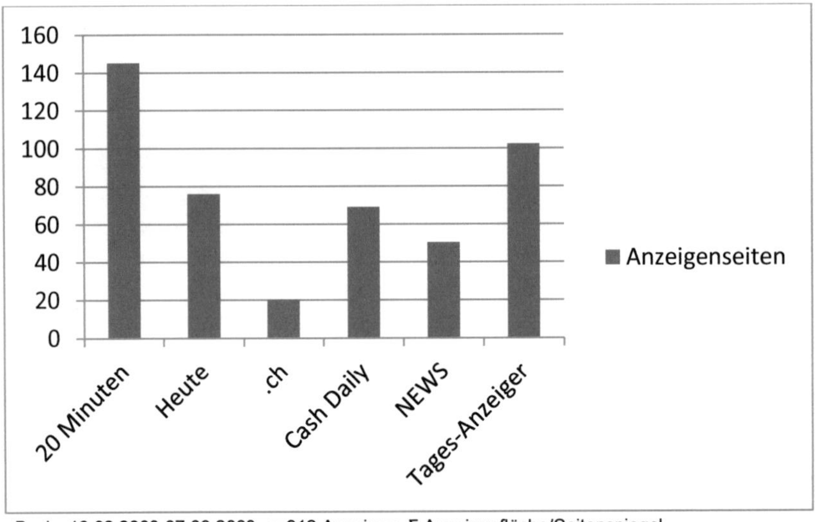

Basis: 18.02.2008-07.03.2008, n=912 Anzeigen, Σ Anzeigenfläche/Seitenspiegel

Interessant ist ein Vergleich der Anzeigenentwicklung von 20 Minuten und dem Tages-Anzeiger (siehe Abbildung 14). Besonders in der ersten und in der letzten Woche der Untersuchungsperiode verläuft die Entwicklung der Anzeigenseiten annähernd parallel. Beide Blätter gehören zwar dem Medienunternehmen Tamedia, doch zum Zeitpunkt der Untersuchung bot der Verlag kein

Anzeigenkombi an. Im Gegenteil: Eine Anzeigenkombination bestand nur zwischen NEWS und dem Anzeigenkombi Metropool (Tages-Anzeiger, Basler Zeitung und Berner Zeitung), die zusammen auf annähernd 1,7 Millionen Leser kamen. Der Marktführer 20 Minuten konnte zwar über verschiedene Verteilgebiete gebucht werden, aber nicht in Kombination mit dem Tages-Anzeiger.

Abbildung 14: Anzeigenverlauf in der Untersuchungsperiode

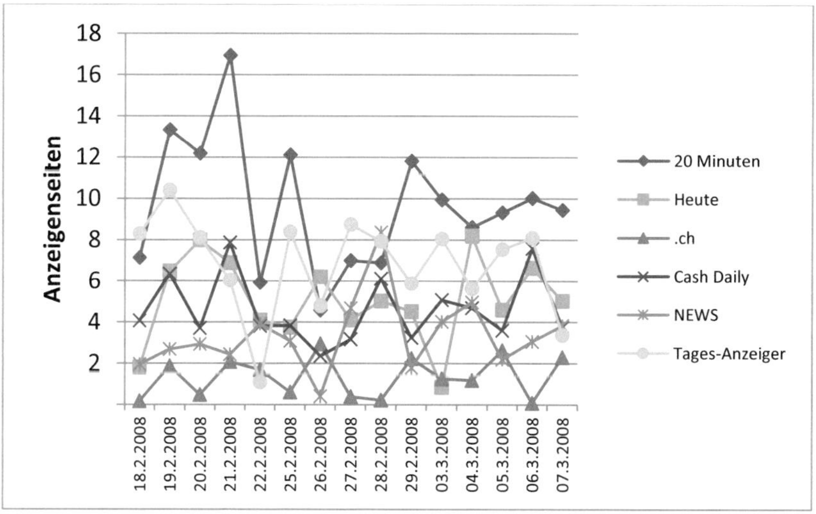

Basis: 18.02.2008-07.03.2008, n=912, Anzeigenseiten sind formatbereinigt

Es lässt sich deshalb nur spekulieren, weshalb sich die Anzahl der Anzeigenseiten ähnlich entwickelt. Der parallele Verlauf könnte auf eine unternehmensinterne Strategie hinsichtlich der Anzeigenkoordination oder -vermarktung hinweisen. Mit abschliessender Sicherheit lässt sich dies über eine Analyse der Medieninhalte allerdings nicht feststellen. Es ist allerdings zu vermuten, dass diesem Sachverhalt auch über eine Befragung der zuständigen Personen innerhalb der Medienunternehmen nur schwer beizukommen ist. Den Verantwortlichen dürfte bezüglich der Querfinanzierung von Medienprodukten in einem hart umkämpften und von Konzentrationsprozessen geprägten Pressemarkt nur wenig an Transparenz gelegen sein.

Grössere Unterschiede zwischen den untersuchten Zeitungen zeigen sich auch hinsichtlich der Einbettung der Anzeigen (siehe Abbildung 15). Am häufigsten (in 261 Fällen) treten Anzeigen im Politikressort auf, gefolgt vom Wirtschaftsressort (149 Fälle) und von anderen Ressorts (110 Fälle). Die Kategorie «Anderes» ist deshalb so stark vertreten, weil sie – vor allem bei 20 Minuten, aber auch beim Tages-Anzeiger sowie bei NEWS – Anzeigen erfasst, die in spezifischen Ressorts auftreten, die es anderswo nur selten gibt. Dazu gehören kleinere Rubriken wie Auto, TV und Fernsehen sowie, speziell bei 20 Minuten, eine Seite mit Wettbewerben und zahlreichen Rätseln. Diese Seiten lassen sich nicht unbedingt den traditionellen Ressorts zurechnen.

Abbildung 15: Verteilung der Anzeigen auf Ressorts

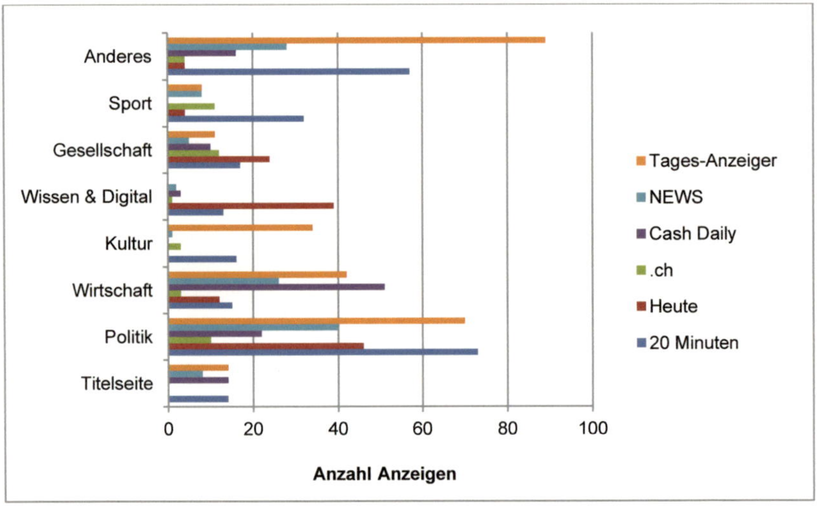

Basis: 18.02.2008-07.03.2008, n=912, Wert: Anzahl

Die Dominanz der Ressorts Politik und Wirtschaft lässt sich nicht nur dadurch erklären, dass sie zu den Kernthemen einer Zeitung gehören. Dieses Argument dürfte zwar bei einer Qualitätszeitung wie dem Tages-Anzeiger zutreffen, ist bei Gratiszeitungen aber eher fraglich. Denn diese zeichnen sich tendenziell durch eine besonders pointierte Ausrichtung auf Sport- und Human

Interest-Themen aus, sodass die politische und wirtschaftliche Berichterstattung in den Hintergrund tritt. Die journalistische Einordnung solcher Themen findet auf der Basis einer episodischen Berichterstattung nur noch marginal statt (vgl. Forschungsbereich Öffentlichkeit und Gesellschaft fög 2011: 42).

Der Grund für die häufige Platzierung von Anzeigen im Politik- und Wirtschaftsteil liegt wohl eher daran, dass die Anzeigen möglichst weit vorne in der Zeitung platziert werden. Damit steigt die Wahrscheinlichkeit, dass die Leser sie rezipieren. Dementsprechend häufen sich auch die Anzeigen auf den Titelseiten der Zeitungen – oder es kommen neuartige Werbeformen wie Mantelanzeigen hinzu. Dieser Trend erfasst auch immer häufiger Qualitätszeitungen, die bis vor ein paar Jahren noch keine Werbung auf der Titelseite zuliessen. Vor allem in den USA, ganz besonders bei der New York Times, hat die Einführung von Anzeigen auf der Titelseite ein grosses Medienecho verursacht.[53] Ähnlich erging es der Los Angeles Times, als 2010 die ganze erste Seite für eine Anzeige («cover-ad») des Films «Alice in Wonderland» zur Verfügung gestellt wurde.[54]

In der Grafik ist ersichtlich, dass sowohl Gratis- als auch Bezahlzeitungen über Anzeigen auf der ersten Seite verfügen. Vor allem die drei Blätter von Tamedia (Tages-Anzeiger, 20 Minuten, NEWS) sowie Cash Daily platzieren am häufigsten Werbung auf der Titelseite. Es ist erstaunlich, dass auf der ersten Seite (50) nicht viel weniger Anzeigen erscheinen als im Sportressort (63). Ausser bei 20 Minuten schalten die Anzeigenkunden im Sportteil generell eher wenig Anzeigen. Dies ist darauf zurückzuführen, dass der Sportteil bei den meisten Pendlerzeitungen – Heute bildete dabei eine Ausnahme – erst am Schluss der Blätter angesiedelt ist.[55]

---

[53] Vgl. dazu die Berichte von Richard Perez-Peña (2009) und, allgemein über den zunehmenden Trend der «cover ads» bei Zeitschriften, von Elliott (2009).

[54] Vgl. auch dazu einen Bericht von Perez-Peña (2010)

[55] Als der Blick 2004-2009 im kleinen Tabloidformat erschien, versuchte er diesen Effekt zu umgehen, indem er den Sportteil grafisch kurzerhand auf den Kopf stellte. Die Leser sollten die Zeitung dementsprechend einfach umdrehen können, wodurch die erste Seite der Sportrubrik zur Titelseite wurde. Das Tabloid-Projekt war allerdings nicht erfolgreich, da das Boulevardblatt mittlerweile wieder im alten Broadsheet-Format mit separatem Sport-Bund erscheint.

7.2 Charakteristika des Anzeigenaufkommens

7.2.1 Verteilung der Werbung nach Industriesektoren

Bei den beiden Marktleadern 20 Minuten und Heute machen die Händler und Grossverteiler knapp 40 Prozent der Werbeeinnahmen im untersuchten Zeitraum aus (siehe Abbildung 16). Darüber hinaus verfügte Heute über eine höheren Anteil an Anzeigen aus dem Bereich Telekommunikation im Vergleich zu 20 Minuten. Dabei handelte es sich zumeist um Werbung im Zusammenhang mit Mobiltelefonie, die explizit auf ein jüngeres Zielpublikum ausgerichtet ist. Die Anzeigenstruktur lässt darauf schliessen, dass sich Heute besonders intensiv an jüngeren Kohorten orientierte. Unterstrichen wird dieser Befund dadurch, dass der Anteil an Kleider-, Schmuck- und Kosmetikwerbung mit über zehn Prozent ebenfalls sehr hoch war im Vergleich zu anderen Medien. Dieser Werbeanteil war für Heute äusserst wichtig, allein schon deshalb, weil er nach den Grossverteilern und der Telekommunikation die drittgrössten Werbeeinnahmen sicherstellte. Dagegen wies das Ringier-Blatt, verglichen mit NEWS oder Cash Daily, nur wenig Werbung aus dem Banken- und Versicherungsbereich auf. Beim Konkurrenzblatt 20 Minuten sind hingegen der Elektronikbereich und die Automobil-Werbung stark vertreten.

Das Gros der Anzeigen bei .ch entstammte der Elektronikbranche. Die Anzeigenstruktur von NEWS unterschied sich, ähnlich wie .ch, stark von den anderen Blättern. Besonders Verkehrsunternehmen und die Telekommunikationsbranche belegten einen grossen Teil der Anzeigenseiten. Was bei NEWS auffällt, ist jedoch der hohe Anteil an Werbung aus dem Banken- und Versicherungsbereich, der für eine Pendlerzeitung unüblich ist. Allerdings war NEWS von Anfang an als eine Art «Qualitäts-Gratiszeitung» konzipiert – auch als Antwort auf die Lancierung von .ch. Der Hauptgrund für das höhere Anzeigenaufkommen und die ausgeglichene Distribution der Werbung dürfte allerdings darin bestehen, dass NEWS in einer Anzeigenkombi zusammen mit dem Tages-Anzeiger, der Basler Zeitung sowie der Berner Zeitung gebucht werden konnte. Medien spielten bei NEWS eine untergeordnete Rolle: Das Wirtschaftsmagazin Stocks aus dem Axel-Springer-Verlag sponserte zum Beispiel den so genannten «Börsentipp», eine wöchentlich erscheinende Ratgeberkolumne für Anleger.

Abbildung 16: Distribution des Werbeaufkommens nach Werbeindustrie

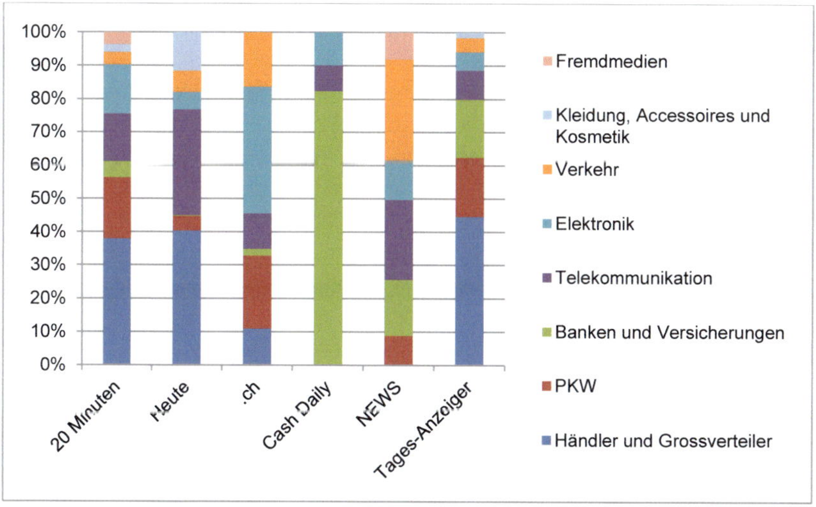

Basis: 18.02.2008-07.03.2008, n=912, Wert: Anzeigenfläche

Komplett anders präsentiert sich die Zusammensetzung der Werbung beim kostenlosen Wirtschaftsblatt Cash Daily. Über 80 Prozent der Werbefläche entsprechen Anzeigen aus dem Banken- und Versicherungsbereich. Die Gratiszeitung verfügte somit über eine deutlich kleinere Varianz an Werbekunden. Einerseits hat dies Vorteile, da die Werbung auf die Leserschaft des Blattes abgestimmt ist. Andererseits kann dies zu Engpässen führen, sobald in einer der inserierenden Industrien eine Krise ausbricht. Dies geschah beispielsweise, als die beiden Grossbanken UBS und Credit Suisse aufgrund der Steueraffäre ihre Werbeaufträge zu einem grossen Teil zurückzogen.[56]

Der Tages-Anzeiger verfügt mit knapp 45 Prozent über das grösste Werbebudget von Seiten der Händler und Grossverteiler. An zweiter Stelle folgen mit je rund 18 Prozent die Anzeigen aus dem Automobil-Bereich und dem Banken- und Versicherungssektor. Telekommunikationsunternehmen sind im Vergleich zu den Pendlerzeitungen seltener mit Anzeigen vertreten, genauso wie Elektronikmärkte oder Verkehrsbetriebe.

[56] Siehe hierzu «Werbung: Grossbanken gehen auf Tauchstation», *Cash Daily* vom 14.03.2008, S.1.

Hinsichtlich der ersten Forschungsfrage – Welche Unternehmen schalten wie viele Anzeigen? – zeigt sich, dass Händler und Grossverteiler zu den führenden werbetreibenden Unternehmen gehören (siehe Tabelle 3). Beispielsweise ist der Marktleader Migros überall dort, wo er inseriert, auch gleichzeitig der grösste Anzeigenkunde. Das Konkurrenzunternehmen Coop findet sich in den drei Zeitungen mit einem beträchtlichen Anteil an Werbung von Händlern und Grossverteilern ebenfalls unter den Top Ten der Anzeigenkunden. Gleiches gilt für Telekommunikationsunternehmen, die ebenfalls auf den vorderen Plätzen vertreten sind.

Bei Zeitungen, die nur über wenig oder gar keine Werbung von Grossverteilern verfügen, dominieren andere Werbeindustrien. NEWS verfügte beispielsweise über einen grossen Anteil an Werbung von Verkehrsbetrieben. Dies schlägt sich auch in der Rangliste der Top-Anzeigenkunden nieder, die von den Schweizerischen Bundesbahnen SBB und dem Zürcher Verkehrsverbund ZVV angeführt werden. Bei Cash Daily wiederum finden sich auf den ersten Plätzen fast ausschliesslich finanzaffine Unternehmen. Erstaunlicherweise gehören die beiden Grossbanken UBS und Credit Suisse nicht zu den bestplatzierten Anzeigenkunden, sondern weisen im Vergleich zu anderen Instituten eher kleinere Werbeetats auf.

Im Gegensatz zu den anderen Zeitungen kommt .ch nicht einmal auf zehn Anzeigenkunden. Dies ist ein weiterer Beleg dafür, dass das Pendlerblatt nur über ein minimales Anzeigenaufkommen verfügte und bei der Akquisition neuer Werbekunden grosse Mühe hatte.

Insgesamt zeigt sich, dass vor allem Unternehmen aus den Bereichen Handel und Grossverteiler (Migros und Coop), Telekommunikation (Swisscom, Sunrise und Orange), Verkehr (SBB und ZVV) sowie zahlreiche Banken und Versicherungen die Ranglisten der Top-Anzeigenkunden dominieren.

Tabelle 3: Top Ten der Anzeigenkunden, aufgeteilt nach Printmedien

20 Minuten	**cm²**	**Heute**	**cm²**	**.ch**[57]	**cm²**
Migros	17228	Migros	10035	Dell	1170
Media Markt	4228	Sunrise	4109	Toyota	1170
Coop	3695	SBB	1776	Ricardo.ch	864
Swisscom	3078	Ricardo.ch	1476	Manor	585
Dell	2352	Coop	1241	SBB	585
SBB	2352	Swisscom	1184	Orange	576
Fust	2266	Nokia	1184	ZVV	288
Sunrise	2102	Orange	592	SwissLife	104
Peugeot	1764	Die Post	592	--	--
Manor	1311	Yallo	584	--	--
Cash Daily	**cm²**	**NEWS**	**cm²**	**Tages-Anzeiger**	**cm²**
Bank Vontobel	5995	SBB	1764	Migros	16007
ZKB	5328	ZVV	1232	ZKB	10714
VP Bank	3552	Dell	1176	Aldi Schweiz	7812
ABN-AMRO	2368	Samsung	918	Coop	7259
Microsoft	2114	Credit Suisse	870	ZVV	3292
Swisscom	1176	Orange	870	Swisscom	2811
Raiffeisen	1026	Swisscom	588	Manor	2604
Dell	876	Blick	588	Credit Suisse	2391
UBS	592	Stocks	218	VW	1953
Credit Suisse	592	SwissLife	212	Renault	1689

Basis: 18.02.2008-07.03.2008, n=912, Wert: Anzeigenfläche

[57] Die Pendlerzeitung .ch verfügt bei den ausgesuchten Branchen nicht über mehr Anzeigenkunden.

7.2.2 Der Gebrauch von Sonderwerbeformen

Die zweite Forschungsfrage – Welche Sonderwerbeformen kommen in welchem Zeitungstypus wie oft vor? – beschäftigt sich mit den unterschiedlichen Ausprägungen von Anzeigen.[58] Die Ergebnisse zeigen, dass Sonderwerbeformen in gewissen Printmedien mittlerweile zum Standardrepertoire gehören (siehe Abbildung 17).

Abbildung 17: Werbeformate aufgeteilt nach Printmedien

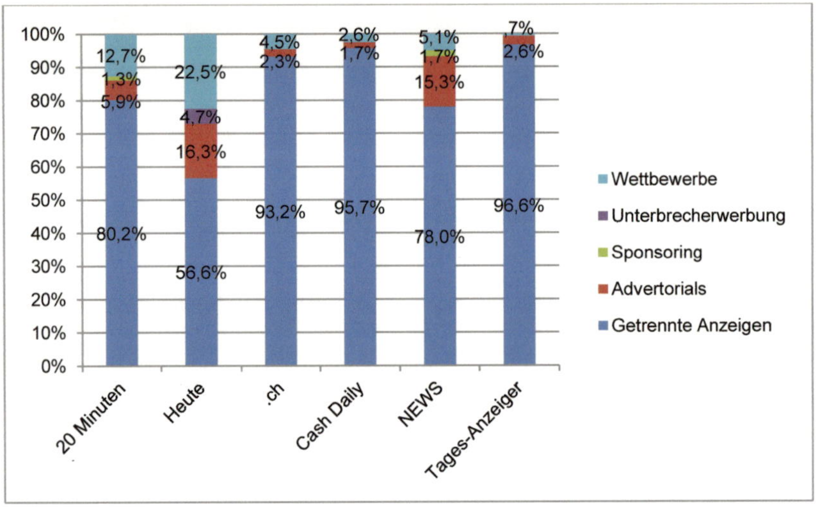

Basis: 18.02.2008-07.03.2008, n=912, Wert: Anzahl

Die beiden marktdominierenden Gratiszeitungen Heute und 20 Minuten sowie die «Qualitäts-Pendlerzeitung» NEWS weisen deutlich mehr Sonderwerbeformen auf als die anderen untersuchten Blätter. Heute verfügt über besonders viele Advertorials, wozu auch die so genannten Publireportagen gehören. Die Abendzeitung verfügt auch über eine grosse Zahl an Wettbewerben. Diese können durchaus als Sonderwerbeformen klassifiziert werden, da sie bei jedem Preisausschreiben ein Produkt oder Unternehmen präsentieren. Zum Beispiel

[58] Die Kriterien für die Klassifikation finden sich im Codebook für die Werbeanalyse im Anhang A1 dieser Arbeit.

werden die Leser wiederholt dazu aufgefordert, am verlagseigenen Wissensquiz «Destination Ringier» teilzunehmen. Dabei verschmelzen Unterhaltung und (Eigen-)Werbung.

Im Übrigen fallen bei Heute auch die knapp fünf Prozent Unterbrecherwerbung auf. Dabei handelt es sich meist um kleine Anzeigen oder Teile von Anzeigen, die mitten in den redaktionellen Beiträgen auftauchten. In den meisten Fällen sind die Werbepartikel auf eine oder mehrere Seiten verteilt, sodass die Rezipienten in verschiedenen Beiträgen immer wieder darauf stossen. Bisweilen sind die einzelnen «Teilanzeigen» auch nicht als Werbung gekennzeichnet. Wie das Beispiel zeigt (siehe Abbildung 18), benützt auch 20 Minuten dieses Werbeformat, obwohl das Blatt in dieser Untersuchung keine solchen Anzeigen aufweist.

Abbildung 18: Beispiel Unterbrecherwerbung: Ricola

Ihr arbeitet schon seit sechs Jahren zusammen, habt aber bisher nur für Dritte produziert. Warum der Wandel?

Hirji: Manche Songs kann man einfach nicht an andere Leute weitergeben, weil sie einem so nahe stehen. Zudem merkten wir, dass wir die Elemente selbst beherrschen.

Und dass Marlon eine tolle Stimme hat!

Gefühlvolles Duo: Marlon Roudette und Preetesh Hirji alias Mattafix.

Roudette: Diese Entdeckung war sogar für mich ein Schock! Ich war sehr schüchtern und bin vorher noch nie als Sänger aufgetreten.

Auf eurem Album machen sich Einflüsse wie Sade und Massive Attack bemerkbar ...

Roudette: Das trifft es genau. Sades «Lovers Rock» habe ich während sechs Monaten pausenlos gehört. Diese Nähe und Intimität versuchen auch wir zu erzeugen.

Hirji: Das Album «Protection» von Massive Attack tönt

Ricola ...

Britain rules: Robbie und Mel top

ZÜRICH – Die neue Single von Ex-Spice-Girl **Mel C.** (31) ist auf Erfolgskurs. «First Day of My Life» stiess auf Platz eins der Schweizer Single-Charts vor. Die Album-Charts dominiert – wie erwartet – Mels Landsmann und Entertainer **Robbie Williams** (31) mit «Intensive Care». Neu unter den Top Ten ist aber auch das Destiny's-Child-Album «# 1's».

... jetzt auch ...

Madonna: Nie mehr vor die Kamera

LOS ANGELES – **Madonna** (47) hat eingesehen, dass sie die Schauspielerei an den Nagel hängen muss. Nach zahlreichen Filmverrissen und goldenen Himbeeren für die Leistung als schlechteste Schauspielerin, hat sie jetzt verkündet, sie werde nicht mehr vor die Kamera stehen. Dafür will Madonna jetzt vermehrt als Regisseurin für Furore sorgen.

Hat genug von der Schauspielerei: Madonna. AP

week: Jermaine Dupri und A-ha

ZÜRICH – Er entdeckte **Kris Kross**, produziert Usher und liebt **Janet Jackson**: **Jermaine Dupri** ist einer der ganz Grossen im Black-Music-Business. 20 Minuten week hat sich mit dem 33-Jährigen unterhalten. Ausserdem: Der Zürcher DJ **Mike Levan** richtet sein Leben neu aus, **Ben Becker** liest Texte von **Klaus Kinski** und A-ha sind mit einem neuen Album am Start. Plus: Die volkspsychologischen Folgen der Vogelgrippe. 20 Minuten week erscheint heute in Bern, Basel, Luzern und Zürich und liegt morgen ab 13 Uhr in Zeitungsboxen und VBZ-Trams auf.

... in Mini.

Quelle: 20 Minuten, 03. November 2005

Beim Tages-Anzeiger beträgt der Anteil an getrennt ausgewiesenen, klassischen Anzeigen 96 Prozent, der absolute Höchstwert. Es fällt jedoch auf, dass Sonderwerbeformen bei den beiden anderen Tamedia-Blättern, 20 Minuten und NEWS, häufiger vorkommen als bei der Bezahlzeitung Tages-Anzeiger. Erklären lassen sich diese Zahlen möglicherweise mit einer unterschiedlichen Ausrichtung der Tageszeitungen: Wie Tabelle 4 zu entnehmen ist, hatte die dominantere Themenausrichtung von Heute am Boulevard auch Auswirkungen auf die Zusammensetzung der Anzeigenkunden. Der höhere Anteil an Werbung aus den Bereichen Telekommunikation sowie Kleidung, Schmuck und Kosmetik dürfte wiederum einen Einfluss auf die Werbeform haben: Denn Sonderwerbeformen werden eher bei solchen Produkten zum Einsatz kommen, die sich auch für eine redaktionelle Berichterstattung eignen.

Wie in Tabelle 4 ersichtlich ist, besteht zwischen der Werbeform und der Werbeindustrie tatsächlich ein moderater Zusammenhang.[59] Gerade bei Verkehrsbetrieben, Kleiderwerbung oder Fremdmedien zeigt sich, dass die Werbetreibenden oftmals zu Sonderwerbeformen greifen. Beispielsweise waren von 21 Anzeigen für Verkehrsbetriebe etwas mehr als die Hälfte Sonderwerbeformen.

Dies könnte auch eine Erklärung dafür sein, dass Cash Daily nur sehr wenig Sonderwerbeformen aufwies. Der Möglichkeit, redaktionelle Beiträge und Anzeigeninhalte zu verbinden, scheinen Grenzen gesetzt. Es lässt sich nur vermuten, dass gerade Wirtschaftszeitungen und Finanzunternehmen das Risiko eines Glaubwürdigkeitsverlustes nicht eingehen wollen, da sich dies direkt auf ihre Geschäftstätigkeit auswirken könnte. Zudem dürfte die Leserschaft eines Wirtschaftsblattes – auch eines kostenlosen – derartige Versuche weniger goutieren als ein jüngeres, auf Unterhaltung ausgerichtetes Zielpublikum.

Im Hinblick auf die Analyse der verschiedenen Werbeformen ist insbesondere der Vergleich zwischen den Gratiszeitungen und der Bezahlzeitung von Interesse. Die Ergebnisse zeigen, dass drei von fünf Pendlerzeitungen tatsächlich mehr Sonderwerbeformen in ihren Ausgaben schalten als der Tages-Anzeiger. Das Gratisblatt Cash Daily war – wahrscheinlich aufgrund seiner Wirtschaftsorientierung – eine Ausnahme. Bei .ch hingegen sind zwei Faktoren wesentlich: Einerseits spielte die vom Unternehmen selber auferlegte Qualitätsorientierung eine Rolle. Diese konnte sich auch auf den Gebrauch – oder eben

---

[59] Die Variable «Werbeform» wurde für die Berechnung neu kodiert und in eine dichotome Ausprägung *getrennte Anzeigen* und *Sonderwerbeformen* übergeführt. Ebenso die Variable «Medium», die in Gratiszeitungenund Bezahlzeitungen transformiert wurde.

Nicht-Gebrauch – von Sonderwerbeformen auswirken. Andererseits erschwert das extrem tiefe Anzeigenaufkommen des Pendlerblattes eine Interpretation hinsichtlich der Verwendung von hybriden Werbeformen.

Tabelle 4: Zusammenhang zwischen Werbeform und Werbeindustrie

	Händler und Grossverteiler		**PKW**		**Banken/ Versicherungen**		**Telekommunikation**	
	n	%	n	%	n	%	n	%
Getrennte Anzeigen	81	81.8	53	98.1	105	89.7	64	84.2
Sonderwerbeformen	18	18.2	1	1.9	12	10.3	12	15.8
Total	99	100	54	100	117	100	76	100

	Elektronik		**Verkehr**		**Bekleidung/ Kosmetik**		**Fremdmedien**	
	n	%	n	%	n	%	n	%
Getrennte Anzeigen	47	95.9	10	47.6	10	52.6	4	57.1
Sonderwerbeformen	2	4.1	11	52.4	9	47.4	3	42.9
Total	49	100	21	100	19	100	7	100

χ^2 = 56.443, df = 7, p < .001, Cramer's V = .357

Basis: 18.02.2008-07.03.2008, n=442, Wert: Anzahl, Eigenwerbung nicht mit eingerechnet

Generell zeigt sich ein schwacher statistischer Zusammenhang zwischen der Werbeform und dem Zeitungstyp (siehe Tabelle 5). Trotzdem lässt sich die erste Hypothese – dass sich in Gratiszeitungen häufiger hybride Werbeformen finden als in Bezahlzeitungen – vor allem mit Blick auf die besonderen Umstände von Cash Daily und .ch tendenziell bestätigen.

Tabelle 5: Zusammenhang zwischen Zeitungstyp und Werbeform

	Getrennte Anzeigen		**Sonderwerbe-formen**		**Total**	
	n	%	n	%	n	%
Gratiszeitungen	507	78.7	137	21.3	644	100
Bezahlzeitung	259	96.6	9	3.4	268	100
Total Werbeform	766	84	146	16	912	100
χ^2 = 45.172, df = 1, p < .001, Cramer's V = .223						

Basis: 18.02.2008-07.03.2008, n=912, Wert: Anzahl

Bei der Kennzeichnung von Sonderwerbeformen – der dritten Forschungsfrage – kommen alle Zeitungen fast durchgängig ihrer Pflicht nach. Nur acht von 912 untersuchten Anzeigen verfügten über keinen Hinweis wie «Anzeige», «Publireportage» o.Ä. Diese nicht gekennzeichneten Anzeigen entfallen alle auf Gratiszeitungen, konkret auf die beiden Marktleader 20 Minuten und Heute, wobei es sich in allen Fällen um Sonderwerbeformen aus dem Bereich Mode bzw. Kosmetik handelte. Jeder Beitrag verfügte über einen kurzen redaktionellen Text und kann demzufolge als Hinweise auf Produkte oder Kaufempfehlungen klassiert werden. Dies wäre nicht weiter problematisch und auch erlaubt, sofern der Werbeeffekt nicht übertrieben ist – was bei diesen Beiträgen eindeutig der Fall ist.[60] Hypothese Nummer zwei lässt sich demnach nicht bestätigen.

[60] Diese Beiträge verfügen in den seltensten Fällen über mehr als zehn Zeilen. Gleichzeitig werden jedoch Produktname, Preis und oftmals auch die Internetadresse, unter der das Produkt erstanden werden kann, angegeben.

7.2.3 Eigenwerbung der Medienunternehmen

Bei einzelnen Zeitungen deckt die Eigenwerbung im Verhältnis zur Werbung von dritten Unternehmen beträchtliche Flächen ab. Im Falle von NEWS und .ch übertraf die Fläche der Selbstpromotion sogar diejenige von unternehmensfremden Akteuren (siehe Tabelle 6). Die beiden Höchstwerte bei NEWS und .ch dürften darauf zurückzuführen sein, dass sie die neuesten Player auf dem Zürcher Pressemarkt waren. Beim Tages-Anzeiger und bei Heute, bzw. bei 20 Minuten und Cash Daily fällt das Verhältnis ähnlich aus.

Tabelle 6: Verhältnis der Anzeigen von Dritten und Eigenwerbung

	Werbung Dritter	Eigenwerbung	Total
20 Minuten	74.1%	25.9%	100%
Heute	61.9%	38.1%	100%
.ch	45.3%	54.7%	100%
Cash Daily	74.3%	25.7%	100%
NEWS	33.4%	66.6%	100%
Tages-Anzeiger	61.4%	38.6%	100%

Basis: 18.02.2008-07.03.2008, n=912, Wert: Anzeigenfläche

Überraschenderweise gibt es in Bezug auf die Eigenwerbung keine bedeutenden Unterschiede zwischen klassischen Anzeigen und Sonderwerbeformen. Bei den Anzeigen von Dritten sind knapp 18 Prozent hybride Werbeformen, wovon die meisten als Advertorials in den Zeitungen erscheinen. Bei der Eigenwerbung entfallen nur rund 17 Prozent aller Anzeigen auf hybride Werbeformen, wobei es sich bei den meisten Sonderwerbeformen um Wettbewerbe handelt. Diese Ergebnisse widerlegen demnach Hypothese Nummer drei, die besagte, dass Eigenwerbung zumeist als hybride Werbeform erscheint.

In den meisten Fällen handelt es sich bei Eigenwerbung um Anzeigen der eigenen Zeitung (siehe Abbildung 19). Es fällt auf, dass die drei Blätter, welche dem Medienunternehmen Tamedia angehören, deutlich häufiger auf diesen

Anzeigentypus zurückgreifen. Dies kann auf eine gemeinsame Unternehmensstrategie hinweisen, die darauf hinausläuft, den Titel auch im eigenen Blatt wiederholt zu bewerben. Vor allem der Tages-Anzeiger wirbt sehr häufig für sich und tut dies teilweise mit doppelseitigen Inseraten. Ähnlich verfahren die beiden anderen Titel 20 Minuten und NEWS. Sowohl NEWS als auch .ch nutzten die Eigenwerbung insbesondere dazu, den Rezipienten ihr Profil als «Qualitätszeitung» näher zu bringen, um die Blätter auf dem Markt entsprechend zu positionieren.

Abbildung 19: Werbeobjekt der Eigenwerbung

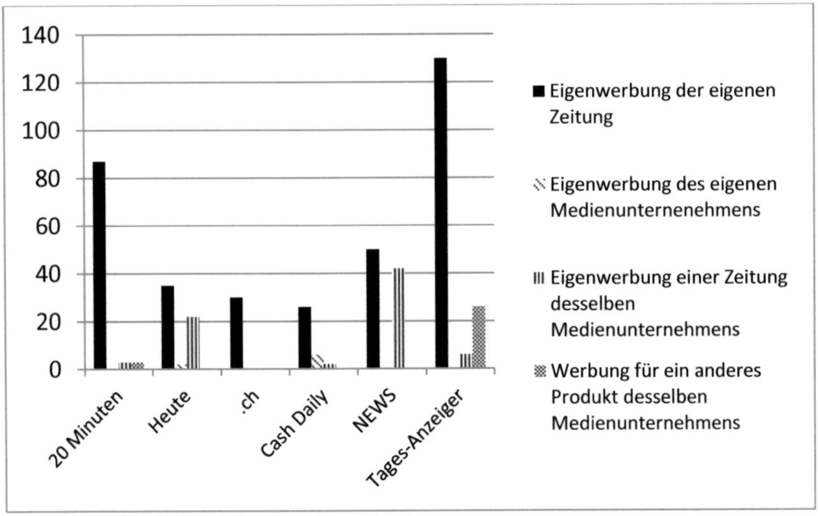

Basis: 18.02.2008-07.03.2008, n=441, Wert: Anzahl

Weiter fällt auf, dass Heute und NEWS über zahlreiche Anzeigen einer anderen Zeitung desselben Medienunternehmens verfügten. Bei Heute war dies das Boulevardblatt Blick, während NEWS häufig Anzeigen des Tages-Anzeigers enthielt. Dies reicht allerdings nicht aus, um Hypothese Nummer vier anzunehmen. Diese besagte, dass bei Printmedien, die unter einem Medienkonzern zusammengefasst sind, häufig Werbung einer anderen Zeitung desselben Unternehmens zu finden seien. In zwei Fällen trifft dies zwar zu. Es kommt aber weit seltener vor, dass die Top-Blätter der Verlage auf die Pendlerzeitungen mittels Anzeigen verweisen. Beispielsweise finden sich im Tages-Anzeiger weder für 20 Minuten noch für NEWS Anzeigen, dafür aber solche für die Schweizer Familie oder das Frauenmagazin Annabelle. Auch 20 Minuten schaltet nur gerade drei Anzeigen für den Tages-Anzeiger.Der Tages-Anzeiger bewirbt aber nicht nur sich selbst, sondern auch andere Produkte des Konzerns, zum Beispiel einen Onlineservice für Kleinanzeigen. Auch 20 Minuten wirbt für dieses Produkt. Im Gegensatz zum Konkurrenten Tamedia schien das Medienhaus Ringier, bzw. seine Titel Heute und Cash Daily, eine andere Strategie zu verfolgen: Sie setzten vereinzelt auf Werbung für den eigenen Konzern.

Die Resultate zur dritten Forschungsfrage – welche Werbeformen verwenden Medienunternehmen hinsichtlich der Eigenwerbung? – zeigen ein facettenreiches Bild (siehe Abbildung 20). Die drei Titel von Tamedia – der Tages-Anzeiger, NEWS sowie 20 Minuten – weisen besonders viele Anzeigen aus dem Bereich Imagewerbung auf. Diese zielt darauf ab, die Qualitäten einer Zeitung hervorzuheben – so wie 20 Minuten mit der Kampagne «Mit 20 Minuten erfahren Sie mehr für nichts». Tamedia verfolgt also die Strategie, in erster Linie das Bild von seinen Produkten bei den Rezipienten positiv zu beeinflussen und zu formen. Dies ist im hart umkämpften Gratiszeitungsmarkt nachvollziehbar, so müssen sich die einzelnen Titel deutlich voneinander abheben, um ihre Marke zu stärken.

Besonders gut lässt sich dies am Beispiel von NEWS verfolgen: Das jüngste Pendlerblatt auf dem Markt verfolgte mit seiner dezenten Kampagne «News in Kürze» – ähnlich wie .ch, aber in einem grösseren Rahmen – eine individuelle Linie zwischen abgeschwächtem Boulevard und seriösem Journalismus. Gleichzeitig stützte die enge cross-mediale Anbindung über Anzeigen und Hinweise auf Beiträge im Schwesterblatt Tages-Anzeiger das seriöse Auftreten der Gratiszeitung. Die kombinierte Imagekampagnen von NEWS und Tages-Anzeiger waren deshalb wichtig, um das neue Pendlerblatt auf dem Markt zu etablieren und zu positionieren. Nebst der grossen Zahl an Anzeigen aus dem Bereich der Imagewerbung bedienen sich die Printmedien, wie schon die Analyse der Werbeformate zeigte, häufig der Preisausschreiben – allen voran die beiden Marktleader 20 Minuten und Heute.

Abbildung 20: Typologie der Eigenwerbung

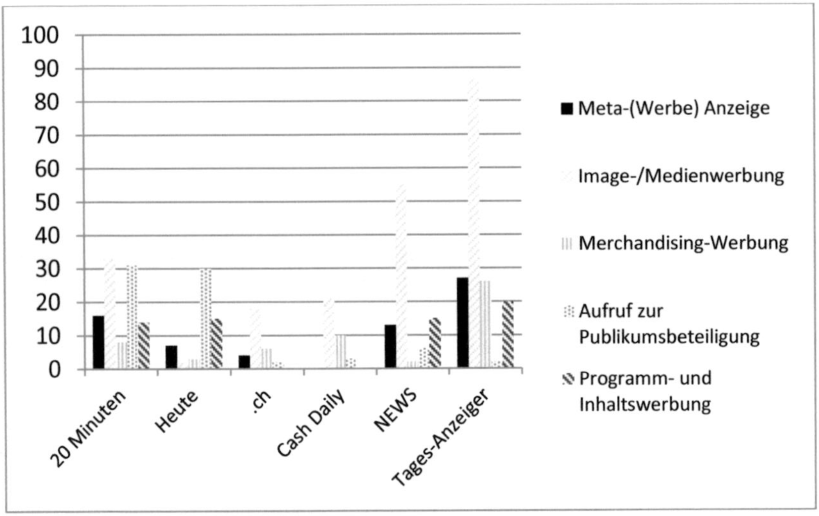

Basis: 18.02.2008-07.03.2008, n=441, Wert: Anzahl

Während die Meta-Werbung («Hier könnten Sie werben!») ausser bei den Tamedia-Blättern eine eher untergeordnete Rolle spielt, dürfte die Programm- und Inhaltswerbung in Zukunft noch wichtiger werden. Dabei handelt es sich um Anzeigen, die sich teilweise auf redaktionelle Inhalte beziehen. Beispielsweise kann Programmwerbung auf eine neu gestaltete Internetseite oder auf zusätzlich verfügbare Onlineinhalte verweisen. Das Potential für Programmwerbung dürfte mit zunehmenden Onlineangeboten wachsen, vor allem bei Zeitungsunternehmen, die – wie 20 Minuten – auf eine starke Internetpräsenz setzen.

7.2.4 Bezüge zwischen Werbung und redaktionellen Inhalten

Die fünfte Forschungsfragte geht auf den Zusammenhang zwischen kommerziellen und journalistischen Inhalte ein und lautet: Welchen Bezug weisen die unterschiedlichen Werbeformen zum redaktionellen Teil der Zeitung auf?

Die Resultate der Inhaltsanalyse zeigen, dass die Anzeigen überwiegend keinen direkten Bezug zum redaktionellen Kontext aufweisen. Bei insgesamt 185 Anzeigen treten zwar Bezüge zwischen der kommerziellen Botschaft und dem redaktionellen Teil der Zeitung auf, doch nur bei 57 ist der Bezug auf die journalistischen Inhalte evident.

Die Distinktion zwischen schwachem und starkem Bezug zum redaktionellen Kontext beruht auf dem formalen und thematischen Zusammenhang mit dem Umfeld der Anzeige. Ein schwacher Bezug zum redaktionellen Umfeld besteht, wenn kein direkter thematischer oder formaler Zusammenhang zwischen Werbung und Kontext ausgemacht werden kann, die Anzeige aber trotzdem optimal in das Umfeld eingebettet ist. Werbung und Kontext befinden sich zwar auf derselben oder gegenüberliegenden Seite und behandeln beispielsweise gleiche oder ähnliche Produktgattungen, die beworbene Marke oder das beworbene Produkt bzw. die Dienstleistung sind allerdings nicht dieselben. Ein schwacher Zusammenhang offenbart sich zum Beispiel, wenn eine Musikgruppe mit einer Anzeige auf der Seite der Hitparade für ihre neu erschienene CD wirbt. Auf derselben Seite findet sich jedoch kein Text über die Musikgruppe oder die Neuerscheinung. Bei einem starken Bezug zum redaktionellen Kontext besteht zwischen der Werbung und dem redaktionellen Teil eine deutliche Übereinstimmung in Thema oder Form. Dies wäre beispielsweise der Fall, wenn die CD der oben erwähnten Musikgruppe auf derselben Seite gleichzeitig rezensiert würde.

Mit rund 14 Prozent weist NEWS am häufigsten starke Bezüge zum redaktionellen Umfeld auf (siehe Tabelle 7). Dabei standen alle starken Bezüge mit Medienunternehmen in Verbindung. Bei zwei Anzeigen handelte es sich um Werbung von Fremdmedien (eine private Radiostation und ein Wirtschaftsblatt), die anderen 15 Anzeigen waren jeweils Eigenwerbung. Knapp hinter NEWS platziert sich Heute mit 13 Prozent an starken Bezügen. Besonders bei Modeunternehmen, Schmuck oder Kosmetika ergaben sich deutliche thematische Übereinstimmungen mit den nicht-kommerziellen Inhalten. Auch 20 Minuten verfügt im Vergleich zu den restlichen Printmedien immer noch über mehr Anzeigen, die mit den journalistischen Inhalten eng verbunden sind. Die starken Bezüge entfallen allerdings auf die Autoindustrie, Telekommunikation sowie Banken und Versicherungen.

Tabelle 7: Gestaltung des redaktionellen Kontexts.

	Kein Bezug		Schwacher Bezug		Starker Bezug	
	n	%	n	%	n	%
20 Minuten	190	79.8	30	12.6	17	7.6
Heute	105	81.4	7	5.4	17	13.2
.ch	22	50.0	21	47.7	1	2.3
Cash Daily	113	97.4	0	.0	3	2.6
NEWS	84	71.2	17	14.4	17	14.4
Tages-Anzeiger	213	79.4	53	19.9	2	.7
Total	727	79.6	128	14.0	57	6.4

Basis: 18.02.2008-07.03.2008, n=912 Anzeigen, Wert: Anzahl

Im Fall von .ch beläuft sich der Anteil an starken Bezügen zwar nur auf rund zwei Prozent, fast die Hälfte aller Beiträge weisen jedoch schwache Bezüge zum Kontext auf. Auch .ch stellt besonders bei der Eigenwerbung redaktionelle Bezüge zum Kontext her. Der generell sehr hohe Anteil an Anzeigen mit Bezügen zum nicht-kommerziellen Teil lässt sich dadurch erklären, dass .ch im Vergleich zu den anderen Zeitungen ein äusserst geringes Werbeaufkommen hatte und die leeren Anzeigenplätze deshalb oft mit Eigenwerbung füllte – im Übrigen eine gängige Praxis bei Zeitungsverlagen. Beim Tages-Anzeiger lassen sich mehrheitlich schwache Bezüge zum redaktionellen Kontext ausmachen, während der Anteil an starken Bezügen vernachlässigbar ist. Cash Daily weist in beiden Klassen tiefe Werte auf.

Teilt man die starken Bezüge nach Schlüsselmärkten auf, ergeben sich interessante Ergebnisse: Die Eigenwerbung weist mit Abstand am häufigsten Übereinstimmungen mit dem redaktionellen Kontext auf (siehe Abbildung 21). Dies lässt vor allem auf ein forciertes Eigenmarketing der Zeitungen schliessen. Die grosse Anzahl an starken Bezügen bei der Eigenwerbung (rund 48 Prozent) weist aber auch darauf hin, dass die untersuchten Printmedien den Trennungsgrundsatz nicht in jeder Situation befolgen. Obwohl die Trennung zwischen redaktionellem und werblichem Angebot in der Praxis grösstenteils (immer noch) Bestand hat, scheint dieser Grundsatz bei der hauseigenen Werbung offenbar nicht in jedem Fall zu gelten.

Klammert man die Eigenwerbung aus, überwiegen Themenbereiche mit einem eher heiklen Verhältnis zwischen Journalismus und Werbung: Der Automobil- (9 von 46 Anzeigen) sowie der Lifestyle-Sektor (Bekleidung, Accessoires, Kosmetik; 9 von 10 Anzeigen) weisen starke Bezüge zu ihrer journalistischen Umgebung auf. Damit werden erneut – vorsichtig formuliert – Bedenken hinsichtlich einer PR-nahen Berichterstattung der beiden Sektoren laut, die unter anderem zu den grössten Werbetreibenden Sektoren überhaupt gehören (vgl. Prinzing 2008a).

Abbildung 21: Starke redaktionelle Bezüge und Schlüsselmärkte

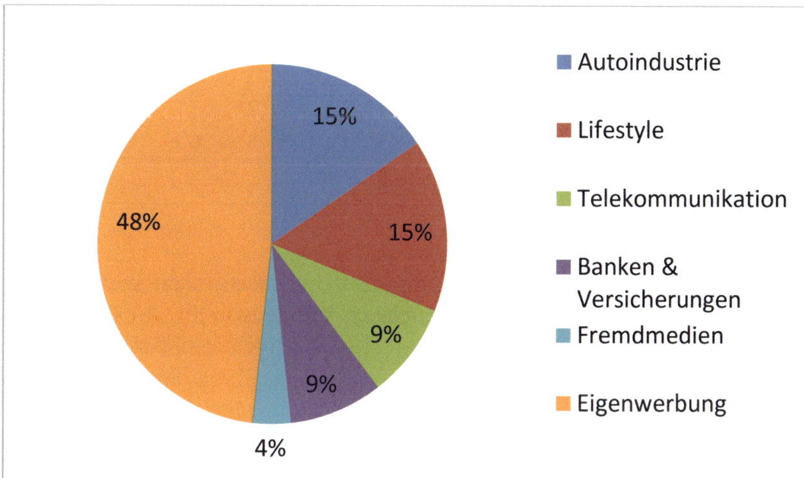

Basis: 10.02.2008-07.03.2008, n=58 Anzeigen

Wie man in Tabelle acht erkennen kann, besteht ein leichter Zusammenhang zwischen dem Medientyp und der Stärke des Bezugs zum redaktionellen Part, so dass man davon ausgehen kann, dass Pendlerzeitungen tendenziell häufiger Bezüge zum redaktionellen Umfeld aufweisen. Die Ergebnisse stützen demnach Hypothese Nummer fünf, die besagt, dass Gratiszeitungen häufiger Bezüge zwischen kommerziellen und journalistischen Inhalten aufweisen.

Die sechste Hypothese besagt, dass Bezüge zwischen redaktionellen und kommerziellen Inhalten besonders bei der Wirtschaftszeitung zu finden seien. Die Annahme geht davon aus, dass Wirtschaftsjournalismus auf Insiderwissen angewiesen ist – und deshalb Interessenbindungen bestehen, die sich auch auf den Umgang mit Anzeigenkunden auswirken können. Die Resultate zeigen jedoch, dass die kostenlose Wirtschaftszeitung Cash Daily gerade nicht zu den Blättern gehörte, die zahlreiche Bezüge zum Redaktionellen aufwiesen, sodass die Hypothese abgelehnt werden muss.

Tabelle 8: Zusammenhang zwischen Medientyp und Bezug zum redaktionellen Kontext

	Kein Bezug		**Schw. Bezug**		**St. Bezug**		**Total**	
	n	%	n	%	n	%	n	%
Gratiszeitungen	514	79.8	75	11.6	55	8.5	644	100
Bezahlzeitung	213	79.5	53	19.8	2	0.7	268	100
Total Anzeigen	727	79.7	128	14	57	6.3	912	100

$\chi^2 = 27.309$, df = 2, p < .001, Cramer's V = .173

Basis: 18.02.2008-07.03.2008

Um weitere Informationen über die Beziehungen zwischen Werbung und Journalismus zu erhalten, prüfte die Inhaltsanalyse auch die Art des Bezugs zum redaktionellen Teil. Dieser kann auf drei verschiedenen Ebenen auftreten: Thematische Bezüge können über den Inhalt hergestellt werden. Ein formaler Bezug besteht, sofern die Anzeige gezielt redaktionelle Teile in Gestaltung imitiert oder so platziert ist, dass sie die Struktur und Dramaturgie des redaktionellen Teils beeinflusst. Dies ist beispielsweise der Fall, wenn kleinere Anzeigen – wie bei der so genannten Unterbrecherwerbung – übergangslos in journalistischen Artikel eingebettet sind. Anzeigen können aber auch beide Faktoren kombinieren.

In Tabelle 9 ist ersichtlich, dass die Bezüge zum redaktionellen Kontext grösstenteils auf der thematischen Ebene stattfinden. Lediglich 20 Minuten verfügt über Anzeigen, die sowohl einen thematischen als auch formalen Bezug aufweisen. Dabei handelt es sich um redaktionell gestaltete Anzeigen aus der Autoindustrie. Allerdings schreibt die Redaktion von 20 Minuten die Artikel der Automobilrubrik nicht selbst, sondern bezieht sie von einer externen Agentur. Es ist interessant zu sehen, wie stark gerade agenturbasiertes Material mit dem Werbeumfeld zusammenhängt. Der Einfluss der Öffentlichkeitsarbeit scheint auch in diesem Feld beträchtlich zu sein, zumal die Redaktionen das gelieferte Material aufgrund des Zeit- und Ressourcenmangels wohl nicht vollumfänglich nachrecherchieren dürften.

Tabelle 9: Bezugsart zum redaktionellen Umfeld.

	Kein Bezug		Them. Bezug		Form. Bezug		Them. und form. Bezug	
	n	%	n	%	n	%	n	%
20 Minuten	122	84.1	15	10.3	0	.0	8	5.5
Heute	59	84.3	11	15.7	0	.0	0	.0
.ch	12	85.7	2	14.3	0	.0	0	.0
Cash Daily	82	100	0	.0	0	.0	0	.0
NEWS	20	76.9	6	23.1	0	.0	0	.0
Tages-Anzeiger	90	86.5	14	13.5	0	.0	0	.0
Total	385	87.3	48	10.9	0	.0	8	1.8

Basis: 18.02.2008-07.03.2008, n=441 Anzeigen, Wert: Anzahl, ohne Eigenwerbung

Die Ergebnisse legen nahe, dass sich die Werbetreibenden von einer optimalen thematischen Einbettung in den journalistischen Kontext mehr versprechen als von der Imitation redaktioneller Gestaltung. Zudem würden die Zeitungen dadurch die Richtlinien des Presserates verletzen, die besagen, dass «Inserate und Werbesendungen gestalterisch von redaktionellen Beiträgen klar abzuheben [sind]».[61]

[61] Richtlinie 10.1 «Trennung zwischen redaktionellem Teil und Werbung» der Richtlinien zur Erklärung der Pflichten und Rechte der Journalistinnen und Journalisten. Zu finden unter http://presserat.ch/13220.htm (27.07.2012).

8 Ergebnisse der Teilstudie B: Berichterstattungsanalyse

8.1 Datenmaterial der Untersuchung

Der Datensatz der Berichterstattungsanalyse umfasst insgesamt 889 Artikel. In den fünf untersuchten Wochen entfallen 227 Anzeigen auf den Tages-Anzeiger, 193 auf Cash Daily, 152 auf NEWS, 120 auf 20 Minuten, 105 auf Heute und 92 auf .ch. Die Unterschiede bei der Anzahl Artikel sind auf drei Faktoren zurückzuführen. Erstens verfügt die Bezahlzeitung Tages-Anzeiger über ein grösseres Format und bietet somit Platz für mehr Beiträge. Darüber hinaus verfügt die Abonnementszeitung auch über die meisten Seiten, wodurch eine ausgiebigere Berichterstattung möglich ist. Der zweite Grund betrifft Cash Daily: Das Pendlerblatt setzte den Fokus auf die Wirtschafts- und Unternehmensberichterstattung. Dadurch erhöhte sich die Wahrscheinlichkeit, dass das Blatt auch über Ereignisse berichtete, die in den anderen Zeitungen keine Erwähnung fanden. Damit hängt auch der letzte Faktor zusammen: Die restlichen Pendlerzeitungen orientieren sich deutlich stärker am Boulevard, sodass die Unternehmensberichterstattung nicht über denselben Stellenwert verfügt. Dies zeigt sich besonders gut bei 20 Minuten, das die Wirtschaftsberichterstattung gänzlich von einer externen Agentur bezieht.[62]

Die unterschiedliche Berichterstattung ist allerdings nicht nur auf die zuvor erwähnten, medienspezifischen Faktoren zurückzuführen, sondern auch auf Ereignisse, die während des Untersuchungszeitraumes stattfanden (siehe Tabelle 10). In der Tabelle ist ersichtlich, dass die Zeitungen sehr häufig über die beiden Banken UBS (282 Artikel) und Credit Suisse (165) berichteten. Das hohe Beitragsaufkommen in der Berichterstattung über die beiden Schweizer Grossbanken hängt mit der damaligen Banken- und Wirtschaftskrise zusammen. Zu Beginn des Jahres 2008 standen beide Banken aufgrund der enormen

[62] Dabei handelt es sich um die Agentur *swiss content corp.*, die nach eigenen Angaben Medieninhalte nach Mass kreiert und nach journalistischen Kriterien verarbeitet. Im Auftrag von *20 Minuten* produziert und liefert die Agentur fortlaufend mindestens eine Seite der täglichen Wirtschaftsberichterstattung. Es handelt sich dabei um ein spezielle Form des Outsourcing, bei dem nicht kleinere Rubriken wie der Automobiljournalismus, sondern eine an und für sich zentrale Domäne des Zeitungsjournalismus aus ökonomischen (und womöglich auch inhaltlichen) Gründen komplett ausgelagert wird.

Turbulenzen auf dem amerikanischen Hypothekenmarkt in den Schlagzeilen. Die UBS generierte im ersten Quartal 2008 einen Verlust von über zwölf Milliarden Schweizer Franken, während die Credit Suisse ein anfänglich positives Ergebnis nach unten korrigieren musste, um dann ebenfalls einen Verlust von 2,85 Milliarden Schweizer Franken zu vermelden. Der Untersuchungszeitraum ist insbesondere von der ausserordentlichen Generalversammlung der UBS, den Diskussionen um den Verwaltungsratspräsidenten Marcel Ospel, den Abschreibern der Banken sowie dem kontinuierlichen Geldabfluss zu anderen Finanzinstituten gekennzeichnet.

Tabelle 10: Anzahl Artikel über die ausgewählten Unternehmen pro Zeitung

	Migros	Coop	UBS	CS	Swisscom	SBB	Total
20 Minuten	7	9	46	20	9	29	120
Heute	16	13	17	13	22	24	105
.ch	10	3	29	21	5	24	92
Cash Daily	16	16	71	51	21	18	193
NEWS	11	10	57	28	6	40	152
Tages-Anzeiger	37	21	62	32	13	62	227
Total	97	72	282	165	76	197	889

Basis: 11.02.2008-14.03.2008, n = 889

Mit 197 Beiträgen sind auch die Schweizerischen Bundesbahnen (SBB) häufig in den Blättern präsent. Dabei dominieren vor allem zwei Ereignisse: in der ersten Hälfte des Untersuchungszeitraumes sind hohe Verluste bei SBB Cargo der Grund, während in der zweiten Hälfte Stellenstreichungen und Streiks in Freiburg und Bellinzona hohe Wellen schlugen.

Die drei anderen Unternehmen sind weit weniger häufig in der Berichterstattung vertreten. Bei den Detailhändlern Migros und Coop fallen jeweils zwei Ereignisse auf: Beide Unternehmen lancieren zum gleichen Zeitpunkt eine neue Umweltschutzkampagne zur CO_2-Reduktion. Bei der Migros kommen noch kritische Beiträge über die föderalistische Unternehmensstruktur hinzu sowie einzelne Berichte über ein grossflächiges Plakat am Zürcher Migros-

Gebäude, das auf amtliche Verordnung hin abgehängt werden muss. Bei Coop hingegen kommt noch das an der Bilanzmedienkonferenz im Februar verkündete Umsatzwachstum dazu.Die Nachrichtenlage bei der Swisscom war weit weniger spektakulär, sodass kein spezifisches Thema die Berichterstattung dominierte.

Die Nachrichtenlage kann die Berichterstattung über einzelne Unternehmen zwar generell beeinflussen, indem ein brisantes Thema zu einer Vielzahl an Beiträgen führt. Der synchrone Vergleich der Zeitungen sollte den Einfluss der Nachrichtenlage jedoch minimieren, zumal alle Zeitungen mit den gleichen Ereignissen konfrontiert sind und die Ausgangslage bezüglich der abzubildenden Realität dieselbe ist (vgl. Andresen 2006). Medienspezifische Gegebenheiten dürften bei einem Vergleich ebenfalls nur wenig ins Gewicht fallen, da Gratiszeitungen eher auf Human-Interest-Themen fokussieren und die journalistische Einordnung aufgrund der episodischen Berichterstattung nur schwach ausgeprägt ist. Eine unternehmenspolitische Einflussnahme ist deshalb eher unwahrscheinlich (vgl. fög 2011).

Bei der bezahlten Tageszeitung könnten die publizistischen Leitlinien hingegen auf das redaktionelle Schaffen einwirken. Der Tages-Anzeiger verfügt allerdings als einziges der untersuchten Blätter über klar formulierte publizistische Leitlinien, in denen er den transparenten Umgang mit Werbung festhält und die Journalisten auf eine ausgewogene und faire Berichterstattung verpflichtet.[63] Zumindest auf normativer Ebene müsste die Zeitung also objektiv über die einzelnen Vorfälle berichten.

Das unterschiedliche Artikelaufkommen und die Nachrichtenlage zeigen sich auch im Zeitverlauf (siehe Abbildung 22). Während der Tages-Anzeiger und Cash Daily generell am häufigsten über die sechs Unternehmen berichten, publizieren die drei Pendlerzeitungen 20 Minuten, Heute und .ch – mit kleineren Ausnahmen – praktisch nie mehr als zehn Beiträge pro Tag. Der Verlauf der Berichterstattung weist einzelne markante Ausreisser auf. Insbesondere der 20. Februar 2008 ist durch einen hohen Anteil an Beiträgen charakterisiert. Dies ist auf die kumulierte Berichterstattung über die Credit Suisse und, parallel dazu, die UBS zurückzuführen.[64] Einen weiteren Ausreisser gab es bei Cash

[63] Nachzulesen unter http://www.tagesanzeiger.ch/schweiz/standard/Publizistische-Leitlinien-des-TagesAnzeigers/story/31591536 (07.10.2012).

[64] Die Credit Suisse gab an diesem Tag bedeutende Abschreibungen bekannt, die sie kurz zuvor bei der Verkündung der Quartalszahlen noch nicht mit einkalkuliert hatte. Dies hatte Auswirkungen auf den Börsenkurs der Bankentitel. Bei der UBS fand zur gleichen Zeit eine Hausdurchsuchung in einer Münchner Filiale durch deutsche Steuerfahnder statt.

Daily am 26. Februar 2008. Dieser ist von der Vorberichterstattung über die Generalversammlung der UBS gekennzeichnet. Ausserdem zeigt sich auch beim Tages-Anzeiger gegen Ende des Untersuchungszeitraumes ein aussergewöhnlicher Anstieg bei den Beiträgen. In diesem Fall bewirken die Vorfälle rund um die SBB und den Streik im Tessin eine hohe Zahl an Artikeln.

Abbildung 22: Anzahl Artikel im Zeitverlauf

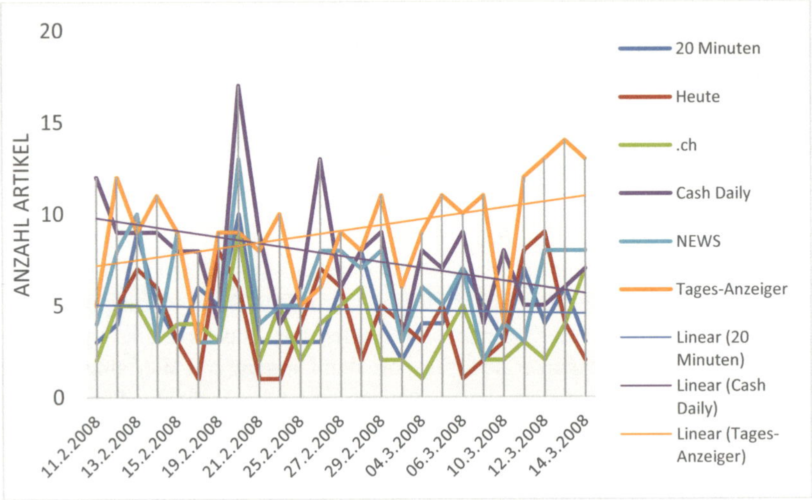

Basis: 11.02.2008-14.03.2008, n = 889

Wirft man einen Blick auf die Berichterstattungstrends im Verlauf der Zeit, zeigen sich erstaunliche Resultate. Die vier «Forums-Pendlerzeitungen» zeigen bei der Trendanalyse, in der Abbildung am Beispiel der Trendlinie (horizontale «Linear»-Linie in der Grafik) von 20 Minuten, eine gleichmässige Berichterstattung über die sechs Unternehmen. Im Gegensatz dazu nimmt die Berichterstattung von Cash Daily über den Untersuchungszeitraum zunehmend ab (abnehmende «Linear»-Linie in der Grafik), während der Tages-Anzeiger (steigende «Linear»-Linie in der Grafik) immer häufiger über die Unternehmen berichtet. Die gegensätzliche Entwicklung der Beitragszahl könnte ein Hinweis auf die unterschiedliche Gewichtung von Ereignissen sein, zumal in den ersten Untersuchungswochen eher die Banken im Fokus standen, während sich die Beiträge gegen Ende um die SBB und den Streik im Tessin drehten.

Der Grund für die kontrastierenden Trends könnte also darin liegen, dass Cash Daily eher der Finanzberichterstattung zuneigte, während der Tages-Anzeiger arbeitnehmerischen Aspekten mehr Platz einräumt.

Abbildung 23: Berichterstattung über Unternehmen im Zeitverlauf

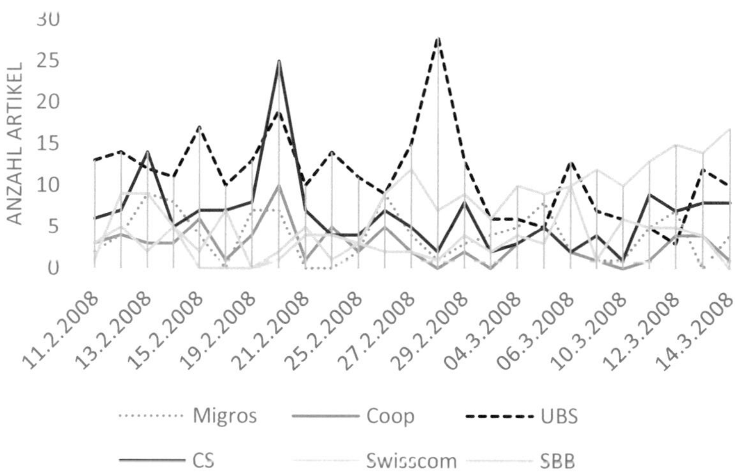

Basis: 11.02.2008-14.03.2008, n = 889

Unterschiede zeigen sich auch bei der Berichterstattung über die einzelnen Unternehmen (siehe Abbildung 23). Die erste Hälfte der Untersuchungsperiode ist von den Ereignissen rund um die zwei Grossbanken Credit Suisse und UBS gekennzeichnet. Auch hier zeigen sich am 20. Februar 2008 aufgrund der herben Verluste der Credit Suisse und der Hausdurchsuchung bei der UBS einen markanten Ausreisser. Obendrein sticht die UBS am 28. Februar 2008 heraus, einen Tag nach der ausserordentlichen Generalversammlung. Im Vergleich zu den beiden Grossbanken und den SBB ist die Zahl der Beiträge über die anderen Unternehmen – abgesehen von einigen Spitzen – eher bescheiden.

Bei der thematischen Evaluation der Beiträge (siehe Tabelle 11) stimmen die Zeitungen grösstenteils überein. Der weitaus grösste Teil (knapp 70 Prozent) der Artikel behandelt laufende Geschäfte der Unternehmen. Das dominierende Thema der Beiträge weist somit fast immer einen starken Bezug zur

Aktualität auf. Die Analyse des Aktualitätsbezugs unterstreicht dieses Resultat: Knapp 96 Prozent aller Beiträge betreffen (hoch-)aktuelles Geschehen des letzten Tages. Damit zeigt sich einmal mehr, dass Pendlerzeitungen überwiegend episodische Berichterstattung betreiben, bzw. aktuelle Ereignisse «auf Messers Schneide der Gegenwart» darstellen und nur über unmittelbare Geschehnisse berichten (Forschungsbereich Öffentlichkeit und Gesellschaft fög 2011: 544).

Tabelle 11: Themen der Unternehmensberichterstattung

	Geschäftstätigkeiten		Stellen und Personalia		Juristisches		Produkte		Anderes	
	n	%	n	%	n	%	n	%	n	%
20 Minuten	86	71.7	11	9.2	4	3.3	0	0	19	15.8
Heute	73	69.5	11	10.5	3	2.9	1	1.0	17	16.2
.ch	65	70.7	17	18.5	3	3.3	0	0	7	7.6
Cash Daily	154	79.8	19	9.8	5	2.6	1	0.5	14	7.3
NEWS	117	77.0	23	15.1	7	4.6	0	0	5	3.3
Tages-Anzeiger	162	71.4	36	15.9	6	2.6	1	0.4	22	9.7
Total	657	73.9	117	13.2	28	3.1	3	0.3	84	9.4

Basis: 11.02.2008-14.03.2008, n = 889, totale Prozente beziehen sich auf den Anteil an der Gesamtberichterstattung

Die Ergebnisse stimmen mit der Resultaten des Jahrbuchs 2011 des fög auch dahingehend überein, dass bei der Wirtschaftsberichterstattung praktisch kein Unterschied zwischen Gratis- und Bezahlzeitungen erkennbar ist. Im Gegenteil: Der Tages-Anzeiger als traditioneller Abonnementstitel weist sogar eine leicht höhere Anbindung an hochaktuelles Geschehen auf als die Pendlerzeitungen. Auch dies bestätigen die Untersuchungen des fög hinsichtlich der Temporalität der Beiträge (Forschungsbereich Öffentlichkeit und Gesellschaft fög 2011: 146ff).

Die Verteilung der untersuchten Beiträge auf die Ressorts zeigt, dass der grösste Teil der Artikel im Wirtschaftsressort veröffentlicht wurde (51 Prozent aller Artikel; siehe Abbildung 24). Daneben weist auch das Politikressort, in dem internationale, nationale oder regionale Nachrichten zusammengefasst sind, einen grossen Anteil an codierten Beiträgen auf (29 Prozent). Auf der

Titelseite werden etwas über 13 Prozent Artikel zu den ausgewählten Unternehmen publiziert. Nur bei der Gratiszeitung Heute findet sich eine Abweichung von dieser Tendenz, da über zehn Prozent der Berichterstattung nicht auf die Standardressorts entfallen. Dies ist dadurch zu erklären, dass das Pendlerblatt über 80 Prozent der Beiträge zur Swisscom in der Rubrik Digital veröffentlichte. Auch Cash Daily unterscheidet sich von den anderen Blättern in der Angebotsstruktur, gemessen am Gesamtvolumen der veröffentlichten Beiträge, indem knapp acht Prozent auf das Gesellschaftsressort entfallen.

Abbildung 24: Verteilung der Beiträge auf die Ressorts

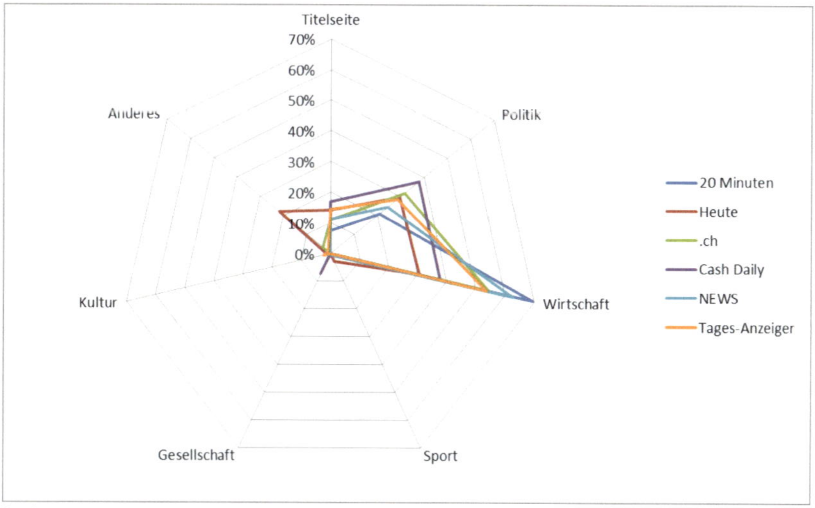

Basis: 11.02.2008-14.03.2008, n = 889

Die untersuchten Titel unterscheiden sich vor allem hinsichtlich der Aufteilung zwischen Politik- und Wirtschaftsressort. 20 Minuten, NEWS, der Tages-Anzeiger sowie .ch veröffentlichen jeweils über 50 Prozent ihrer Beiträge im Wirtschaftsressort. Erstaunlicherweise herrscht bei Cash Daily ein perfektes Gleichgewicht zwischen Politik- und Wirtschaftsressort. Bei einem Wirtschaftsblatt wäre eigentlich zu erwarten, dass die Berichterstattung im Wirtschaftsressort dominiert. Cash Daily begrenzte jedoch die nationalen News auf ein Ressort «Schweiz», weshalb die Berichterstattung auch immer wieder durch politische Aspekte charakterisiert war.

Abbildung 25: Ressortaufteilung nach Unternehmen

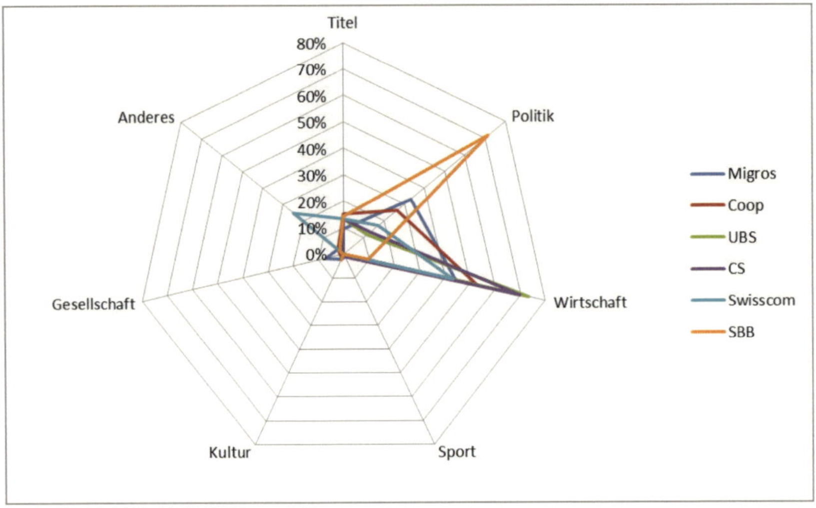

Basis: 11.02.2008-14.03.2008, n = 889

Interessant ist auch die Aufteilung der Unternehmen nach einzelnen Ressorts, denn es zeigen sich grosse Divergenzen (siehe Abbildung 25). Vor allem die Berichterstattung über die SBB unterscheidet sich markant von den anderen Unternehmen, indem die Titel über 70 Prozent aller Beiträge im Politik- und nicht im Wirtschaftsressort (10 Prozent) veröffentlichen. Dieses Phänomen zieht sich durch alle untersuchten Zeitungen hindurch. Dies hängt sicherlich mit einer bedeutenden politischen Präsenz in der Berichterstattung zusammen, dürfte aber auch auf die Bedeutung der SBB als Verkehrsunternehmen in Staatshand zurückzuführen sein. Bei anderen Unternehmen, allen voran die beiden Grossbanken UBS und Credit Suisse, dominiert das Wirtschaftsressort. Nur bei der Swisscom entfallen – aufgrund der speziellen Ressortstrukturierung bei Heute – zahlreiche Artikel in andere Ressorts.

Bei den journalistischen Darstellungsformen (siehe Tabelle 12) zeigen sich Unterschiede vor allem zwischen den stark am Boulevard orientierten Pendlerzeitungen und den etwas stärker qualitätsorientierten Gratis- sowie der Abonnementszeitung. Heute publiziert ausschliesslich Berichte. Auch 20 Minuten veröffentlicht bis auf ein Interview nur Berichte. Dies ist ein weiterer

Hinweis auf die stark episodische Berichterstattung der beiden Gratiszeitungen, die im Vergleich zu den anderen Blättern übermässig am aktuellen Informationsfluss hängen und keine einordnenden oder kommentierenden Darstellungsformen anbieten.

Tabelle 12: Journalistische Darstellungsformen

	Bericht		**Reportage**		**Interview**		**Kommentar**		**Total**	
	n	%	n	%	n	%	n	%	n	%
20 Minuten	119	99.2	0	0	1	0.8	0	0	120	100
Heute	105	100	0	0	0	0	0	0	105	100
.ch	78	84.8	0	0	2	2.2	12	13	92	100
Cash Daily	176	91.2	0	0	4	2.1	13	6.7	193	100
NEWS	145	95.4	0	0	4	2.6	3	2.0	152	100
Tages-Anzeiger	207	91.2	1	0.4	5	2.2	14	6.2	227	100
Total	830	93.4	1	0.1	16	1.8	42	4.7	889	100

Basis: 11.02.2008-14.03.2008, n = 889, totale Prozente beziehen sich auf den Anteil an der Gesamtberichterstattung

Im Gegensatz zu den ersten beiden Gratiszeitungen auf dem Zürcher Pressemarkt verfügten die später hinzugekommenen Konkurrenten über deutlich mehr wertende Darstellungsformen. Bei .ch zeigt sich eine Angebotsstruktur, die mit 13 Prozent an Kommentaren auch über zahlreiche kommentierende Beiträge verfügte. Damit übertrifft .ch sogar den Tages-Anzeiger. Im Unterschied zu den Gratiszeitungen veröffentlicht die Bezahlzeitung auch Autorentexte mit wertenden Elementen, eine Form, die so in Pendlerzeitungen nicht vorkommt. Interviews und Reportagen sind generell Ausnahmeerscheinung.

Es ist erstaunlich, wie sehr sich die Abonnementszeitung und einige der Gratiszeitungen in der Wahl der journalistischen Darstellungsform gleichen. Dies deutet darauf hin, dass sich die jüngeren Gratiszeitungsprojekte explizit von den beiden marktbeherrschenden Gratisblättern 20 Minuten und Heute unterscheiden wollen, deren Unternehmensberichterstattung weitgehend auf Agenturmeldungen basiert (Forschungsbereich Öffentlichkeit und Gesellschaft fög 2011: 150f).

8.2 Formale Effekte des Werbeeinflusses

Formale Aspekte widerspiegeln nicht direkt die Berichterstattung über Anzeigenkunden, lassen aber dennoch erste Rückschlüsse auf den Einfluss der Werbung zu. So kann beispielsweise die häufige Nennung des Unternehmens oder des Produktes in der Überschrift auf eine bevorzugte Behandlung hinweisen. Gleiches gilt für die Verwendung von so genannten «Eyecatchern» wie Fotos oder Infografiken, welche die Aufmerksamkeit des Lesers auf den Text lenken können.

8.2.1 Erwähnung von Unternehmensnamen in Überschriften

Der Überblick in Tabelle 13 zeigt, dass die beiden Marktleader 20 Minuten und Heute häufiger die Namen der betreffenden Unternehmen in den Überschriften erwähnen. Im Gegensatz dazu verzichten die Bezahlzeitung Tages-Anzeiger und die etwas weniger am Boulevard orientierten Pendlerzeitungen .ch, Cash Daily und NEWS in rund drei Fünftel aller Fälle auf eine Namensnennung in den Überschriften.

Generell gilt, dass die Schweizerischen Bundesbahnen (SBB) zu den meistgenannten Unternehmen in den Überschriften gehören. Die SBB sind auch einer der grössten Anzeigenkunden in praktisch allen untersuchten Zeitungen, nur Cash Daily verfügte über keine Werbung des Verkehrsbetriebes. Vor allem bei 20 Minuten, Heute sowie NEWS gehören die SBB zu den wichtigsten werbetreibenden Unternehmen. Es fällt auf, dass der Name des Unternehmens in den drei Titeln besonders häufig erwähnt wird (siehe für einen Überblick Tabelle 14).

Tabelle 13: Erwähnung der Unternehmensnamen in den Überschriften

	Nein		**Erwähnt**		**Klar umschrieben**	
	n	%	n	%	n	%
20 Minuten	64	53.3	48	40	8	6.7
Heute	51	48.6	42	40	12	11.4
.ch	56	60.9	30	32.6	6	6.5
Cash Daily	120	62.2	70	36.6	3	1.6
NEWS	89	58.6	51	33.6	12	7.9
Tages-Anzeiger	113	57.7	83	36.6	13	5.7
Total	511	57.5	324	36.4	54	6.1

Basis: 11.02.2008-14.03.2008, n = 889, totale Prozente beziehen sich auf den Anteil an der Gesamtberichterstattung

Im Vergleich dazu zeigen sich bei der Berichterstattung über die Credit Suisse (CS), einem Unternehmen mit deutlich tieferem Werbeaufkommen in den analysierten Zeitungen, weit weniger Nennungen in den Überschriften. Sogar Cash Daily, das über den grössten Werbeetat von Seiten der Grossbank verfügte, verzichtet in über 80 Prozent aller Artikel auf eine Namensnennung in der Überschrift.

Darüber hinaus scheint die Erwähnung des Unternehmens bzw. eines Produktes in der Überschrift auch von der Möglichkeit abzuhängen, den Beitrag mit geschalteten Anzeigen zu verbinden. So ging beispielsweise die Gratiszeitung Heute in einem Beitrag auf die im Zusammenhang mit der Fussball-Europameisterschaft stehende «Fanmeisterschaft» der Migros ein und schrieb, dass die Leser an besagtem Abend unbedingt den Fernseher einschalten sollten, um die Akteure zu verfolgen.[65] Gleichzeitig publizierte der Detailhändler Migros in der gleichen Ausgabe des Blattes eine ganzseitige Anzeige mit dem Hinweis auf das «grosse Finale» und verwendete in der Überschrift denselben Produktnamen M'08.

[65] Beitrag vom 20. Februar 2008: «M'08: Wer wird Fan-Meister?», S. 14.

Tabelle 14: Prozentualer Anteil der Überschriften

in %	Migros	Coop	UBS	CS	Swisscom	SBB
20 Minuten	42.9	22.2	26.1	45	33.3	65.5
Heute	56.3	23.1	41.2	46.2	31.8	41.7
.ch	20	33.3	34.5	28.6	20	41.7
Cash Daily	18.8	6.3	53.5	17.6	42.9	55.6
NEWS	9.1	20	35.1	32.1	66.7	37.5
Tages-Anzeiger	32.4	14.3	50	25	38.5	38.7

Basis: 11.02.2008-14.03.2008, n = 889

Es deutet sich an, dass der Pressetyp – Gratis- bzw. Bezahlzeitungen – bei den Beitragsüberschriften nicht das einzige ausschlaggebende Unterscheidungsmerkmal ist. Dafür gibt es innerhalb des Gratiszeitungssegments zu grosse Divergenzen hinsichtlich der Art der Berichterstattung. Vielmehr dürfte die unterschiedlich starke Ausrichtung am Boulevard einen Einfluss auf den Umgang mit Unternehmensnamen haben. Damit ist Hypothese sieben, die besagt, dass sich Gratis- und Bezahlzeitungen hinsichtlich der Namensnennung von Anzeigenkunden in den Überschriften deutlich unterscheiden, in dieser Form abzulehnen. Vielmehr müsste das Ergebnis lauten, dass Gratiszeitungen mit einer entschiedenen Marktausrichtung («Strong Market Orientation», vgl. Beam 2003) – gekennzeichnet durch eine stärkere Ausrichtung auf Human-Interest, Sport, private und personalisierte Softnews – eher Indizien eines Anzeigenkundeneinflusses aufweisen.

8.2.2 Verwendung von Bildmaterial

Hinsichtlich der Verwendung von Fotografien in der Berichterstattung unterscheiden sich die beiden Pressetypen deutlich voneinander (siehe Tabelle 15). Trotzdem gibt es mit der Gratiszeitung Heute eine Ausnahme: Letztere veröffentlicht nur in knapp einem Viertel aller Beiträge Fotos – etwa gleich viele wie der Tages-Anzeiger. Bei den anderen kostenlosen Pendlerzeitungen fallen die Quoten der Fotos mit 31-44 Prozent unterschiedlich hoch aus. Mit bis zu 13 Prozentpunkten veröffentlicht NEWS aber dennoch erheblich mehr

Bilder als zum Beispiel Cash Daily. Einmal mehr zeigt sich, dass das Gratiszeitungssegment nicht durchgehend konform agiert, sondern immer wieder Ausnahmefälle präsentiert.

Tabelle 15: Verwendung von Fotografien

	Kein Foto		Foto vorhanden	
	n	%	n	%
20 Minuten	77	64.2	43	35.8
Heute	79	75.2	26	24.8
.ch	56	60.9	36	39.1
Cash Daily	132	68.4	61	31.6
NEWS	84	55.3	68	44.7
Tages-Anzeiger	174	76.7	53	23.3
Total	602	67.7	287	32.3

Basis: 11.02.2008-14.03.2008, n = 889

Bei der Auswahl der Bildelemente favorisieren die untersuchten Zeitungen mehrheitlich Personen, wobei in der Regel die oberste Führungsebene wie CEOs oder Verwaltungsratspräsidenten abgebildet ist (siehe Tabelle 16). Sonstige (leitende) Angestellte oder solche der mittleren Führungsebene werden in der Regel nicht auf Fotos gezeigt.

Im Gegensatz zu den Repräsentanten der Unternehmen greifen die untersuchten Blätter bei unternehmensexternen Akteuren eher auf Bildmaterial zurück. Dies geschieht insbesondere dann, wenn diese zumeist öffentlich bekannten Personen die laufenden Geschäfte eines Unternehmens kritisieren. Vielfach handelt es sich dabei um Interviews von (Wirtschafts-)Experten, Akademikern oder Politikern.

Zeitungen haben sich in den letzten Jahren hinsichtlich ihrer Gestaltung teilweise stark verändert. Besonders in der Unternehmensberichterstattung werden immer häufiger auch Unternehmens- und Produktlogos als grafische Elemente eingesetzt. Bartoschek und Wolff (2010: 116) stellen fest, dass es dadurch für das betroffene Unternehmen und seine Produkte zwangsläufig zu einem Werbeeffekt kommt.

Tabelle 16: Typologie der Bilder

	Firmenlogo		CEO		VR-Präsident		Andere interne Akteure	
	n	%	n	%	n	%	n	%
20 Minuten	4	9.3	5	11.6	10	23.3	1	2.3
Heute	7	26.9	1	3.8	2	7.7	2	7.7
.ch	0	0	12	33.3	7	19.4	1	2.8
Cash Daily	7	11.5	6	9.8	7	11.5	10	16.4
NEWS	6	8.8	13	19.1	9	13.2	5	7.4
Tages-Anzeiger	9	17	4	7.5	5	9.4	6	11.3
Total	33	11.5	41	14.3	40	13.9	25	8.7

	Externe Akteure		Produkte		Anderes	
	n	%	n	%	n	%
20 Minuten	5	11.6	5	11.6	13	30.2
Heute	3	11.5	6	23.1	5	19.2
.ch	7	19.4	0	0	9	25
Cash Daily	11	18	6	9.8	14	23
NEWS	14	20.6	10	14.7	11	16.2
Tages-Anzeiger	7	13.2	9	17	13	24.5
Total	47	16.4	36	12.5	65	22.6

Basis: 11.02.2008-14.03.2008, n = 889

Nicht bei jedem abgebildeten Unternehmenslogo handelt es sich aber um Schleichwerbung. Journalisten können Logos in ihrer gestalterischen Freiheit als Illustrationshilfen benützen, was vor allem in Infografiken immer wieder vorkommt. Auf der Internetseite des Schweizer Presserats gibt es bis jetzt noch keine Stellungnahmen zur Verwendung von Bildern als Schleichwerbung. In der Richtlinie 10.3 der Erklärung der Pflichten und Rechte der Journalistinnen und Journalisten hält der Presserat aber ausdrücklich fest, dass besonders bei Lifestyle-Berichten die «häufiger als nötige Nennung von Produkte- oder

Dienstleistungsmarken und die blosse Wiedergabe von Werbeslogans im redaktionellen Text» die Glaubwürdigkeit von Medien beeinträchtigen können.[66]

Die Analyse zeigt, dass die Gratiszeitung Heute im Vergleich zu den anderen Blättern am meisten Firmenlogos (knapp 27 Prozent) und Produkte (rund 23 Prozent) im Untersuchungszeitraum abbildet. Die Fallzahlen sind zwar relativ klein, trotzdem passen die hohen Prozentwerte von Heute in das bis anhin geprägte Gesamtbild des Titels. Daneben weist der Tages-Anzeiger das zweithöchste Aufkommen an Bildern von Firmenlogos und Produkte auf. Dieses Resultat kann jedoch nicht auf die unterschiedlichen Platzverhältnisse zurückgeführt werden: Nur weil der Tages-Anzeiger über mehr Platz verfügt, bedeutet dies nicht, dass er häufiger Abbildungen von Markenlogos und Produkten heranzieht. Die vorangehende Tabelle 15 zeigte nämlich, dass die Bezahlzeitung von allen untersuchten Zeitungen am wenigsten Fotos publiziert.

.ch überrascht damit, in keiner der beiden Kategorien Bildmaterial zu veröffentlichen – während das Blatt in allen anderen Sparten durchaus auf Fotos zurückgriff. Aus dem Untersuchungsmaterial allein lässt sich nicht auf eine konkrete Strategie von .ch schliessen. Es könnte aber durchaus sein, dass die Pendlerzeitung bewusst auf Bilder von Firmen- bzw. Markenlogos und Produkten verzichtete, um von vornherein unbeabsichtigte Werbeeffekte zu vermeiden.

Zu guter Letzt erstaunt die geringe Anzahl an Marken- und Produktbildern bei Cash Daily. Die kostenlose Wirtschaftszeitung veröffentlicht mit rund 12 Prozent Unternehmenslogos nach Heute und dem Tages-Anzeiger zwar mehr Logos als die restlichen Zeitungen. Der Trend hin zum Magazinjournalismus mit mehr Gestaltungsmöglichkeiten hätte gerade beim Wirtschaftsblatt nicht nur mehr Logos erwarten lassen, sondern insgesamt mehr grafische und bildliche Elemente.

Auf der Basis der Ergebnisse muss die Hypothese acht, nach der sich Gratis- und Bezahlzeitungen in Bezug auf die Verwendung von Bildmaterial über Anzeigenkunden unterscheiden, abgelehnt werden. Zwar veröffentlichen Gratis-

---

[66] Richtlinie 10.3: «Die Freiheit der Redaktion bei der Auswahl der redaktionellen Themen in Bereichen wie ‹Lifestyle› oder ‚Ratgeber› ist zu gewährleisten. Die berufsethischen Regeln erfassen auch Berichte, die Konsumgüter und Dienstleistungen vorstellen. Die unkritische oder hochlobende Präsentation von Konsumgegenständen, die häufiger als nötige Nennung von Produkte- oder Dienstleistungsmarken und die blosse Wiedergabe von Werbeslogans im redaktionellen Text gefährden die Glaubwürdigkeit des Mediums und der Journalistinnen und Journalisten.» (http://presserat.ch/24110.htm, 14.08.2012).

zeitungen – mit Ausnahme von Heute – generell mehr Bildmaterial als die untersuchte Bezahlzeitung, doch geht es nicht allein um die Anzahl der publizierten Fotos, sondern darum, welche Bildmotive die Titel für die Berichterstattung auswählen. Dabei stehen werbewirksame Motive wie Unternehmens- oder Markenlogos bzw. Produktbilder im Vordergrund. Am (Boulevard-) Markt orientierte Gratiszeitungen wie Heute veröffentlichen häufiger solche Bilder. Zugleich weist auch die traditionelle Bezahlzeitung werbeaffines Bildmaterial auf. Auch hier reflektiert eine Kategorienbildung Gratis- versus Bezahlzeitungen die Ergebnisse nur ungenügend.

8.2.3 Einfluss des Werbeaufkommens auf Berichterstattungsumfang und Platzierung

Die Ergebnisse bezüglich des Zusammenhangs zwischen dem Berichterstattungsumfang und dem Werbeaufkommen sind nicht eindeutig.[67] Generell fallen die Korrelationen sehr schwach aus. Betrachtet man zum Beispiel die Kategorie «Print Total», in der alle untersuchten Zeitungen zusammengefasst sind, legen die Resultate (siehe Tabelle 17) nahe, dass der Umfang der Berichterstattung über Anzeigenkunden mit dem Werbeaufkommen positiv korreliert. Andererseits ist erstaunlich, dass die Korrelation bei Betrachtung der Gratiszeitungen allein negativ ist. Dies würde bedeuten, dass ein höheres Werbeaufkommen mit einem kleineren Berichterstattungsvolumen einhergeht. Bei der traditionellen Tageszeitung wiederum scheint das Werbeaufkommen nicht mit dem Umfang zu korrelieren. Die generell schwachen Korrelationen deuten insgesamt darauf hin, dass der Umfang der Berichterstattung in erster Linie – so zumindest die Vermutung – nicht vom Anzeigenaufkommen abhängt. Realistischer dürfte sein, dass andere Einflussgrössen wie der Nachrichtenwert eines Ereignisses den Umfang der Berichterstattung beeinflusst (vgl. Kepplinger 2011: 79f).[68]

[67] Die hohen Signifikanzen müssen hier mit Vorsicht betrachtet werden, da bei hohen Fallzahlen auch kleine Zusammenhänge zu hohen Signifikanzniveaus führen können.

[68] Einzelne Fallberichte deuten trotzdem einen möglichen Einfluss an. So hat die taz in einer verdeckten Recherche aufgedeckt, dass Unternehmen bei einzelnen Printmedien auf Umfang und Themenwahl der Berichterstattung Einfluss nehmen können. Siehe dazu http://blogs.taz.de/rechercheblog/2011/04/01/die-schleichwerbe-recherche/ (29.09.2012).

Tabelle 17: Korrelationen zwischen Berichterstattungsvolumen und Werbeaufkommen

Kategorien	Werbeaufkommen	Werbetreibendes Unternehmen
Umfang Gratiszeitungen	-.101**	.184***
Umfang Bezahlzeitung	.101	.140*
Beitragsumfang Print Total	.142***	.124***

Anmerkungen: *p < .05, **p < .01, ***p < .001, (2-Seitig)

Die tiefen Korrelationskoeffizienten könnten aber nicht nur auf medienrelevante Einflussfaktoren wie dem Nachrichtenwert basieren. Genauso gut können medienexterne Faktoren auf das Berichterstattungsvolumen einwirken. Aus diesem Grund testete die Untersuchung einen möglichen direkten Zusammenhang zwischen dem Berichterstattungsumfang und der Grösse des werbetreibenden Unternehmens.[69] Auch in diesem Fall zeigen sich nur schwache Zusammenhänge. Dies dürfte in erster Linie darauf zurückzuführen sein, dass in der Untersuchung nur finanzstarke Unternehmen mit hohen Umsatzzahlen präsent sind, während kleinere und mittlere Unternehmen in der Studie fehlen. Die Ergebnisse könnten letztlich also trotzdem darauf hinweisen, dass grössere Unternehmen tatsächlich einen Einfluss auf die Berichterstattung ausüben, wie dies Rinallo und Basuroy in ihrer Studie feststellten (2009: 39).

Die Hypothese Nummer 9, laut der das Werbeaufkommen mit dem Berichterstattungsvolumen korreliert, kann aufgrund der schwachen Korrelationen nicht bestätigt werden.

Hinsichtlich des Zusammenhangs zwischen dem Werbeaufkommen und der Platzierung der Beiträge lassen sich hingegen keine sinnvollen Korrelationen berechnen, da die Ressorts in den untersuchten Zeitungen unterschiedlich verteilt und die Platzierungen damit uneinheitlich sind. Für eine differenzierte Betrachtung der Platzierung greift die Untersuchung, ähnlich wie Kolb und Woelke (2010), auf die Anzahl Titelseitenbeiträge pro Unternehmen und Zeitung zurück (siehe Tabelle 18).

[69] Die Grösse bzw. Bedeutung des Anzeigenkunden entspricht dem im Jahre 2007 generierten Umsatz. Die Angaben dazu entnahm der Autor den Geschäftsberichten aus dem Jahre 2008 der untersuchten Unternehmen.

Tabelle 18: Erwähnungen der Unternehmen auf der Titelseite

	20 Minuten		**Heute**		**.ch**		**Cash Daily**		**NEWS**		**Tages-Anzeiger**	
	n	%	n	%	n	%	n	%	n	%	n	%
Migros	0	0	3	20	0	0	3	9.1	0	0	3	9.1
Coop	0	0	2	13.3	1	10	3	9.1	1	5.9	4	12.1
UBS	3	33.3	2	13.3	4	40	16	48.5	5	29.4	7	21.2
CS	2	22.2	2	13.3	2	20	8	24.2	2	11.8	6	18.2
Swisscom	0	0	4	26.7	0	0	3	9.1	1	5.9	2	6.1
SBB	4	44.4	2	13.3	3	30	0	0	8	47.1	11	33.3
Total	9	99.9	15	99.9	10	100	33	100	17	100.1	33	100

Basis: 11.02.2008-14.03.2008, n = 117, Totalprozente ≠ 100% aufgrund von Rundungsabweichungen

Die Frontseitenanalytik zeigt, dass die Zeitungen den einzelnen Unternehmen unterschiedliche Relevanz zuordnen. Die Berichterstattung über die UBS dient dabei als Beispiel: Während Cash Daily knapp die Hälfte aller Beiträge auf der Titelseite platziert – oder zumindest ankündigt – ist es beim Tages-Anzeiger jeder fünfte, bei Heute ungefähr jeder achte Artikel. Dies ist insofern interessant, als die UBS während der Untersuchungsperiode nur bei Cash Daily als Anzeigenkunde fungierte und bei keiner anderen Zeitung des Samples Anzeigen schaltete. Die unterschiedliche Relevanz, die der Grossbank bei der Platzierung auf der Titelseite zukommt, kann demnach ein Indiz für eine präferentielle Behandlung sein.[70] Damit stimmen die Resultate mit den Ergebnissen der Studie von Kolb und Woelke (2010: 68), die bei der Anzahl Titelseitenerwähnungen hinsichtlich der Berichterstattung über die UBS ebenfalls Unterschiede feststellten, weitgehend überein. Bei den SBB lassen sich im Übrigen ähnliche Tendenzen erkennen.

Eine generelle Einflussnahme auf den Umfang sowie auf die Platzierung der Berichterstattung lässt sich nicht mit Bestimmtheit nachweisen. Trotzdem sind einzelne «Verdachtsmomente» – wie in den Fällen UBS oder SBB – nicht

[70] In dieser ersten Untersuchung geht es nicht um inhaltliche Aspekte der Berichterstattung, sondern nur um die Frequenz, mit der Beiträge auf der Titelseite erscheinen. Insofern spielt es keine Rolle, ob es sich bei den Titelseitenbeiträgen um positive oder negative Nachrichten handelt. Die Berichterstattung von Cash Daily über die UBS wird in der Fallstudie in Kapitel 8.4 näher untersucht.

von der Hand zu weisen. Damit besteht zumindest die Möglichkeit, dass Anzeigenkunden *in Einzelfällen* trotzdem auf die publizistischen Selektionsentscheidungen Einfluss nehmen – eben auch bei formalen Aspekten der Berichterstattung.

8.3 Einfluss der Anzeigenkunden auf die Valenz der Berichterstattung

Die zentrale These dieser Studie lautet, dass Anzeigenkunden mit einem hohen Werbeaufkommen die jeweilige Berichterstattung direkt oder indirekt positiv beeinflussen. Mit anderen Worten: Je höher die Werbeinvestitionen eines Anzeigenkunden, desto grösser die Wahrscheinlichkeit, dass die Berichterstattung über ihn oder seine Produkte positiv ausfällt.

Hierfür untersuchte die Studie die Valenz in der Berichterstattung über werbetreibende Unternehmen. Die Bewertung der Berichterstattung erfolgte in drei unterschiedlichen Dimensionen bzw. Kategorien der Inhaltsanalyse: Die erste Dimension erfasst die dargestellten Fakten eines Artikels und gibt somit eine allgemeine Beurteilung der Berichterstattung wider. Die Kodierung beruht auf den jeweils präsentierten Sachverhalten. Per Saldo wird dann entschieden, wie die allgemeine Faktenlage zu beurteilen ist bzw. wie die Journalisten diese anhand der Selektion und Präsentation von weiteren Ereignissen/Tatsachen darstellen.

Die zweite Dimension geht auf die wertenden Aussagen ein und untersucht, wie die Journalisten das Geschehen beurteilen, wobei auch referierte oder zitierte Bewertungen in die Analyse einfliessen. Die dritte und letzte Dimension konzentriert sich auf die Bewertung von Produkten. In diese letzte Dimension werden wertende Aussagen (solche des Journalisten, aber auch referierte) ebenfalls berücksichtigt.

Die Bewertung der Valenz erfolgte auf der Grundlage einer fünfstufigen Skala, die von 1 (uneingeschränkt negativ) bis 5 (uneingeschränkt positiv) reicht. Die mittlere Ausprägung (=3) steht für eine ausgeglichene, aber auch für eine ambivalente Berichterstattung, bei der in gleicher Weise negative wie positive Argumente vorkommen. Entsprechend der Methode von Kolb und Woelke (2010) wurden nicht-wertende Beiträge für die statistischen Berechnungen herausgenommen. Somit fliessen in die Berechnung nur wertende Aussagen ein. Diese entscheiden am Ende auch darüber, ob ein Unternehmen in den Schlagzeilen positiv oder negativ dargestellt wird.

Anhand der hier angewendeten Untersuchungsmethode können freilich keine Aussagen darüber gemacht werden, ob der vermutete Einfluss von Seiten der Anzeigenkunden direkt oder indirekt erfolgt. Die Ergebnisse können also nicht als Antwort auf die Frage dienen, ob zwischen Werbekunden und der Redaktion Absprachen bezüglich der Berichterstattung bestehen – was auf einen direkten Einfluss hinweisen würde.

Exkurs über das statistische Analyseverfahren

Die Studie schlägt mit dem statistischen Analyseverfahren der logistischen Regression einen neuen Untersuchungsansatz vor. Dieses Verfahren bietet sich an, wenn zwischen einer dichotomen abhängigen Variablen und mehreren unabhängigen Variablen ein Zusammenhang statistisch beurteilt werden soll (Backhaus et al. 2003: 418ff). Unter einer dichotomen Variablen ist ein Merkmal zu verstehen, das nur über zwei Ausprägungen verfügt (in dieser Studie z.B. eine positive oder eine negative Berichterstattung). Falls eine Variable über mehr als zwei Ausprägungen verfügt, wie es das Codebook dieser Studie vorsah, muss die Variable für dieses Analyseverfahren zuerst dichotomisiert werden. Für diese Untersuchung mussten deshalb die beiden Ausprägungen «eingeschränkt negativ» und «uneingeschränkt negativ» zuallererst zu einer Merkmalsausprägung «negativ» zusammengefasst werden – wobei für die positiven Ausprägungen dasselbe gilt.

Auf solche Variablen lässt sich eine lineare Regression nicht anwenden, da zwingende Voraussetzungen für die Berechnung fehlen. Beispielsweise sind die Werte nicht normalverteilt, was so viel bedeutet wie: Extreme Ausprägungen treten im Verhältnis zu den mittleren Werten häufiger auf. In der journalistischen Berichterstattung kann dieses Phänomen öfters auftreten, da negative Aussagen aufgrund ihres höheren Effektpotentials tendenziell häufiger vorkommen als positive. Darüber hinaus unterstellt die klassische Regressionsanalyse eine hinreichende Streuung der beobachteten Werte, wobei zwischen den untersuchten Daten ein linearer Zusammenhang besteht. Bei den in dieser Studie verwendeten Valenz-Kategorien handelt es sich aber um ordinalskalierte Variablen. Aufgrund dessen ist eine Voraussage der abhängigen Variablen im Sinne der linearen Regression nicht möglich (Field 2009: 267). Die logistische Regression ist im Gegensatz zur klassischen Regression an weniger strenge Prämissen geknüpft.

Die logistische Regression untersucht, wovon das Eintreten eines bestimmten Ereignisses abhängt. Allerdings stellt sie, im Unterschied zur linearen Regression, keine Schätzungen über zu erwartende Werte an, sondern versucht zu bestimmen, mit welcher Wahrscheinlichkeit ein Ereignis in Abhängigkeit von einer oder mehreren unabhängigen Variablen auftritt. Die logistische Regression betrachtet dafür nicht die einzelnen Koeffizienten der Regressionsgleichung, sondern die sogenannten «Odds». Dabei handelt es sich um die Eintrittswahrscheinlichkeit für ein Ereignis, im Verhältnis zur Wahrscheinlichkeit, dass das Ereignis nicht auftritt. Bezogen auf die Studie betrachtet die logistische Regression also die Eintrittswahrscheinlichkeit einer positiven Berichterstattung im Verhältnis zur Wahrscheinlichkeit einer negativen Berichterstattung.

Die Interpretation erfolgt anhand der «Odds Ratio». Dieses Chancenverhältnis gibt an, um wie viel wahrscheinlicher ein bestimmtes Ereignis für die einzelnen Ausprägungen der unabhängigen Variablen auftritt. In der hier durchgeführten Studie gibt das Chancenverhältnis zum Beispiel an, wie gross die «Chance» auf eine positive Berichterstattung ist, wenn man die Anzeigenseiten um eine Einheit erhöht. Dies gilt allerdings nur, wenn alle anderen Variablen konstant gehalten werden. Da in der logistischen Regression von Eintrittswahrscheinlichkeiten ausgegangen wird, bleibt das methodische Vorgehen nicht ohne Auswirkungen auf die Hypothesenbildung: Es ist nicht möglich, «Je-Desto-Hypothesen» wie in der linearen Regression zu formulieren, sondern nur Vermutungen über die zu erwartende Wahrscheinlichkeit.

Für weitere Hintergrundinformationen über die logistische Regression (z.B. Kriterien zur Modellgüte etc.) siehe auch Backhaus et al. (2003: 417ff) oder Hosmer/Lemeshow (2000).

Die erste, partielle Untersuchung fokussiert auf die Dimension der Valenz der dargestellten Fakten. Je nachdem, welche Sachverhalte die Journalisten im Text präsentieren, kann der redaktionelle Beitrag insgesamt eine positive –

aber auch negative – Prägung aufweisen. Die Bewertung eines Ereignisses findet in dieser ersten Dimension also nicht über wertende Aussagen statt, sondern über die Selektion von Sachverhalten, die mit dem vorgefallenen Phänomen in Zusammenhang stehen.[71]

Die Hypothese 10 geht davon aus, dass ein grösseres Anzeigenaufkommen die Wahrscheinlichkeit einer positiven Berichterstattung erhöht. Neben dem Werbevolumen der Anzeigenkunden kontrolliert die Studie auch potentiell interferierende Variablen wie die Grösse des werbetreibenden Unternehmens und des Medienunternehmens.[72] In einem ersten Schritt schätzt die Studie den Zusammenhang zwischen den drei Prädiktoren Werbeaufkommen, Reichweite der Medien sowie Umsatz der Werbekunden und den abhängigen Variablen anhand einer Korrelationsanalyse (siehe Tabelle 19). Eine solche Vorstudie offenbart erste Anhaltspunkte für die nachträgliche Analyse der kausalen Zusammenhänge.

Bei referierten und zitierten Bewertungen scheinen die Zusammenhänge zwischen dem Werbeaufkommen stärker zu sein als bei den dargestellten Fakten. Bei der Berichterstattung über die Unternehmensprodukte zeichnen sich hingegen keine Korrelationen ab. Dies liegt hauptsächlich daran, dass die Produktberichterstattung in den untersuchten Zeitungen mit knapp einem Prozent (acht Beiträge aus 889) aller Beiträge verschwindend gering ist. Zwischen der Grösse der Anzeigenkunden bzw. der Reichweite der Medien und der Valenz der Berichterstattung scheinen ebenfalls keine bzw. nur äusserst schwache Zusammenhänge zu bestehen.

Zur vertieften statistischen Analyse der Zusammenhänge zwischen den einzelnen Variablen sieht die Untersuchung eine logistische Regressionsanalyse vor. In das Regressionsmodell werden das Werbeaufkommen (Anzeigenseiten), die Grösse der Medien (Reichweite) sowie die Grösse der Anzeigenkunden (Umsatz) aufgenommen.

---

[71] Die in der Folge beschriebenen Resultate wurden ausnahmslos mit dem statistischen Analyseprogramm SPSS berechnet.

[72] Die Grösse des Medienunternehmens basiert auf den Reichweiten der untersuchten Zeitungen. Die Angaben wurden den Auswertungen (MACH Basic 2008/2 sowie 2009/1) der WEMF AG für Werbemedienforschung entnommen.

Tabelle 19: Korrelationen zwischen den Variablen in der Analyse

	Dargestellte Fakten	Referierte Bewertungen	Produktbewertung
Werbeaufkommen	.182**	.242**	.383
Medien (Reichweite)	-.014	-.090**	-.477
Anzeigenkunde (Umsatz)	-.039	-.035	.451

Anmerkungen: **p <.01, (2-Seitig)

Bei der Analyse der einzelnen Titel zeigen sich deutliche Unterschiede (siehe Tabelle 20): Neben 20 Minuten mit 1.08 offenbart vor allem Heute mit einem Effektkoeffizienten von 2.16 eine höhere Chance aufeine positive Berichterstattung bei zunehmendem Werbeaufkommen.[73] Mit anderen Worten: Bei Heute besteht eine mehr als doppelt so grosse Chance auf eine positive Berichterstattung für eine Anzeigenseite mehr.[74] Bei den anderen Pendlerzeitungen lassen sich in der Einzelanalyse keine signifikanten Einflussnahmen ausmachen. Und auch bei der traditionellen Bezahlzeitung (Tages-Anzeiger) übt das Werbeaufkommen keinen signifikanten Einfluss auf den Tenor der Berichterstattung aus.

[73] Aufgrund der Grösse der Tabelle und dem dadurch erforderlichen Querformat finden sich die Analyseergebnisse zu den einzelnen Gratiszeitungen im Anhang A5 der Studie.

[74] Heute weist mit 29 Prozent auch die beste Varianzaufklärung auf. Diese lässt sich an Nagelkerkes R^2 ablesen und bedeutet, dass (in erster Linie) das Werbeaufkommen in relativ hohem Ausmass zur statistischen Erklärung der positiven Berichterstattung beiträgt. Die Gesamtzahl der korrekten Voraussagen ist in der Tabelle unter «% korrekt vorausgesagte Fälle» ersichtlich.

Tabelle 20: Determinanten einer positiven Faktendarstellung

	20 Minuten		Heute		.ch		Cash Daily		NEWS	
Prädiktor	*SE*	e^B	*SE*	e^B	*SE*	e^B	*SE*	e^B	*SE*	e^B
Werbe-aufkommen	0.04	1.08**	0.63	2.16**	1.46	0.09	0.37	0.51	0.26	0.74
Anzeigenkunde (Umsatz)	0.00	1.00	0.00	1.00	0.00	1.00	0.00	1.00	0.00	1.00
Nagelkerke R^2	.17		.29		0.09		.07		.03	
n	74		59		49		98		92	

Anmerkungen:SE = Standardfehler, e^B = Effektkoeffizient («Chance»), Nagelkerke R^2 = erklärte «Variation» (Gütemass), **p <.01.

Abschliessend wurde ein zweites Regressionsmodell getestet, in dem die unabhängigen Variablen Werbeaufkommen, Medien (Reichweite) und Umsatz des Werbekunden nicht gleichzeitig, sondern nacheinander in das Regressionsmodell aufgenommen werden.[75] Die Resultate zeigen keine nennenswerten Unterschiede hinsichtlich der Chancenverhältnisse. Einzig die unabhängige Variable «Anzeigenkunde (Umsatz)» wird im Modell konsequent ausgelassen, da sie keine signifikante Determinante einer positiven Berichterstattung ist.

Im Anschluss an den potentiellen Einfluss auf die dargestellten Fakten analysierte die Studie auch einen möglichen Zusammenhang zwischen dem Werbeaufkommen und den Bewertungen von Journalisten bzw. den von Reportern zitierten Bewertungen.

Die Einzelmedienanalyse zeigt (siehe Tabelle 21), dass die Chance, bei Heute positiv bewertet zu werden, bei einer zusätzlichen Anzeigenseite mehr als 3-mal so hoch ist ($e^B = 3.43$). Die Wahrscheinlichkeit einer positiven Bewertung ist bei der Gratiszeitung aus dem Hause Ringier derart hoch, dass sie

[75] Der Test verwendete in der Software SPSS die «Forward LR»-Methode, bei der die unabhängigen Variablen, basierend auf den Signifikanzwerten, nacheinander in das Modell aufgenommen werden. Dieses Vorgehen empfiehlt sich besonders bei explorativen Untersuchungen, bei denen aufgrund fehlender Forschungsliteratur keine Angaben über die zu verwendenden Variablen vorhanden sind. Hier dient sie als zusätzlicher Testlauf.

sich auch dann abzeichnet, wenn beispielsweise die beiden «Boulevardzeitungen» 20 Minuten und Heute in der Analyse zusammengefasst werden (e^B = 1.79).

Tabelle 21: Determinanten einer positiven Bewertung

	20 Minuten		Heute		.ch		Cash Daily		NEWS	
Prädiktor	*SE*	e^B	*SE*	e^B	*SE*	*SE*	e^B	*SE*	e^B	*SE*
Werbe-aufkommen	0.05	1.05	1.00	3.43*	7.58	0.00	0.46	1.42	0.50	0.77
Anzeigenkunde (Umsatz)	0.00	1.00	0.00	1.00	0.00	1.00	0.00	1.00	0.00	1.00
Nagelkerke R^2	.04		33		0.31		.01		.05	
n	40		28		33		69		51	

Anmerkungen:SE = Standardfehler, e^B = Effektkoeffizient («Chance»), Nagelkerke R^2 = erklärte «Variation» (Gütemass), *p <.05.

Im Gegensatz dazu fallen die Ergebnisse bezüglich der traditionellen Zeitung überraschend aus: Das Werbeaufkommen scheint beim Tages-Anzeiger keinen signifikanten Einfluss auf die Berichterstattung über Anzeigenkunden auszuüben. Andererseits resultiert in diesem speziellen Fall die Reichweite als signifikante Determinante der Berichterstattung. Ein Effektkoeffizient von 0.62 bedeutet, dass die Wahrscheinlichkeit einer positiven Bewertung des Werbekunden kleiner wird, je höher die Reichweite des Mediums ist. Dementsprechend verringert sich die Wahrscheinlichkeit einer positiven Bewertung eines Unternehmens um 38 Prozent pro tausend hinzugewonnene Leser. Dieses Resultat liesse sich damit erklären, dass grössere (Abonnements-)Zeitungen gegenüber Druck- und Steuerungsversuchen von Seiten der Anzeigenkunden resistenter sind. Höhere Reichweiten bedeuten in der Regel auch mehr Werbekunden, sodass die Tageszeitungen nicht nur von einem «wichtigen» Anzeigenkunden abhängig sind (vgl. Reimann/Kreibe 2012).[76]

[76] Das Ergebnis ist trotzdem mit Vorsicht zu interpretieren, da der Standardfehler in Bezug auf die Parameterschätzung relativ gross ist. Dies ist auch auf den Umstand zurückzuführen, dass die Verteilung der positiven (15) gegenüber den negativen (60) Beiträgen ungleich ist. Die Mindestgrösse für die Fallzahlen liegt bei logistischen Regression bei ca. 25 (vgl. Backhaus et al. 2003: 470).

Es lässt sich festhalten, dass zusätzliche Anzeigenseiten bei Gratiszeitungen die Chance auf eine positive Bewertung erhöhen. Dieser Effekt verstärkt sich bei den am Boulevard orientierten Titeln, während er bei der Bezahlzeitung gänzlich ausbleibt. Wie bei der Untersuchung der dargestellten Fakten bestätigt eine anschliessend durchgeführte, schrittweise Analyse auch hier die Resultate mit praktisch identischen Ergebnissen.

Zu guter Letzt konzentriert sich die Studie auf die Analyse der Produktberichterstattung. Hypothese 11 besagt, dass die Zunahme des Anzeigenvolumens eines bestimmten Werbekunden die Wahrscheinlichkeit einer positiven Bewertung dessen Produkte durch die Journalisten oder durch referierte Bewertungen erhöht. In der gesamten Studie treten in knapp 900 untersuchten Beiträgen insgesamt nur acht Produktbewertungen auf. Damit ist die Fallzahl für eine logistische Regression zu tief (vgl. Backhaus et al. 2003: 470).

Ein solcher Ausgang war allerdings nicht vorherzusehen. Berücksichtigt man die äusserst tiefen Fallzahlen, hätte der Untersuchungszeitraum unverhältnismässig verlängert werden müssen, um eine akzeptable Anzahl Fälle zu erreichen. Geht man davon aus, dass in den fünf untersuchten Wochen durchschnittlich je zwei positive und negative Wertungen auftauchen, müsste der Analysezeitraum ungefähr 30 Wochen umfassen, was die Inhaltsanalyse unverhältnissmässig aufgebläht hätte.

Zusammengefasst deuten die Ergebnisse der Untersuchung darauf hin, dass besonders bei Gratiszeitungen, die sich stärker am Boulevard orientieren, ein höheres Anzeigenvolumen tendenziell die Berichterstattung positiv verzerrt. Im Gegensatz dazu scheint das Werbevolumen beim Tages-Anzeiger keinen Einfluss auf die Berichterstattung zu haben. Aufgrund der Tatsache, dass beide Analysen dem Werbevolumen einen signifikanten Einfluss auf die Chance einer positiven Berichterstattung attestieren, ist Hypothese 10 – zumindest in Bezug auf Gratiszeitungen wie 20 Minuten und Heute – tendenziell anzunehmen.

8.4 Fallstudie: Die Berichterstattung über die UBS

Die Resultate der vorherigen Analyse lassen darauf schliessen, dass die Gruppe der Gratiszeitungen durch eine gewisse Heterogenität charakterisiert ist. Das Problem scheint also komplexerer Natur zu sein als der oftmals pauschal formulierte Verdacht, Gratiszeitungen würden aufgrund ihrer kompletten

Werbeabhängigkeit grössere Werbekunden in ihrer Berichterstattung bevorzugt behandeln. Obwohl die bisherigen Ergebnisse nur einen beschränkten Anzeigenkundeneinfluss aufzeigen, offenbaren einzelne Fallstudien eine Beeinflussung der redaktionellen Inhalte (vgl. Andresen 2006; Kolb/Woelke 2010). Es könnte also sein, dass sich Einzelfälle, in denen Anzeigenkunden einen Einfluss auf die Berichterstattung ausüben, in Analysen mit aggregierten Daten nicht herauskristallisieren. Mit anderen Worten: Wenn die Anzeigenkunden nur in *Ausnahmefällen* die Berichterstattung beeinflussen, sind aggregierte Daten nicht besonders hilfreich, da diese strukturelle Wirkungen untersuchen.

Aus diesem Grund führt diese Studie mit demselben Material eine Fallstudie durch, um festzustellen, ob Hinweise auf mögliche Unregelmässigkeiten beim Tenor der Berichterstattung über Anzeigenkunden existieren. Die Fallstudie dient darüber hinaus auch dazu, das Material – auf qualitativer Ebene – noch genauer auf Hinweise hinsichtlich des Werbeeinflusses zu durchforsten. Die Forschungsfrage FF7 lautet in diesem Zusammenhang: Zeigen sich bei der Bewertung eines einzelnen Anzeigenkunden Unterschiede in der Berichterstattung zwischen den untersuchten Zeitungen?

Die Analyse erfolgt anhand der Berichterstattung über die UBS. Die Wahl fiel aus mehreren Gründen auf die Grossbank: Erstens verfügte zum Zeitpunkt der Untersuchung allein Cash Daily über Werbung der UBS. Damit entspricht diese Fallstudie der von Kolb und Woelke (2010: 63) vorgegebenen Modellierung. Diese besagt, dass für ein möglichst klares Ergebnis in einer Zeitung möglichst viel, in den anderen gar keine Werbung des Unternehmens vorkommen darf (ebd.).

Darüber hinaus generierte die Inhaltsanalyse mit Abstand am meisten Material über die Bank. Dies erlaubt eine genauere Untersuchung der komplexen Zusammenhänge sowie robustere Ergebnisse. Die Fallstudie soll hier aber nicht als Ausgangspunkt für eine mögliche Generalisierbarkeit der Resultate dienen, sondern dazu, die bestehende Thesen zu testen und weiterzuentwickeln. So sollen die zuvor eruierten Effekte der aggregierten Analyse daraufhin überprüft werden, ob sie auch in einer Einzelfallstudie sichtbar werden.

Als die Untersuchung einsetzte, hatte die UBS aufgrund der zunehmenden Kritik bereits damit begonnen, ihre Anzeigenkampagnen in den Printmedien zu stornieren. Trotzdem schaltete die Grossbank in Cash Daily immer noch Anzeigen, wenn auch deutlich weniger als zuvor.[77] Ausserdem ist Cash Daily

[77] Siehe Fussnote 56.

auf Wirtschaftsberichterstattung spezialisiert und verfügt somit über eine etwas abweichendere Struktur und Ausrichtung als die restlichen Zeitungen im Sample. Ähnlich wie bei Kolb und Woelke (ebd.) war deshalb eine idealtypische Modellierung der Fallstudie nicht vollumfänglich möglich. Trotz der geringfügigen Einschränkungen sollte es möglich sein, ein differenziertes Bild der Berichterstattung über die UBS in den einzelnen Zeitungen nachzuzeichnen.

Die Bank befand sich zum Untersuchungszeitpunkt in einer Phase des «Ausnahmezustandes» und der Skandalisierung. Dieser Umstand dürfte aber auf die Berichterstattung der einzelnen Medien keinen entscheidenden Einfluss ausüben, da sich die Bank aus der Sicht *aller* Medien in einer Krise befand. Mögliche Verzerrungen aufgrund der Ereignisse dürften deshalb nicht allzu sehr ins Gewicht fallen.

Die Fallstudie vergleicht ihre Ergebnisse mit denjenigen von Kolb und Woelke, deren Untersuchungsobjekt ebenfalls die UBS war. Die beiden Medienwissenschaftler untersuchten die Zürcher Regionalausgaben der Gratiszeitungen .ch (ohne Werbung der UBS) und 20 Minuten (mit Werbung der UBS). Zwar unterscheiden sich die hier präsentierte Analyse und diejenige von Kolb und Woelke bezüglich der Stichprobe und des Kategoriensystems der Inhaltsanalyse. Die Analysemethode ist jedoch kongruent.[78]

8.4.1 Formale Aspekte der Berichterstattung

Die UBS ist im Untersuchungszeitraum prominent vertreten, da die Grossbank zu diesem Zeitpunkt bereits massiv unter den Folgen der geplatzten Hypothekenblase in den USA litt. Insgesamt schrieb die Bank in der Folge der Hypothekenkrise etwa 21 Milliarden Franken ab.

Neben den so genannten «faulen Krediten» stand die UBS auch im Verdacht, amerikanische Staatsangehörige zum Steuerbetrug bzw. zur Steuerhin-

[78] Die Analyse der Valenz der Berichterstattung erfolgte in beiden Studien anhand von fünf Ausprägungen, die von -2 bis +2 (Kolb und Woelke), bzw. 1 bis 5 reichten. Beide Studien führten zwar Vollerhebungen durch, aber der Zeitraum der Untersuchung war bei Kolb und Woelke mit drei Monaten rund doppelt so lang wie bei dieser Studie. Dies ist darauf zurückzuführen, dass die beiden Forscher nur zwei Gratiszeitungen untersuchten, während die hier präsentierte Studie dreimal so viel Titel analysierte.

terziehung zu animieren. Darauf leitete die US-Steuerbehörde IRS Ermittlungen gegen UBS-Kundenberater in den USA ein. Die Bank stand aber vor allem auch für ihr Management rund um den Bankpräsidenten Marcel Ospel in der Kritik.[79]

Die untersuchten Zeitungen berichteten mit unterschiedlicher Häufigkeit über die Geschehnisse im Zusammenhang mit der UBS: Am meisten berichtete Cash Daily (71 Beiträge) über die Vorfälle rund um die Grossbank, gefolgt von Tages-Anzeiger (62), NEWS (57), 20 Minuten (46), .ch (29) und Heute (17).[80]Cash Daily veröffentlichte damit rund 13 Prozent mehr Artikel über die Schweizer Bank als andere Zeitungen, was höchstwahrscheinlich darauf zurückgeführt werden kann, dass es sich bei Cash Daily um ein Wirtschaftsblatt handelte. Dies schlägt sich auch im Gesamtvolumen der Berichterstattung nieder: Cash Daily (10364 cm^2) führt die Klassierung noch vor NEWS (9412 cm^2) und 20 Minuten (5547 cm^2) an.

Die Resultate unterscheiden sich teilweise von denjenigen Kolb und Woelkes (ebd.): Während in der Studie der beiden Forscher die Gratiszeitung *ohne* Werbung knapp 15 Prozent mehr Beiträge als diejenige mit Werbung veröffentlicht, ist es bei Cash Daily genau umgekehrt. Die Ergebnisse hinsichtlich des Umfangs fallen ähnlich aus: Auch bei Kolb und Woelke zeigt sich, dass die Zeitung *mit* Werbung tendenziell längere Beiträge publiziert (ebd.: 68).

Die Titelseitenerwähnungen bestätigen diese Werte: Cash Daily veröffentlicht mit 16 Artikeln oder 22,5 Prozent rund doppelt so viele Beiträge auf der ersten Seite wie die anderen Zeitungen. .ch kommt bei den Erwähnungen auf der Titelseite auf rund 14 Prozent, Heute auf 12, der Tages-Anzeiger auf 11. NEWS und 20 Minuten publizieren gar weniger als zehn Prozent der Beiträge, bzw. kündigen diese auf der Titelseite an. Damit zeigt sich ein weiteres Mal, dass Cash Daily den Ereignissen rund um die Grossbank bedeutende Relevanz zuschreibt.

[79] Siehe z.B. «SOS bei der UBS»: Weltwoche Nr. 32/2008, http://www.weltwoche.ch/ausgaben/2008-32/artikel-2008-32-sos-bei-der-ubs.html (17.08.2012).

[80] Die Resultate von *.ch* und *Heute* sind damit mit Vorsicht zu interpretieren, da die Fallzahlen pro Zeitung relativ gering sind.

Tabelle 22: Verteilung des Artikelumfangs in Bezug auf die UBS

	Kurzmeldung		**bis 1/4-Seite**		**bis 1/2-Seite**		**bis 3/4-Seite**		**1 Seite**	
	n	%	n	%	n	%	n	%	n	%
20 Minuten	11	23.9	22	47.8	10	21.7	3	6.5	0	0
Heute	5	29.4	7	41.2	5	29.4	0	0	0	0
.ch	11	37.9	3	10.3	9	31	5	17.2	1	3.4
Cash Daily	15	21.1	17	23.9	31	43.7	6	8.5	2	2.8
NEWS	9	15.8	17	29.8	27	47.4	4	7	0	0
Tages-Anzeiger	15	24.2	25	40.3	14	22.6	8	12.9	0	0

Basis: 11.02.2008-14.03.2008, n = 282

8.4.2 Valenz der Berichterstattung

Die Fallstudie untersucht den Tenor der Berichterstattung aus zwei verschiedenen Perspektiven: die dargestellten Fakten sowie die wertenden Aussagen von Journalisten und Dritten.[81]. Die Ergebnisse dazu sind in Tabelle 23 ersichtlich.

Valenz der dargestellten Fakten

Ein erster Blick auf die Mittelwerte hinsichtlich der dargestellten Fakten offenbart, dass zwischen den untersuchten Zeitungen teilweise bedeutende Unterschiede bestehen. Generell ist die Berichterstattung bezüglich des Indikators «Faktendarstellung» negativ. Cash Daily verfügt jedoch über einen deutlich höheren Mittelwert als die anderen Titel. Das Wirtschaftsblatt scheint sich in der Berichterstattung weniger auf die alleinige Präsentation von negativen Fakten zu konzentrieren, sondern kombiniert diese wiederholt mit weniger gravierenden Ereignissen. Ein konkretes Beispiel: Am 19. Februar berichtete das

[81] Sofern die Publikation nicht über eine spezielle Rubrik verfügt, ist die Berichterstattung über Bankprodukte verschwindend gering. Cash Daily verfügte zwar über eine solche Rubrik, publizierte im Untersuchungszeitraum aber nur einen Beitrag über einen Anlagefonds. Aus diesem Grund entfällt die Analyse der Produktbewertung.

Blatt über Leerverkäufe an der Börse, welche die Aktie der UBS unter Abgabedruck brachten, so dass deren Aktienkurs noch weiter zu erodieren drohte. Gleichzeitig vermeldete das Blatt, dass die UBS von der indischen Zentralbank die Erlaubnis bekommen hat, Filialen in Indien zu eröffnen.[82]

Tabelle 23: Durchschnittlicher Tenor der Berichterstattung

	20 Minuten	Heute	.ch	Cash Daily	NEWS	Tages-Anzeiger	*F*
Dargestellte Fakten	2.00	2.08	2.16	2.57	2.06	2.05	2.77*
	(.80)	(.64)	(.90)	(.95)	(.81)	(.52)	
Wertende Aussagen	2.17	2.25	2.27	2.76	2.19	1.68	4.28***
	(1.10)	(1.26)	(.96)	(.99)	(.98)	(.46)	

Anmerkungen: *p < .05, ***p < .001, Standardabweichung in Klammern

Die Kopplung von positiven und negativen Meldungen ist insofern erstaunlich, als sich das Themenspektrum der Zeitung nicht grundsätzlich von den anderen Zeitungen unterscheidet. Wie die meisten Titel berichtet auch Cash Daily oft über laufende, bzw. vergangene Geschäfte der Bank. Daraus lässt sich schliessen, dass das kostenlose Wirtschaftsblatt darauf bedacht ist, positive Aspekte der Bank überdurchschnittlich hervorzuheben.

Eine Varianzanalyse bestätigt die Annahme, dass sich die Mittelwerte der Blätter signifikant unterscheiden, $F(5, 170) = 2.77, p = .02$.[83] Signifikanzwerte sagen allerdings nicht alles über die unterschiedliche Bewertung der Faktenlage aus. Analog der Studie von Kolb und Woelke (2010: 69) gilt es, die *Stärke* der Unterschiede zwischen den einzelnen Mittelwerten zu beachten.

Die Unterschiede sind mit 0.41 (Cash Daily – .ch) bis maximal 0.57 (Cash Daily – 20 Minuten) Skalenpunkten erheblich. Darüber hinaus sind die dargestellten Fakten bei der kostenlosen Wirtschaftszeitung deutlich ausgeglichener,

[82] Cash Daily druckte diese Meldung in derselben Ausgabe sogar zweimal ab: einmal unter der Rubrik Schweiz, das zweite Mal bei den internationalen News.

[83] Eine Post-Hoc-Analyse nach dem Tukey HSD-Prozedere ergibt, dass sich der Mittelwert von Cash Daily signifikant von 20 Minuten ($p = .038$) und dem Tages-Anzeiger ($p = .049$) unterscheidet, während NEWS knapp nicht signifikant ist ($p = .063$). Die Mittelwerte von .ch und Heute hingegen sind nicht signifikant verschieden, wobei die Fallzahlen bei diesen beiden Zeitungen ohnehin tief ausfallen.

zumal sie näher am neutralen/ausgeglichenen Wert (= 3) liegen. Dies ist ein weiterer Hinweis darauf, dass Cash Daily häufiger positive Fakten einstreut, während andere Zeitungen kritischere Fakten präsentieren. Obendrein liegen deren Werte – nur gerade .ch weist einen leicht höheren Wert bei den Blättern ohne Werbung auf – relativ nahe beieinander. Dies lässt den Schluss zu, dass die Zeitungen, mit Ausnahme von Cash Daily, bei der Auswahl der dargestellten Fakten ähnliche Massstäbe anwenden.

Damit deutet sich an, dass ein Werbekunde zumindest einen «qualifizierenden Einfluss» (ebd.: 70) auf die Berichterstattung ausübt. Wie dieser Einfluss konkret aussieht – ob es sich um eine direkte Einflussnahme im Rahmen von Absprachen zwischen der Zeitung und dem Anzeigenkunden oder indirekten Auswirkungen in Folge einer unbewussten Schere im Kopf der Journalisten handelt – lässt sich auf der Grundlage Daten jedoch nicht eruieren.

Valenz der Bewertungen von Journalisten und Dritten

Neben den dargestellten Fakten untersuchte die Studie auch wertende Aussagen in der Berichterstattung. Es kann sich dabei um zitierte Aussagen von Dritten handeln (z.B. Wirtschaftsexperten, Bankvertreter, Politiker etc.) oder um wertende Einschätzungen von Seiten der Journalisten. Die Resultate dieser zweiten Untersuchung fallen ähnlich wie in der ersten Analyse aus (siehe Tabelle 23): Cash Daily verfügt mit einem Wert von 2.76 erneut über den mit Abstand höchsten Wert, während die anderen Zeitungen die Ereignisse deutlich negativer bewerten.

Die Varianzanalyse unterstreicht diesen Umstand, zumal sie einen signifikanten Unterschied bei den Mittelwerten nachweist, $F(5, 117) = 4.28$, $p = .001$.[84] Die Auswertung der Differenzen zeigt, dass sich die Titel zwischen 0.49 (Cash Daily – .ch) und maximal 1.08 (Cash Daily – Tages-Anzeiger) Skalenpunkten deutlich bis sehr deutlich voneinander unterscheiden. Der Maximalunterschied ist in diesem Fall sogar fast doppelt so gross wie in der ersten Analyse zu den dargestellten Fakten.

---

[84] Eine Post-Hoc-Analyse nach dem Tukey HSD-Prozedere zeigt, dass sich die Bewertungen von *Cash Daily* einzig vom Tages-Anzeiger ($p = .001$) signifikant unterscheiden.

Vor allem der Tages-Anzeiger berichtet hinsichtlich der wertenden Aussagen besonders kritisch über den UBS-Fall. Als einziges Blatt verfügt die traditionelle Abonnementszeitung über einen Wert, der sogar unter zwei Skalenpunkte fällt. Damit weist die Berichterstattung zahlreiche Beiträge auf, die in der Inhaltsanalyse als «uneingeschränkt negativ» codiert wurden. Dies könnte ein weiteres Indiz auf die redaktionelle Ausrichtung der Abonnementszeitung sein (siehe Kapitel 8.1): Das Blatt scheint sich eher an Arbeitnehmerpositionen zu orientieren und steht traditionell bürgerlichen Domänen – wie den Finanzinstituten – grundsätzlich kritisch gegenüber.

Es könnte aber auch sein, dass in diesem Fall – neben der «politischen» Ausrichtung der Redaktion – ein weiterer Faktor hineinspielt: Der Tages-Anzeiger dürfte generell über mehr Journalisten und finanzielle Ressourcen verfügen, sodass die Rechercheleistung höher ausfällt. Die traditionelle Tageszeitung ist somit weniger auf Agenturmaterial angewiesen und kann mehr Zeit in Eigenrecherchen investieren (vgl. Forschungsbereich Öffentlichkeit und Gesellschaft fög 2011: 42).

Die Bewertungen von 20 Minuten, Heute, .ch und NEWS sind im Vergleich zum Tages-Anzeiger etwas weniger negativ. Sie gruppieren sich aber alle zwischen den Skalenwerten 2.17 und 2.27. Damit wird deutlich, dass Gratiszeitungen ohne Werbung die Ereignisse rund um die UBS sehr ähnlich bewerten.

Da sich der Tages-Anzeiger und die restlichen Pendlerzeitungen bei den dargestellten Fakten nur minimal unterscheiden, bei den wertenden Aussagen hingegen massive Differenzen bestehen, dürfte die aktuelle Ereignislage tendenziell nur einen begrenzten Einfluss auf die Berichterstattung ausüben. Mit anderen Worten: Die dargestellten Fakten eignen sich weniger gut, um den Tenor der Berichterstattung zu beeinflussen. Die Berichterstattung lässt sich vielmehr über die Bewertungen der Journalisten und von Drittpersonen lenken.

Der Tenor der wertenden Aussagen fällt, ausser beim Tages-Anzeiger, generell etwas weniger negativ aus als noch bei der Selektion der dargestellten Fakten. Trotzdem sind auch hier die Bewertungen durchgehend im negativen Bereich. Die Berichterstattung von Cash Daily ist allerdings noch näher am Wert für eine neutrale oder ausgeglichene Berichterstattung (=3) als bei der vorangehenden Untersuchung. Auch bei der Verwendung von wertenden Aussagen lassen sich gewisse «Verdachtsmomente» hinsichtlich eines Anzeigenkundeneinflusses nicht von der Hand weisen.

Es zeigt sich somit, dass die kostenlose Wirtschaftszeitung sowohl bei der Auswahl der dargestellten Fakten als auch bei den wertenden Aussagen ungleich höhere Skalenwerte aufweist als die Konkurrenzblätter. Die Vertiefungsstudie gibt deshalb einen weiteren Hinweis darauf, dass die Hypothese H10, laut der das Anzeigenvolumen eines Werbekunden einen positiven Einfluss auf die Berichterstattung ausübt, zumindest teilweise zutrifft. Insgesamt evoziert die Studie sowohl quantitativ als auch qualitativ Hinweise auf die Beeinflussbarkeit der redaktionellen Berichterstattung durch Werbekunden.

Natürlich handelt es sich bei der hier durchgeführten Vertiefungsstudie um einen Spezialfall, da nur Cash Daily über Werbung der UBS verfügte. Somit lassen sich hier keine generellen Aussagen über den Einfluss der Werbekunden machen. Trotzdem lässt sich durch dieses Fallbeispiel eine Antwort auf die letzte Forschungsfrage FF7 formulieren: Zwischen den Zeitungen (mit und ohne Werbung) manifestieren sich tatsächlich grössere Unterschiede bei der Bewertung von Anzeigenkunden.

Die Ergebnisse lassen vermuten, dass sich bei einer tiefergehenden Analyse noch weitere Unterschiede bei der Berichterstattung über die Grossbank finden. Dies würde bedeuten, dass sich der Einfluss der Werbung nicht nur auf den Tenor des redaktionellen Outputs beschränkt, sondern auch auf andere Aspekte der Berichterstattung einwirkt. Eine nähere Überprüfung der Daten ergab, dass die Berichterstattung bei Cash Daily in knapp 70 Prozent aller Beiträge eine Bewertung der Sachverhalte vornimmt. Damit weist die Wirtschaftszeitung rund zehn Prozent mehr wertende Beiträge auf als alle anderen Zeitungen (siehe Tabelle 24).

Des Weiteren fällt auf, dass die kostenlose Wirtschaftszeitung einen hohen Anteil an Beiträgen mit einer ausgeglichenen Anzahl an eigenen und zitierten Bewertungen aufweist. Obwohl tendenziell mehr Bewertungen von Dritten in den Beiträgen auftauchen, lassen die Journalisten bei Cash Daily auch immer wieder die eigene Meinung in die Berichterstattung einfliessen. Dies lässt vermuten, dass die von den Journalisten geäusserten Bewertungen einen besonderen Einfluss auf die Gesamtbewertung der Ereignisse ausüben. Am Beispiel des Tages-Anzeigers wird dies besonders deutlich: Die Abonnementszeitung weist einen ausserordentlich tiefen Skalenwert für wertende Aussagen auf. In erster Linie scheinen die Journalisten selbst für einen Grossteil der Bewertungen verantwortlich zu sein.Folglich dürften Journalisten den Deutungsrahmen für die beschriebenen Ereignisse stärker prägen, je häufiger sie die Geschehnisse aus ihrer eigenen Perspektive bewerten.

Tabelle 24: Vergleich zwischen eigenen und referierten Bewertungen

In %	Keine Bewertungen	Überwiegend eigene Bewertungen	Ausgeglichene Anzahl an eigenen und zitierten Bewertungen	Überwiegend zitierte Bewertungen
20 Minuten	41.3	13	17.4	28.3
Heute	52.9	5.9	29.4	11.8
.ch	41.4	6.9	27.6	24.1
Cash Daily	31.0	15.5	31.0	22.5
NEWS	40.4	15.8	12.3	31.6
Tages-Anzeiger	40.3	40.3	9.7	9.7

Basis: 11.02.2008-14.03.2008, n = 282

Zwischen Cash Daily und dem Tages-Anzeiger dürften allerdings unterschiedliche Gründe für die entgegengesetzten Bewertungen verantwortlich sein: Beim Wirtschaftsblatt gibt es zwar triftige Hinweise auf einen Einfluss des Werbeaufkommens. Trotzdem müssen gewisse Kontextfaktoren berücksichtigt werden, die eine einschränkende Wirkung auf den Anzeigenkundeneinfluss ausüben könnten: Zum Beispiel der Umstand, dass es sich um eine Wirtschaftszeitung handelt und die Leserschaft häufig aus dem Bankenumfeld kommt. Dies könnte dazu führen, dass die Redaktion eher vorsichtige Kritik an den Banken übt.

Bei der traditionellen Tageszeitung können diverse Motive für die harsche Kritik an der Grossbank ausschlaggebend sein. Als Grund liesse sich zum Beispiel eine unterschiedliche redaktionelle Leitlinie vermuten – oder die beträchtlichen Ressourcen, die mehr Eigenrecherche erlauben. Um diesen Verdacht zu erhärten, müssten zukünftigen Studien diesen Aspekt eingehender untersuchen.

9 Schlussbetrachtung

Ausgangspunkt für die in den vorangegangenen Kapiteln beschriebenen Inhaltsanalysen war die Frage nach dem Einfluss von Anzeigenkunden auf redaktionelle Inhalte von Gratis- und Bezahlzeitungen aus der deutschen Schweiz.

Der erste Abschnitt der Schlussbetrachtung fasst noch einmal die wichtigsten Ergebnisse der beiden Teilstudien sowie die Untersuchungsanlage zusammen. Danach werden die Resultate interpretiert und im Kontext der theoretischen Überlegungen diskutiert. Abschliessend erfolgen eine kritische Würdigung der Arbeit sowie ein Ausblick auf zukünftige Forschungsfragen.

9.1 Zusammenfassung der wichtigsten Ergebnisse

Die vorliegende Studie hat festgestellt, dass Anzeigenkunden tatsächlich auf die publizierten journalistischen Inhalte einwirken. Der Einfluss ist allerdings nicht überall gleich intensiv, scheint aber bei den Gratiszeitungen, die sich stärker am Boulevard orientieren, besonders ausgeprägt zu sein. Die Resultate deuten zwar auf ein konkretes Steuerungspotential der Werbekunden hin, trotzdem ist Unternehmensberichterstattung über Anzeigenkunden nicht in jedem Fall mit Gefälligkeitsjournalismus gleichzusetzen. Die Grauzonen, in denen sich Werbebotschaften und redaktionelle Inhalte annähern und durchmischen, sind entsprechend gross und schwer zu durchdringen. Um das Ausmass der Beeinflussung zu eruieren, bedarf es einer umfassenden methodischen Vorgehensweise, die potentielle Konfundierungen mit anderen Effekten soweit wie möglich ausschliesst. Deshalb sollen vor dem Resümee der Ergebnisse kurz die Konzeption und die einzelnen Operationalisierungsschritte der Studie zusammengefasst werden.

Konzeption und Untersuchungsmethode

Die Studie analysierte mit 20 Minuten, Heute, .ch, Cash Daily und NEWS alle im Jahre 2008 auf dem Deutschschweizer Pressemarkt verfügbaren Gratiszeitungen. Zu Vergleichszwecken untersuchte sie mit dem Tages-Anzeiger auch eine kostenpflichtige Tageszeitung. Die Arbeit ist in zwei partielle Studien unterteilt, wobei sich die erste Teilstudie mit der Hybridisierung von redaktionellen Inhalten und Werbebotschaften befasst. Anhand einer Inhaltsanalyse untersucht sie Sonderwerbeformen, die vom redaktionellen Beitrag zwar weitgehend getrennt, aber in dessen Kontext integriert sind. Zentrale Aspekte sind dementsprechend die Beschaffenheit und das redaktionelle Umfeld von verschiedenartigen Werbeformen. Schliesslich wurde eine Analyse der Bezüge zwischen redaktionellen Beiträgen und den zahlreichen Werbeformaten durchgeführt. Der Untersuchungszeitraum umfasste drei natürliche Kalenderwochen von Montag bis Freitag. Insgesamt wurden 912 Anzeigen von Unternehmen aus den fünf werbeintensivsten Branchen erhoben, codiert und analysiert. Die erste Teilstudie diente letztlich auch dazu, anhand der Werbefläche das Werbeaufkommen der Anzeigenkunden zu eruieren.

Das Werbeaufkommen ist für die zweite Teilstudie unerlässlich: Damit lässt sich die Berichterstattung über ausgewählte Unternehmen mit ihrer *Bedeutung* als Anzeigenkunden in Verbindung bringen. Für die Studie wurde die Berichterstattung über jeweils sechs Anzeigenkunden in den sechs Zeitungen inhaltsanalytisch untersucht. Bei den Anzeigenkunden handelte es sich um die UBS, Credit Suisse, Migros, Coop, Swisscom sowie die SBB. Die Unternehmen wurden auf der Basis der Berichterstattungshäufigkeit und des Werbeaufkommens ausgewählt. Der Untersuchungszeitraum umfasst für die Berichterstattungsanalyse dieselben drei Wochen der zuvor durchgeführten Werbeanalyse, plus je eine vor- und nachgelagerte Woche zwischen Februar und März 2008. Insgesamt wurden in der Berichterstattungsanalyse 889 Artikel erhoben, codiert und analysiert. Die zweite Teilstudie konzentriert sich, neben einer formalen Darstellungs- und Themenanalyse, vor allem auf die Valenz der Berichterstattung. Diese sollte am Ende einen konkreten Hinweis liefern, ob Anzeigenkunden tatsächlich einen Einfluss auf die Berichterstattung über das eigene Unternehmen ausüben – und damit Gefälligkeitsjournalismus betreiben.

Die Verwendung von Sonderwerbeformen

Die untersuchten Zeitungen unterscheiden sich stark hinsichtlich der Verwendung von hybriden Werbeformen. Die Ausrichtung der einzelnen Titel übt dabei einen erheblichen Einfluss auf die Häufigkeit von Sonderwerbeformen aus. Gratiszeitungen wie 20 Minuten und Heute, die sich intensiv am Boulevard ausrichten, weisen häufiger hybride Werbeformen wie Advertorials und Wettbewerbe auf als die anderen untersuchten Blätter. Die Bezahlzeitung hingegen publiziert mit Abstand am wenigsten Werbeformen, die in den redaktionellen Kontext integriert sind. In Bezug auf die untersuchten Branchen bestätigen die Ergebnisse die Klischees, wonach «heikle» Journalismusbereiche die «Chinesische Mauer» besonders rasch abreissen: Für die Medienhäuser wichtige Schlüsselmärkte wie der Auto-, Lifestyle-, Mode- oder Telekommunikationssektor setzen weit häufiger Sonderwerbeformen ein als andere Branchen.

Die Bezüge zum redaktionellen Kontext

Die meisten Anzeigen haben keinen direkten Bezug zum redaktionellen Kontext. Von 912 untersuchten Anzeigen treten bei 185 Werbeschaltungen Bezüge auf, aber nur bei 57 sind die Beziehungen zu den journalistischen Inhalten wirklich auffällig. Gratis- und Bezahlzeitungen weisen unterschiedliche Häufigkeiten hinsichtlich der Bezüge zum redaktionellen Kontext auf: Während der Tages-Anzeiger über mehr schwache Bezüge (optimale Einbettung, aber kein formaler oder thematischer Zusammenhang) zwischen Werbung und redaktionellem Inhalt verfügt, treten bei Gratiszeitungen vermehrt starke Zusammenhänge auf (deutliche Übereinstimmung in Thema oder Form). Damit stützen die Resultate die Hypothese, wonach in Gratiszeitungen öfter Bezüge zwischen Journalismus und Werbung vorkommen – v.a. beim Auto-, Lifestyle- und Telekommunikationssektor treten starke Bezüge zum redaktionellen Kontext am häufigsten auf.

Spezialfall Eigenwerbung

Die untersuchten Zeitungen unterscheiden sich hinsichtlich des Anteils an Eigenwerbung deutlich voneinander. Erstaunlicher ist jedoch, dass Sonderwerbeformen auch bei der Eigenwerbung eher selten vorkommen: Nur rund 17

Prozent aller Anzeigen sind hybride Werbeformen, wobei es sich in den meisten Fällen um Wettbewerbe handelt. Damit widerlegen die Resultate die Hypothese, wonach sich Eigenwerbung häufiger hybrider Werbeformen bedient. Im Gegensatz dazu weist die Eigenwerbung sehr oft Bezüge zum redaktionellen Kontext auf. Fast die Hälfte aller starken Bezüge zum journalistischen Inhalt entfallen auf die Eigenwerbung. Der Trennungsgrundsatz dürfte somit bei der hauseigenen Werbung noch weniger Bestand haben als bei externen Anzeigenkunden.

Das Steuerungspotential der Anzeigenkunden

Die inhaltsanalytische Untersuchung der Berichterstattung über ausgesuchte Anzeigenkunden bestätigt die These nur teilweise: Werbetreibende Unternehmen üben tendenziell einen Einfluss auf die Unternehmensberichterstattung aus. Allerdings zeigt sich, dass zwischen den Zeitungstypen Unterschiede hinsichtlich der Einflussstärke bestehen. Obwohl die aggregierten Daten bei der Gruppe der Gratiszeitungen einen moderaten Einfluss offenbaren, bleibt der allgemeine Effekt unter den Erwartungen. Extrapoliert man aus dieser Gruppe jedoch die Pendlerblätter, die sich stärker am Boulevard orientieren, deuten die Ergebnisse an, dass sich die Berichterstattung hinsichtlich der dargestellten Fakten bei steigendem Werbeaufkommen mit grösserer Wahrscheinlichkeit positiv verzerrt. Gleiches gilt für eine der beiden Boulevardzeitungen in Bezug auf die referierten und zitierten Bewertungen. Im Gegensatz dazu übt das Anzeigenaufkommen bei der traditionellen Abonnementszeitung (Tages-Anzeiger) keinen Einfluss aus. Insgesamt legen die Ergebnisse den Schluss nahe, dass der Einfluss auf den Tenor der Berichterstattung eher über eigene und referierte Bewertungen erfolgt als über die Selektion der dargestellten Fakten.

Die Ergebnisse bezüglich der formalen Effekte des Anzeigenkundeneinflusses deuten ebenfalls darauf hin, dass am Boulevard orientierende Gratiszeitungen eher den Steuerungsversuchen der werbetreibenden Unternehmen erliegen. So erwähnen 20 Minuten und Heute zum Beispiel häufiger Unternehmen in ihren Überschriften, als dies die restlichen Blätter tun. Die Hypothese, wonach sich Gratis- und Bezahlzeitungen in jeglicher Hinsicht deutlich voneinander unterscheiden, lässt sich dadurch allerdings nicht bestätigen.

Fallstudie: Die Berichterstattung über die UBS

Die Berichterstattung über die UBS diente im Rahmen einer Fallstudie als Ausgangspunkt für eine vertiefte Analyse. Diese bestätigt, dass sich auch in einem Einzelfall anhand desselben Untersuchungsmaterials ein markanter Einfluss eines Anzeigenkunden nachweisen lässt – obwohl die aggregierten Daten keine Hinweise darauf ergeben. Cash Daily, das als einziges Blatt über Anzeigen der UBS verfügt, berichtet im Verlauf der Bankenkrise deutlich positiver über die Grossbank als die Zeitungen ohne Werbung. Die Fallstudie bekräftigt folglich die Annahme, dass Steuerungsversuche aufgrund des Anzeigenvolumens nicht nur stattfinden, sondern, wie in diesem spezifischen Fall, auch von Erfolg gekrönt sind. Die qualitative Analyse der Berichterstattung über die UBS bestätigt somit frühere Studien wie die von Kolb und Woelke (2010), die mit demselben Untersuchungsdesign zu identischen Resultaten kamen. Bei anderen Anzeigenkunden blieben ähnlich klare Anzeichen allerdings aus.

9.2 Diskussion und Fazit

Die Ergebnisse der Untersuchung bestätigen weitgehend die eingangs formulierte Grundannahme, dass Anzeigenkunden mittels Medienfinanzierung in Form von Werbezahlungen einen Einfluss auf (Gratis-)Medien ausüben. Die von Altmeppen aufgeworfene Frage, ob «der ökonomische Einfluss bis auf die Veröffentlichungsentscheidungen durchschlägt» (2004: 514), lässt sich aufgrund der empirischen Resultate zumindest teilweise bejahen.

Gleichzeitig lässt sich aufgrund der Daten schlussfolgern, dass es sich beim Phänomen des Anzeigenkundeneinflusses um ein komplexeres Phänomen handelt, als die Forschung bisher annahm. Je nach Aspekt, der im Zusammenhang mit den publizistischen Einflussmöglichkeiten untersucht wird, resultieren unterschiedliche Faktoren als ausschlaggebend. Die Intensität des Einflusspotentials kann vom betroffenen Blatt, von der Werbetypologie, dem Anzeigenkunden sowie dem Industriesektor des Werbekunden abhängen. Deterministische Annahmen wie die, dass Zeitungen – und Gratiszeitungen im Besonderen – bei der Berichterstattung über wichtige Werbekunden unweigerlich ihre kritische Einstellung verlieren und dadurch den Informationsauftrag untergraben, erweisen sich als zu simpel und generalisierend. Obwohl die Ergebnisse nicht immer kohärent sind, lassen sich gewisse Tendenzen ausmachen.

Softnews fördern Steuerungsversuche

Gratiszeitungen, die sich stark am Boulevard orientieren, sind tendenziell anfälliger für Steuerungsversuche von Seiten der Anzeigenkunden. Sie weisen bei den entscheidenden Kategorien der beiden Teilstudien – beispielsweise bei der Verwendung von hybriden Werbeformen, den Bezügen zwischen journalistischen und werblichen Inhalten sowie bei der Wahrscheinlichkeit einer positiven Berichterstattung über die Anzeigenkunden – fast durchgehend die höchsten Werte auf. Eine mögliche Interpretation der Ergebnisse besteht darin, dass kostenlose Boulevardzeitungen aufgrund der starken Fokussierung auf Human-Interest-Themen zahlreiche Beiträge produzieren, die sich leichter mit werblichen Botschaften verbinden lassen. Der Umstand, dass gerade im Bereich des Auto-, Lifestyle- und Telekommunikationssektors am häufigsten starke Bezüge zum redaktionellen Kontext auftreten, unterstreicht diese Sichtweise.

Darüber hinaus können Boulevardzeitungen über ihre Themenselektion die Zusammensetzung der Anzeigenpartner präformieren. Wie Untersuchungen des Forschungsbereichs Öffentlichkeit und Gesellschaft wiederholt bestätigen (2010; 2011), konzentrieren sich Gratiszeitungen in der Themenselektion auf Softnews. Bei den beiden Marktleadern 20 Minuten und Heute ist diese Tendenz stark ausgeprägt. Gerade Heute offenbart eine besondere Affinität zur vorteilhaften Berücksichtigung von Anzeigenkunden. Die aggregierten Daten demonstrieren, dass die Berichterstattung des Pendlerblattes hinsichtlich der dargestellten Fakten, aber vor allem in Bezug auf die Bewertungen von Werbepartnern, verzerrt ist.

Gratiszeitungen, die sich stärker am Boulevard orientieren, dürften mehr Anzeigenkunden anziehen, die sich mit einem redaktionellen Kontext identifizieren oder zumindest abfinden können, der mehrheitlich aus Softnews besteht. Die werbetreibenden Unternehmen versprechen sich dadurch bessere Chancen bei der Verknüpfung von Werbebotschaften mit den entsprechenden redaktionellen Inhalten. Es mag dann auch kein Zufall sein, dass sowohl 20 Minuten als auch Heute (sowie dessen Nachfolger Blick am Abend) ihre Seiten häufig mit redaktionellen Hinweisen auf Produkte oder Kaufempfehlungen füllen. Dabei entsteht für die dargestellten Produkte zwangsläufig ein Werbeeffekt. Die Befunde bestätigen, dass sich redaktionell aufbereitete Werbung anhand von Produkten aus Branchen mit Potential für Human-Interest-Berichterstattung leichter realisieren lässt – vor allem wenn die Zielgruppe jung ist und an einer integrierten Produktberichterstattung interessiert sein dürfte. Neu ist, dass sich dieses Vorgehen nicht nur auf den Lifestyle-Bereich beschränkt, sondern auch im News-Journalismus zeigt.

Angesichts dieser Ergebnisse ist es wenig erstaunlich, dass diese beiden Zeitungen, bzw. auch der Blick am Abend, den «Code of Conduct – Werbung in Medien» bis zum jetzigen Zeitpunkt nicht unterzeichnet haben. Dieses von Chefredakteuren, Presseverlegern und Werbevertretern ausgehandelte Grundlagenpapier besagt, dass sich die unterzeichnenden Parteien dem Publikum gegenüber zu voller Transparenz verpflichten und dies in ihren Verhaltens- und Standesregeln festhalten: «Für den Medienkonsumenten muss demnach immer klar erkennbar sein, welche Inhalte redaktionell verantwortet und welche kommerziell beeinflusst, also von Dritten bezahlt sind. Werden die Formen in der Absicht vermischt, die Medienkonsumenten zu täuschen, leidet die Glaubwürdigkeit sowohl der Redaktion, der Verleger als auch der Anzeigenkunden der Gattung Zeitungen und Zeitschriften.»[85]

Der Ansatz der Selbstregulierung hinsichtlich der Trennung von Werbung und Journalismus ist vielversprechend, zumal sich die meisten Titel, Verlage und Medienverbände in der Schweiz dem Projekt angeschlossen haben. In Zeiten ökonomischer und digitaler Umbrüche ist Transparenz eine notwendige Voraussetzung: «If governments and business are to be held to account, as more than ever they need to be, then democracy requires a functioning, independent news media. A move towards greater transparency in sourcing might be a step in that direction» (Phillips 2010: 381).

Bei Gratiszeitungen scheint die Selbstverpflichtung allerdings nicht zu greifen. Es scheint, als würden sich die beiden Marktleader dadurch zahlreicher Gestaltungsmöglichkeiten im Kontext der redaktionellen Inhalte berauben – nicht zuletzt überwacht eine Monitoring-Kommission die Einhaltung des Code of Conduct. Offenbar hat sich bei Boulevardzeitungen die Überzeugung noch nicht durchgesetzt, dass «funktionierende journalistische Selbstkontrolle nicht etwas Lästiges ist, sondern der Glaubwürdigkeit des Journalismus aufhilft» (Russ-Mohl 2012a).

[85] Grundsatz des Code of Conduct – Werbung in Medien (siehe auch Anhang A6): http://www.schweizermedien.ch/index.php?id=20 (11.09.2012).

Heterogenität der Gratiszeitungen

Wie die Analysen ergaben, unterscheiden sich die Blätter teilweise stark voneinander. Nicht alle Titel tendieren in gleichem Masse dazu, Anzeigenkunden zu bevorzugen. Dies lässt sich in erster Linie durch die verschiedenen Ausrichtungen der Titel begründen. Neben den beiden Gratiszeitungen mit starker Boulevardorientierung existierte mit .ch ein Blatt, das sich explizit einem Qualitätsjournalismus verschrieb. Diese Orientierung widerspiegelt sich auch in den Analysen. Das einzige Blatt ohne bedeutende Konzernmutter zeigt wenig Anzeichen einer Kontextsteuerung von Seiten der Anzeigenkunden. Das generell tiefe Anzeigenaufkommen bei .ch dürfte dieses Ergebnis begünstigt haben.

NEWS ist in seiner Themenstruktur .ch nicht unähnlich und orientiert sich ebenfalls an einem nüchternen Berichterstattungsstil. Trotzdem weist die Zeitung mehrere Merkmale für einen Anzeigenkundeneinfluss auf, beispielsweise bei den Bezügen zum redaktionellen Kontext. Dieser Unterschied lässt sich dadurch erklären, dass NEWS zum Verlagsunternehmen Tamedia gehört und den werbetreibenden Unternehmen dadurch vorteilhaftere Konditionen und Angebote unterbreiten kann, zum Beispiel eine Anzeigenkombination mit dem Tages-Anzeiger. .ch musste sich im Gegensatz dazu zuerst einen Werbekundenstamm aufbauen. Zudem lässt sich die hohe Zahl an Advertorials und Sonderwerbeformen bei NEWS einem überdurchschnittlich hohen Anteil an Eigenwerbung, bzw. der Werbung einer anderen Zeitung desselben Medienunternehmens (bzw. dem Tages-Anzeiger), zuschreiben.

Cash Daily bildet in der Studie eine Ausnahme. Hinsichtlich der Werbeanalyse fiel die kostenlose Wirtschaftszeitung durch eine geringfügige Anzahl an Sonderwerbeformen und Bezügen zum redaktionellen Kontext auf. In der aggregierten Datenanalyse zeigt Cash Daily ebenfalls keine Verzerrungen bezüglich der Berichterstattung über Anzeigenkunden. Dieses Bild ändert sich allerdings drastisch, wenn die Ergebnisse der Fallstudie in die Gesamtbeurteilung der Zeitung einfliessen.

Die signifikant positivere Berichterstattung der Wirtschaftszeitung über die UBS lässt sich dadurch erklären, dass die Grossbank zu den bedeutendsten Anzeigenkunden des Blattes gehört. Bei einem kleineren Wirtschaftsblatt wie Cash Daily, das nicht über einen grossen und differenzierten Pool an Werbepartnern verfügt, dürfte der Ausfall eines wichtigen Anzeigenkunden ernsthafte wirtschaftliche Folgen mit sich bringen. Gleichzeitig handelt es sich bei der UBS um einen wichtigen Informationslieferanten. Gerade der Wirtschaftsjournalismus ist aufgrund der schwierigen Quellenlage auf einen «guten Draht» in die Unternehmen angewiesen. Die Recherche wird mitunter dadurch erschwert, dass es sich bei den Berichterstattungsobjekten in den meisten Fällen um Privatunternehmen handelt, die keiner Auskunftspflicht nachkommen müssen. Dadurch – und durch die ständig drohende Gefahr eines Anzeigenboykotts bei unliebsamer Berichterstattung – dürften es sich Zeitungen, die vollumfänglich auf Werbung angewiesen sind, bei grösseren Anzeigenpartnern zweimal überlegen, ob sie negativ über das Unternehmen berichten.

Traditionelle Abonnementszeitung: keine externen Einflüsse, ausgeprägte Selbstpromotion

Im Vergleich zu den Gratiszeitungen weist die Bezahlzeitung nicht nur weniger Sonderwerbeformen und Bezüge zwischen Werbung und redaktionellem Kontext auf. Sie zeigt auch keinerlei Anzeichen einer Beeinflussung bei den aggregierten Daten. Eine erste Interpretation könnte sein, dass die unterschiedlichen Einnahmequellen aus Werbung, Vertrieb und Abonnements die «Chinesische Mauer» beim Tages-Anzeiger einigermassen intakt halten. Das Blatt ist dadurch weniger an die konjunkturelle Entwicklung der Werbeausgaben gebunden – obwohl sich die massiven Ausfälle in den letzten Jahren auch bei Bezahlzeitungen bemerkbar machten. Russ-Mohl (2010) ist zuzustimmen, wenn er behauptet, dass qualitativ hochstehender Journalismus, der nicht nur aus PR-Zulieferungen besteht, über genügend finanzielle Mittel verfügen muss. Die publizistische Leistungserbringung ausschliesslich über Werbeeinnahmen sicherstellen zu wollen, kann gelingen – es besteht aber immer das Risiko, dass Zeitungen ihr Angebot an den Interessen der Werbewirtschaft ausrichten. Dementsprechend ist eine grössere strukturelle Diversität bei den Finanzierungsformen, wie sie auch Puppis (2012: 13) vorschlägt, anzustreben.

Ein weiterer Grund für den begrenzten Einfluss der Anzeigenkunden dürfte aber auch der Tages-Anzeiger als Marke sein. Ein verstärktes Medienmarketing kann qualitätsorientierten Titeln helfen, den Herausforderungen des Strukturwandels zu begegnen. Dies birgt aber auch gewisse Risiken. Gerade bei hauseigenen Mitteilungen scheint das Trennungsgebot offenbar weniger gross zu sein als bei externen Werbekunden – auch bei Bezahlzeitungen. Die zahlreichen Nebengeschäfte wie der Vertrieb von Büchern oder Wein verschärfen die Situation zusätzlich. Vor ein paar Jahren versuchten einzelne Deutschschweizer Verlage sogar mit Onlineauktionen Geld zu verdienen (Porlezza 2004; 2005a): «Damit besteht die Gefahr, dass Zeitungen ihre ursprüngliche Aufgabe der Informations- und Unterhaltungsvermittlung aus den Augen verlieren» (Porlezza 2005a). Diese Beispiele weisen nicht nur auf eine unterschiedliche Handhabung der Trennungsnorm bei interner und externer Werbung hin, sondern sprechen auch für eine begrenzte Medienselbstkontrolle. Sobald Eigeninteressen im Vordergrund stehen, messen Medienunternehmen gelegentlich mit unterschiedlich langen Ellen (vgl. Porlezza 2005b).

Zwei Ebenen des Anzeigenkundeneinflusses

Betrachtet man die Ergebnisse der Werbe- und Berichterstattungsanalyse zusammen, kristallisieren sich zwei Einflussebenen heraus: Anzeigenkunden können bereits auf der Ebene der Werbeschaltungen einen Einfluss auf die redaktionelle Berichterstattung ausüben, indem hybride Werbeformen in den Kontext der redaktionellen Berichterstattung integriert werden. Kommerzielle Botschaften mit der journalistischen Berichterstattung zu kombinieren, beispielsweise in Form von redaktionellen Hinweisen oder Produktempfehlungen, verstärkt den Werbeeffekt noch weiter. Die dazugehörigen Produktinformationen basieren oft auf PR-Material, das die werbetreibenden Unternehmen kostenlos zur Verfügung stellen. Da sich solche redaktionellen Inhalte mit wenig Aufwand produzieren lassen, profitieren auch die Medienunternehmen davon. Durch diese Art der indirekten Subvention können Gratiszeitungen, die nicht über dieselben finanziellen Mittel wie eine traditionelle General-Interest-Zeitung verfügen, beträchtliche Redaktionskosten einsparen (vgl. Russ-Mohl 2009b: 197).

Eine rückläufige Werbefinanzierung darf dann auch nicht mit einem Rückgang des Einflusses von Öffentlichkeitsarbeit auf die Medieninhalte gleichgesetzt werden, wie dies von Rimscha und Russi (2010) behaupten. Durch PR sparen Unternehmen nicht nur Werbekosten, sondern profitieren ebenfalls davon, dass «das redaktionelle Angebot von den Publika meist für glaubwürdiger gehalten wird als die Werbung» (Fengler/Russ-Mohl 2007a: 792). Um finanzielle Engpässe zu verhindern, dürften strukturell werbeabhängige Titel wie Pendlerzeitungen tendenziell noch stärker auf die Bedürfnisse der Werbetreibenden eingehen.

Wie ein aktuelles Beispiel aus der Schweiz zeigt, beschränken sich Vorfälle nicht nur auf die Unternehmensberichterstattung, sondern kennzeichnen zunehmend auch die Politikberichterstattung: Anfang September 2012 wurde bekannt, dass drei Lokalzeitungen aus dem Kanton Aargau den Grossratskandidaten gegen die Bezahlung von 550 Franken (oder das Buchen von Anzeigen in der Höhe desselben Betrags) ein Porträt anboten. Die Beiträge wären allerdings nicht als Anzeigen, sondern als Teil des redaktionellen Angebots erschienen, obwohl der Presserat in den Pflichten der Journalistinnen und Journalisten festhält, dass jede Form von kommerzieller Werbung zu vermeiden und keinerlei Bedingungen von Seiten der Inserenten zu akzeptieren sei.[86]

Die zweite Ebene des Anzeigenkundeneinflusses umfasst die (indirekten) Steuerungsversuche hinsichtlich der Unternehmensberichterstattung. Die aggregierten Daten belegen, dass die Wahrscheinlichkeit einer positiven Berichterstattung in Abhängigkeit des Werbeaufkommens durchaus besteht – wenn auch nicht alle untersuchten Zeitungen davon betroffen zu sein scheinen. Obendrein zeigt die Fallstudie am Beispiel von Cash Daily und der Berichterstattung über die UBS, dass sich der ökonomische Einfluss gewisser Anzeigenkunden auch auf die redaktionellen Veröffentlichungsentscheide auswirken kann. Kolb und Woelke (2010: 73) interpretieren dieses Phänomen damit, dass die Journalisten – oder zumindest die Chefredaktoren oder Chefs vom Dienst – unbewusst eine Art Schere im Kopf anwenden: Das Wissen um einen wichtigen Anzeigenkunden könnte bei den Journalisten zu einer Veränderung der Wahrnehmung führen, so dass die Berichterstattung positiver ausfällt. Die Daten dieser Studie lassen allerdings keine Rückschlüsse darauf zu, ob sich Journalisten bewusst dafür entscheiden, einen Anzeigenkunden in der Berichterstattung positiver darzustellen, oder ob dies eher unbewusst geschieht.

Grenzen des Anzeigenkundeneinflusses

Trotz aller Anhaltspunkte, die auf einen Einfluss der werbetreibenden Unternehmen hinweisen, sind dem Anzeigenkundeneinfluss Grenzen gesetzt. Dies zeigt sich bereits bei den formalen Aspekten der Berichterstattung: zwischen dem Werbeaufkommen und dem Berichterstattungsumfang resultieren nur unwesentliche Korrelationswerte. Ein ähnlich diffuses Bild entsteht bei der Artikelplatzierung, die einen eher unbedeutenden Einfluss der Werbung auf

[86] Punkt 10 in der Erklärung der Pflichten der Journalistinnen und Journalisten.

das Selektionsverhalten der Journalisten vermuten lässt. Die aggregierte Datenanalyse unterstreicht diesen Schluss, zumal sich kein allgemeiner Einfluss der Werbekunden auf die redaktionellen Inhalte herauskristallisiert.

Die Fallstudie zur Berichterstattung über die UBS fördert ebenfalls deutliche Grenzen der publizistischen Beeinflussungsmöglichkeiten zutage. Die Berichterstattung von Cash Daily ist zwar weit weniger negativ als diejenige der anderen Zeitungen. Trotzdem erstrahlt die UBS – wie dies schon Kolb und Woelke (2010: 72) feststellten – nicht plötzlich als eine der besten Banken der Welt.

Zeitungen, die sich dem Qualitätsjournalismus verschreiben – wie zum Beispiel .ch oder der Tages-Anzeiger – weisen weniger Anzeichen eines Einflusses von Seiten der Werbekunden auf. Voraussetzung dafür ist jedoch ein fortlaufender Diskurs über journalistische Qualität innerhalb der Redaktionen. Die kontinuierliche innerredaktionelle Auseinandersetzung mit Themen rund um journalistische Standards kann bei Journalisten das Bewusstsein für eine Institutionalisierung von Selbstkontrollmechanismen verstärken und Instrumenten wie Ethikkodizes oder Leitlinien zum Durchbruch verhelfen. Schönes Beispiel dafür ist ein in der Gratiszeitung (!) .ch erschienener Beitrag mit dem Titel «Maulkorb für Modejournalisten».[87] Darin bemängelt die Autorin, dass Modedesigner mit ihrer überwältigenden Anzeigenmacht einen derart starken Einfluss auf die Modeberichterstattung ausüben, dass sich Journalisten jegliche Kritik verkneifen und ständig dieselben grossen Namen hochstilisieren – was sich auch sehr schön in der Studie von Rinallo und Basuroy (2009) zeigt.

Über Selbstkontrollmechanismen wie Ombudsmänner, Kodizes u.Ä. können dysfunktionale Entwicklungen innerhalb der Redaktionen, wenn auch nicht gänzlich verhindert, so doch geahndet oder abgeschwächt werden. Das Einrichten von Instrumenten der Qualitätssicherung allein reicht allerdings noch nicht aus, denn «[…] ohne Menschen, die auch bereit sind, Verantwortung zu übernehmen, können diese schwer funktionieren. Diese Bereitschaft über das gezielte Setzen von Handlungsanreizen zu fordern und zu fördern – und zwar von Journalisten und vom Medienmanagement gleichermassen – ist zum einen Inhalt sinnvoller Aus- und Weiterbildung» (Fengler et al. 2013: 16).

[87] .ch vom 27. Februar 2008: «Maulkorb für Modejournalisten», S. 17. Der Beitrag erschien zwar in der Rubrik Mode, ironischerweise aber neben einer Doppelseite mit Produktempfehlungen für Schmuck, jeweils mit Preis und Name des Herstellers.

Serendipität des Anzeigenkundeneinflusses

Die Ergebnisse haben gezeigt, dass der Anzeigenkundeneinfluss je nach Untersuchungsmethode unterschiedlich ausfällt. Die Methode der aggregierten Datenanalyse hängt stark von der Auswahl der Unternehmen ab und davon, wie hoch der Werbeaufwand der einzelnen Firmen in den verschiedenen Zeitungen ist. Bei der Fallstudie hingegen fällt der reale Werbeaufwand weg, da sich der Vergleich nur auf Zeitungen mit oder ohne Werbung *eines* bestimmten Unternehmens beschränkt. Solche Fallstudien basieren in den meisten Fällen auf einer Art «Anfangsverdacht» (vgl. z.B. Lagetar/Mühlbauer 2012), können aber strukturelle Steuerungen der Redaktionen nicht aufzeigen.

Das Phänomen des Einflusses von werbetreibenden Unternehmen auf redaktionelle Inhalte zeichnet sich dementsprechend durch eine gewisse Serendipität aus. Aggregierte Daten können zwar auf *strukturelle* Einflüsse hinweisen. Dabei besteht aber die Gefahr, dass einzelne Fälle, bei denen sich die Valenzen der Berichterstattung signifikant unterscheiden, in der Datenmenge untergehen. So ist die Analyse der Berichterstattung über die UBS nur einer von 36 Fällen, die in die aggregierte Analyse einfliessen.[88] Dies ist mit ein Grund, warum sich der Einfluss von Werbekunden auf die redaktionellen Inhalte so schwer nachweisen oder, anders herum, voraussagen lässt.

Zukünftige Forschung sollte sich deshalb nicht ausschliesslich auf (quasiexperimentelle) Fallstudien (vgl. Kolb/Woelke 2010) beschränken. Ebensowenig sollten sich Forscher nur auf aggregierte Daten (Gambaro/Puglisi 2009; Rinallo/Basuroy 2009) verlassen. In beiden Fällen können Informationen verlorengehen, die für eine umfassende Analyse des Phänomens essentiell sind. Ausserdem ist es notwendig, dass sich die Studien auf den Tenor der Berichterstattung konzentrieren, da dieser für die Bewertung eines Unternehmens – auch durch die Rezipienten – zentral ist. Analysen, die nur die Anzahl Erwähnungen in Betracht ziehen, reichen nicht aus.

Die vorliegende Arbeit plädiert deshalb auch für eine Neuorientierung bei der wissenschaftlichen Analyse des Phänomens: Die Kombination von aggregierten Daten mit qualitativen Vertiefungsanalysen dürfte vielversprechend sein, da derselbe Datensatz aus verschiedenen Perspektiven ausgewertet wird. Auf diese Art und Weise lässt sich das Risiko mindern, vorhandene Effekte über einen einseitigen methodischen Ansatz von Vornherein auszuschliessen.

---

[88] In der aggregierten Analyse wurden für jede der sechs Zeitungen jeweils sechs Unternehmen und die dazugehörige Berichterstattung untersucht.

Der Einfluss von Werbetreibenden als Ausdruck zunehmender Kommerzialisierung

Die Theorie sieht die Hauptursache der Kommerzialisierung in der zunehmend von ökonomischen Interessen geprägten Handlungsrationalität, die sich auch in der Redaktion niederschlägt. Kritiker der Kommerzialisierungstheorie mögen denken, dass eine wirtschaftlich ausgerichtete Produktion – als Ausdruck einer Rationalisierung des redaktionellen Schaffens – auch Vorteile mit sich bringt. Beispielsweise werden Überkapazitäten abgebaut oder Inhalte stärker den Leserwünschen angepasst. Beides mag stimmen, doch besteht gleichzeitig die Gefahr, dass die Leistungsanforderungen an die Redaktion mehr und mehr über ökonomische bzw. systemfremde Rationalitäten bestimmt werden und Journalisten dadurch zusehends an funktionaler Autonomie einbüssen.

Die zunehmende Ausrichtung an den Interessen der Werbetreibenden sowie die fehlende Trennung von werblichen und redaktionellen Inhalten ist ein weiteres Zeichen für Kommerzialisierung, da sie journalistischen Entscheidungen explizit betriebswirtschaftliche Belange voranstellt (vgl. Saxer 1998). Es überrascht in dieser Hinsicht kaum, dass in dieser Studie vor allem die boulevardesken Gratiszeitungen 20 Minuten und Heute deutliche Anzeichen eines Anzeigenkundeneinflusses aufweisen.

Im Gegenteil: Wenn Gratiszeitungen – wie in der Schweiz – zu einem grösseren Medienkonzern gehören, der gleichzeitig auch eine Bezahlzeitung herausgibt, müssen die beiden Blätter möglichst unterschiedlich positioniert werden, um das Risiko einer Kannibalisierung zu verringern. Gerade im Hinblick auf zukünftige Bezahlmodelle – auch im Internet – dürften sich Gratiszeitungen deshalb noch weiter in Richtung Unterhaltungs- und Communityzeitung entwickeln. Ansonsten wird es traditionellen Zeitungen schwer fallen, ihre Kunden weiterhin zu motivieren (neuerdings auch im Onlinebereich), für Informationen zu bezahlen (vgl. Stadler 2012). Es dürfte kein Zufall sein, dass die Auflage der Boulevardzeitung Blick seit 2005 um knapp 30 Prozent abnahm.[89]

[89] Laut der WEMF AG für Werbemedienforschung sank die Auflage des Blick 2012 im Vergleich zum Vorjahr um mehr als acht Prozent. Siehe auch http://www.nzz.ch/aktuell/schweiz/in-der-deutschschweiz-verlieren-alle-bezahlten-tageszeitungen--ausser-die-nzz-am-sonntag-1.17657141 (03.10.2012).

Der Schluss liegt nahe, dass stark kommerziell ausgerichtete Medien wie (boulevardistische) Gratiszeitungen eher auf Wünsche der Werbekunden eingehen. Damit dürften die empirischen Ergebnisse auch der von Sarcinelli (2006) aufgeworfenen Kritik, dass es sich bei der Kommerzialisierungsthese um «verbreitete Trendspekulationen» handelt, den Wind etwas aus den Segeln nehmen.

Organisationswandel: Zunehmende Kontextsteuerung und Interpenetrationszonen

Die Ergebnisse der Studie offenbaren, dass sich die Finanzierung von Zeitungen, die strukturell von Werbung abhängig sind, tatsächlich in einer erfolgreichen Kontextsteuerung äussern kann. Dabei versucht das werbetreibende Unternehmen, die Ausrichtung des Medienangebots in seinem Interesse zu verändern (vgl. Jarren/Röttger 2004). Der Druck der Anzeigenkunden gelangt zumeist über das Management in die Redaktionen, wobei es immer weniger zu gleichberechtigten Aushandlungsprozessen zwischen diesen beiden Teilorganisationen kommt, da innerhalb der Redaktionen der Druck zur Anpassung an ökonomische Vorgaben steigt.

Das Konzept der Ko-Orientierung gerät dadurch mehr und mehr aus dem Lot (Altmeppen 2008a: 88). Dies hinterlässt Spuren, die sich unter anderem in den veränderten individuellen Orientierungsgrössen der Journalisten zeigen: Immer mehr Journalisten – vor allem diejenigen, die in Gratiszeitungen oder privaten elektronischen Medien arbeiten – haben eine ökonomisch geprägte Orientierung (vgl. Keel 2011: 242). Damit zeigt sich, dass eine Ausrichtung an den Interessen der Werbewirtschaft nicht nur vom Medienmanagement aktiv gefördert, sondern von den Journalisten (in Gratiszeitungen) auch weitgehend akzeptiert wird.

Dies lässt darauf schliessen, dass sich die Interpenetrationszonen nicht nur auf die Aushandlungen zwischen Chefredaktion und Medienmanagement beschränken. Eine strikte Trennung von Redaktion und Marketing- oder Anzeigenabteilung ist heutzutage nur noch selten anzutreffen, besonders bei kleineren Medienorganisationen (vgl. An/Bergen 2007; Wyss 2002: 278f). Daraus können nicht nur Interaktionen zwischen Journalisten und Marketingfachleuten entstehen, sondern auch Absprachen bezüglich des Umgangs mit Werbekunden.

Die Resultate dieser Studie deuten darauf hin, dass das Konzept der Ko-Orientierung neu überdacht werden muss. Die kontinuierlichen internen Steuerungsversuche durch das Management setzen die Redaktionen zusehends unter Druck, sodass die «Chinesische Mauer» zwischen ökonomischer und publizistischer Teilorganisation immer mehr bröckelt. Hybride Werbeformen oder die Durchmischung von journalistischen und kommerziellen Tätigkeiten können hier als das Ergebnis einer solchen Einwirkung von Seiten des Managements angesehen werden. Gerade beim Austausch und bei Verhandlungen zwischen der Verlags- und der Redaktionsleitung entstehen dadurch zusehends Wechselwirkungen zwischen wirtschaftlichen und publizistischen Kriterien, die sich auf die redaktionellen Handlungen auswirken können.

Allerdings dürfte der Druck auf die Redaktionen nicht in allen Medienunternehmen gleich gross sein (vgl. Russ-Mohl 2012): Bei «Elitezeitungen» – wie zum Beispiel der Neuen Zürcher Zeitung – scheint die Redaktion noch weitgehend autonom zu agieren. Dies kann darauf zurückzuführen sein, dass das Publikum unethisches Verhalten eher «entdeckt» und der Schaden für die Medienmarke dementsprechend gross wäre. Bei Titeln aus dem Boulevard- bzw. Gratissegment, die tendenziell ein jüngeres Publikum mit tieferer Ausbildung und Medienkompetenz ansprechen, dürfte das Interesse für eine erhöhte Transparenz und Selbstregulierung schwächer ausfallen. Obendrein sind es meistens Blätter aus diesem Segment, welche den Medienunternehmen Gewinne bescheren (und für die Querfinanzierung von Qualitätszeitungen benötigt werden), weswegen qualitätssteigernde Initiativen aus Kostengründen gescheut werden (ebd.).

Letztlich löst sich die Ko-Orientierung immer mehr zu Gunsten einer zunehmenden Durchdringung von Journalismus und Werbung auf – nicht nur auf organisationaler, sondern eben auch auf der Beitragsebene. Wäre es da nicht von Vorteil, wenn von Beginn weg anstelle von Ko-Orientierung von Interpenetrationszonen zwischen dem Management und der Redaktion die Rede wäre?

Bewertung der Ergebnisse aus der Perspektive des gegenwärtigen Gratiszeitungsmarktes

Der Gratiszeitungsmarkt hat sich in der Schweiz in den letzten fünf Jahren deutlich verändert. Von den fünf zum Zeitpunkt der Untersuchung vorhandenen Pendlerblätter im Raum Zürich haben gerade einmal zwei Titel den harten

Verdrängungskampf überlebt. Es dürfte kein Zufall sein, dass es sich dabei um Blätter handelt, die den beiden grössten Medienunternehmen in der Schweiz gehören – und gleichzeitig auch eine klare Boulevard- und Softnews-Orientierung verfolgen. Damit gehören sie laut Beam (1998) zu den «Market-oriented newspapers», die sich auf Kosten der journalistischen Einordnung und des Informationsjournalismus strikt an kommerziellen Zielen ausrichten. Diese Strategie deutet sich in zahlreichen Studien immer wieder an: «Ein ressourcenarmer Allroundjournalismus zeigt sich vorab bei den täglich erscheinenden Gratis- und Boulevardmedien sowohl hinsichtlich der redaktionellen Eigenleistungen als auch bezüglich der Darstellungsformen» (Kamber/Imhof 2011: 3).

Während sich bei den schwach strukturierten Pressetiteln im Boulevard- und Gratiszeitungssegment inhaltsmässig nur wenig verändert haben dürfte, sind die *Rahmenbedingungen* nun komplett anders: Wo vorher ein übersättigter und wettbewerbsintensiver Markt herrschte, in dem sich zahlreiche Player die Werbeeinnahmen streitig machten, herrscht heute ein einvernehmliches Nebeneinander von 20 Minuten, das die Pendler frühmorgens zur Arbeit begleitet, und dem am Nachmittag erscheinenden Blick am Abend. Dies zeigen auch die Zahlen in Bezug auf die Reichweite der beiden Titel, die in den letzten Jahren konstant waren oder sogar noch etwas zulegen konnten. Damit dürften sich auch die Werbepreise etwas stabilisiert haben, obwohl der Werbemarkt in den vergangenen Jahren unter Druck steht. Derweil teilen sich die Werbeerlöse unter deutlich weniger Pendlerzeitungen auf.

Ob dies die Werbeabhängigkeit der Pendlerzeitungen verringert, ist zum jetzigen Zeitpunkt noch unklar. Sofern der negative Trend bei den Werbeerlösen anhält, dürfte die «Chinesische Mauer» weiter bröckeln. 20 Minuten und Blick am Abend gehören zwar finanziell potenten Medienkonzernen, welche die Blätter auch quersubventionieren könnten. Falls die traditionsreicheren Titel der Häuser wie der Tages-Anzeiger oder der Blick aufgrund der Kannibalisierung weiter an Leserzahlen und Werbeeinnahmen einbüssen sollten, dürften die finanziellen Mittel irgendwann versiegen, zumal die jüngere Zielgruppe dank Mobiltelefonen und Pads auch unterwegs häufiger ins Internet abwandert. Diese Umstände würden dann wiederum Beeinflussungsversuche von Seiten der Werbetreibenden begünstigen, um möglichst keine Werbeerlöse einzubüssen.

Eine Reinterpretation der Forschungsergebnisse aus heutiger Sicht verlangt auf jeden Fall eine gewisse Zurückhaltung, da Studien immer nur eine Momentaufnahme eines Phänomens sind. Die Rahmenbedingungen haben sich in den letzten fünf Jahren drastisch verändert – und sie werden dies in den nächsten fünf Jahren voraussichtlich nochmals tun. Die Resultate der Untersuchung dürften Medienforscher allerdings nicht positiv stimmen: Die starke Orientierung am Markt sowie die Fokussierung auf kommerzialisierte Inhalte und Human-Interest-Themen garantieren aus der Perspektive der beiden Pendlerzeitungen den Erfolg – was sich auch in den Leserzahlen und den Reichweiten niederschlägt. Das Medienmanagement – aber eben auch die Redaktionen bzw. die Journalisten – dürften deshalb am eingeschlagenen Kurs festhalten und ihrem Schaffen weiterhin ökonomische Aspekte als handlungsleitende Orientierungsgrössen zurgunde legen.

Problematisch dabei ist allerdings, dass dieses Verhalten auch Auswirkungen auf die Rezipienten haben kann: Ähnlich, wie die «Gratismentalität» im Internet und bei Gratiszeitungen das Preisbewusstsein der Leser erodiert, kann die andauernde Kombination von redaktionellen und kommerziellen Inhalten das Bewusstsein für eine grundsätzliche Trennung von Werbung und Journalismus zerrütten – insbesondere bei jüngeren und weniger gut ausgebildeten Lesern. Es kann und sollte deshalb nicht nur ein Anliegen der Medien sein, solchen dysfunktionalen Entwicklungen entgegenzuwirken, zumal gerade boulevardeske Blätter in den meisten Fällen von einer solchen Strategie profitieren: «Herausgefordert sind daher [...] auch die Politik und insbesondere die Zivilgesellschaft. Sie alle sind aufgerufen, nach Massnahmen zu suchen, die geeignet sind, problematische Entwicklungen zu konterkarieren und allfällige Defizite bezüglich Vielfalt, Pluralismus und Qualität zu reduzieren» (Meier/Leonarz 2011: 7).

Fazit

«Wes Brot ich ess, des Lied ich sing.» Auf der Grundlage der Forschungsergebnisse trifft diese Volksweisheit vor allem auf die sich stärker am Boulevard orientierenden Gratiszeitungen zu. Die Resultate bestätigen, dass dieser Medientyp in der Schweiz nur in beschränktem Ausmass unabhängige publizistische Leistungen erbringt. Dies hat beträchtliche Auswirkungen auf die demokratierelevante Funktion des Journalismus, vor allem wenn man bedenkt, dass 20 Minuten und Blick am Abend (bzw. Heute) zu den meistgelesenen Zeitungen in der Schweiz gehören. Wenn Zeitungen mit hohen Leserzahlen und tendenziell jüngeren Rezipienten dysfunktionale Aspekte in ihrer Berichterstattung aufweisen, ist das beunruhigend und müsste eigentlich die Debatte rund um Qualität und Vielfalt der Schweizer Tageszeitungen neu lancieren – zumal ja auch andere Studien zu ähnlichen Ergebnissen kommen (vgl. Forschungsbereich Öffentlichkeit und Gesellschaft fög 2011). Die Diskussionen halten sich ausserhalb des akademischen Betriebs zwar noch immer in Grenzen, erfreulicherweise berichten in den letzten Jahren aber vor allem Onlinemedien regelmässig auch über Forschungsergebnisse, wobei sich die Leser aktiv an der Debatte beteiligen können.[90]

In diesem Zusammenhang wäre auch die Politik gefordert, Massnahmen zu diskutieren, die derartige Prozesse konterkarieren könnten. Ob die Politik letztendlich griffige Instrumente entwickeln kann, oder dies vielleicht sogar besser bleiben lassen sollte, ist hier nicht der zentrale Punkt. Es ginge erst einmal darum, akute Probleme zu erörtern und aufzuzeigen.[91] Derweil legt die Schweizer Medienpolitik aber eher ein «gepflegtes Desinteresse» an den Tag, wie dies Puppis (2011) in einem Beitrag augenzwinkernd umschrieb. Auch der Bundesrat liess 2011 verlauten, dass momentan keine konkreten Massnahmen vorgesehen sind, obwohl verschiedene Studien (die im Auftrag des Bundesamtes für Kommunikation BAKOM durchgeführt wurden) zahlreiche Problembereiche besonders in der Presse aufzeigten.[92] Der Bundesrat weist allerdings auf die Notwendigkeit von Selbstregulierung in der Medienindustrie hin, da «vorab die Medien selbst Wege suchen müssen, um die laufenden Entwicklungen und die damit einhergehenden Schwierigkeiten zu bewältigen».[93]

Medienunternehmen – auch die Presse – stehen in der Verantwortung, eigene Regeln und Instrumente zu finden, um dysfunktionale Entwicklungen zu

[90] Zwar finden Themen rund um die journalistische Qualität sporadisch immer wieder Eingang in die (Massen-)Medien, so beispielsweise bei der Publikation des Jahrbuches Qualität der Medien des Forschungsbereichs Öffentlichkeit und Gesellschaft oder im Anschluss an die jährliche Verlegertagung. Thematische Blogs wie der Medienspiegel von Martin Hitz (www.medienspiegel.ch) oder Deadline von Constantin Seibt (http://blog.tagesanzeiger.ch/deadline/) auf der Internetseite des Tages-Anzeigers behandeln das Thema aber weit häufiger.

[91] Was übrigens nicht nur ein Manko der Politik ist. Auch die Medienwissenschaft sollte Forschungsergebnisse nicht nur in Fachkreisen publizieren, sondern vermehrt auch aktiv der breiten Öffentlichkeit präsentieren und zugänglich machen.

[92] Hier findet sich der Bericht des Bundesrates «Postulatsbericht Fehr – Pressevielfalt sichern»: http://www.news.admin.ch/NSBSubscriber/message/attachments/23504.pdf (17.09.2012). Zusätzlich können hier die einzelnen Forschungsprojekte über die Lage der Medien in der Schweiz konsultiert werden: http://www.bakom.admin.ch/themen/radio_tv/01153/01156/03479/index.html?lang=de (17.09.2012).

[93] Aus der Medienmitteilung des Bundesrates: http://www.bakom.admin.ch/dokumentation/medieninformationen/00471/index.html?lang=de&msg-id=39886 (17.09.2012).

hemmen. Fassihi beschreibt dies in Bezug auf die starke Einflussnahme der PR wie folgt: «Der Journalismus muss sich – vor allem mit der Kraft der Selbstmedikation – entgiften und sich vom übermässigen Einfluss der PR befreien. Durch Aufklärung statt Leugnen, Recherche statt unkritischer Übernahme der PR-Angebote und durch Unabhängigkeit von Interessen Dritter kann der Journalismus seine Ehre zurückgewinnen» (2008: 304).

Zentrale Frage in diesem Zusammenhang dürfte sein, wie man ethische und ökonomische Vernunft zusammenbringt, denn angesichts des radikalen Wandels im medialen Ökosystem und dem steigenden wirtschaftlichen Druck scheint eine Auseinandersetzung mit Konzepten der Selbstregulierung zwingend. Bei den Medienunternehmen ist noch viel Verbesserungspotential vorhanden. Ethik-Kodizes, Ombudsmänner, Medienjournalismus usw. – diese und andere traditionelle Instrumente der Medienselbstkontrolle, die die Unabhängigkeit der Redaktion stärken könnten, sind bei weitem nicht in allen Medienunternehmen etabliert. Innovative Instrumente wie Redaktionsblogs, Kommentar- und Korrekturfunktionen oder interaktive Austauschmöglichkeiten über verschiedene Social-Media-Kanäle, welche darüber hinaus die Transparenz journalistischer Produktion erhöhen würden, sind in der Schweiz ebenfalls überschaubar (Porlezza/Russ-Mohl 2011).

In Zeiten zunehmender Medienkonvergenz wankt nicht nur das journalistische Monopol der gesellschaftlichen Selbstbeobachtung, auch die Medien(selbst-)Kontrolle entgleitet den Medienorganisationen zusehends: Blogs und soziale Netzwerke übernehmen auf der Grundlage einer «Crowdsourced Media Accountability» (Fengler 2012) immer häufiger die Rolle der Medienkontrolleure. Sollten sich Medienunternehmen weiterhin nur zögerlich mit Themen der Medienselbstregulierung befassen, dürfen sie sich nicht über Fremdkontrolle und ein schwindendes Vertrauen in die Medien beklagen. Allerdings hängt diese Entwicklung auch vom Publikum ab: Sofern die Rezipienten nicht deutlich signalisieren, dass Medienunternehmen für ihr Handeln zur Rechenschaft gezogen werden, dürften Medienmanager (aber auch Journalisten) ihre passive Haltung gegenüber Instrumenten der Medienselbstkontrolle aller Voraussicht nach nicht ändern (vgl. Russ-Mohl 2012).

Es bleibt zu hoffen, dass der Journalismus über genügend «Kraft der Selbstmedikation» verfügt, um sich in Zukunft die Unabhängigkeit von den Interessen Dritter zu erhalten. Dafür braucht es aber Medienmanager *und* Journalisten, die bereit sind, Verantwortung zu übernehmen und offen über Media

Accountability und Medienselbstregulierung zu diskutieren – auch und vor allem bei Gratiszeitungen. In den meisten Fällen reagieren Journalisten jedoch nur auf Veränderungen, statt diese selber zu initialisieren. Der Journalismus ist aufgrund des Strukturwandels nicht nur gezwungen, sich mit wirtschaftlichen Aspekten zu befassen – er soll sich damit auseinandersetzen, um sich selbst neu zu erfinden. Dementsprechend müsste er sich aktiv in die organisationsinterne Diskussion einbringen: «If the future of journalism is to be determined largely by journalists, then journalists [...] need to become more proactive and entrepreneurial, exerting their agency in creative ways that make the value of professional journalism work more apparent in a crowded and competitive marketplace» (Gade 2009: 10). Nur auf diese Weise kann der Journalismus sicherstellen, dass er in Zukunft überhaupt noch Gehör findet und bei den Rezipienten nicht weiter an Glaubwürdigkeit einbüsst.

9.3 Kritische Würdigung und Ausblick

Ziel der Studie war es, das Phänomen des Anzeigenkundeneinflusses nicht nur anhand von Einzelfallstudien zu analysieren, sondern strukturelle und systematische Einflussnahmen von Seiten der werbetreibenden Unternehmen offenzulegen. Eines der grössten Probleme, mit denen die Forschung über den Einfluss von Werbung zu kämpfen hat, ist die Intransparenz hinsichtlich der Werbeausgaben. Diesbezüglich geben sich die betroffenen Unternehmen zugeknöpft. Die Zurückhaltung der Akteure wird noch grösser, wenn es um Themen wie die Steuerung des redaktionellen Inhaltes oder hybride Werbeformen geht. Dies schlägt sich in einem Mehraufwand bezüglich der Einschätzung der Werbeinvestitionen nieder.

Die Auswahl der zu untersuchenden Unternehmen birgt weitere Schwierigkeiten, da mit dem Werbeaufwand und der Berichterstattung zwei Faktoren zu kombinieren sind. Es kann vorkommen, dass Unternehmen zwar über einen hohen Werbeaufwand verfügen, aber nur selten Objekt der Berichterstattung sind. Die Zusammensetzung kann in den meisten Fällen nicht von vornherein, sondern erst nach einer Analyse der Werbeausgaben erfolgen. Obwohl das Vorgehen teilweise explorativ ist, zeigen die Resultate der Studie, dass der methodische Ansatz der quantitativen Inhaltsanalyse – zusammen mit einer logistischen Regression – geeignet ist, den Einfluss von Anzeigenkunden nachzuweisen. Entscheidend jedoch ist, dass nicht nur aggregierte Daten in die generelle Analyse einfliessen, sondern eben auch qualitative Tiefenstudien von Einzelfällen.

Diese Studie musste aus forschungsökonomischen Gründen Einschränkungen in Kauf nehmen. So umfasste das Zeitungs-Sample nur eine traditionelle Abonnementszeitung. Daraus lassen sich keine Inferenzen bezüglich der übrigen Bezahlzeitungen ziehen. Dafür sind die Unterschiede in den Zeitungssegmenten und wohl auch der Bezug zu den einzelnen Werbekunden (Typ, Region) zu gross. Darüber hinaus hat sich der Gratiszeitungsmarkt in den letzten Jahren stark verändert: In der Zwischenzeit gibt es mit 20 Minuten und dem Blick am Abend nur noch zwei Pendlerblätter auf dem Markt, während alle anderen Projekte eingestellt wurden. Die Studie wurde deshalb zu einem Zeitpunkt unternommen, der aufgrund der Anzahl an verfügbaren Gratiszeitungen historisch einmalig bleiben dürfte.

Die Studie schliesst eine weitere Lücke im Forschungsfeld. Bis anhin dominierten Fall- oder Kommunikatorstudien, die versuchten, den Einfluss der Werbung auf die Redaktionen über die Befragung von Journalisten, Medienmanagern oder Marketingfachleuten zu eruieren. Zweifelsohne liefern diese Untersuchungen einen wichtigen Beitrag zur Erforschung des Phänomens, aber sie können nicht erfassen, ob und wie der Einfluss der Werbung auf die Medieninhalte durchschlägt und die Medienperformanz dadurch beeinträchtigt. Dies können nur Inhaltsanalysen leisten. Trotzdem übernehmen auch Befragungen eine wichtige Rolle, zumal sie *in Kombination* mit inhaltsanalytischen Studien – aber auch mit Redaktionsbeobachtungen und ethnologischen Studien – wertvolle Resultate, die von der Orientierung der Journalisten bis hin zur redaktionellen Produktion reichen, zutage bringen können. Dies wäre vor allem nützlich im Hinblick darauf, dass nicht nur Anzeigenkunden auf die Redaktionen bzw. das Medienmanagement einwirken, sondern auch Medienunternehmen aktiv auf Werbetreibende zugehen und ihnen «zweifelhafte» Angebote unterbreiten.

Es wäre wünschenswert, wenn zukünftige Studien derlei kombinierte Ansätze noch intensiver verfolgten. Vorstellbar wäre dies beispielsweise bei einem vom Schweizer Nationalfonds geförderten Projekt, das über genügend Mittel verfügt, um ein noch grösseres Sample an Pressetiteln (mehr traditionelle Bezahlzeitungen, aber auch Zeitschriften), Redaktionen und werbetreibenden Unternehmen abzudecken.

Des Weiteren wären Untersuchungen über die Rezeption und Wirkungen von hybriden Werbeformen angebracht, speziell bei Gratiszeitungen. Diese Ergebnisse könnten wertvolle Dienste bei der Interpretation von Sonderwerbeformen leisten. Besonders Pendlerblätter, die wiederholt Produktempfehlungen oder redaktionell gestaltete Werbung publizieren, zielen auf die Durchmischung von kommerziellen und redaktionellen Inhalten ab. Sehen dies (gerade jüngere) Leser überhaupt als Problem? Identifizieren Rezipienten solche Formate als Werbung? Die Antworten auf solche Fragen bleibt die Forschung momentan – zumindest in der Schweiz – noch schuldig.

Anhang

A1: Teilstudie A – Codebook der Werbeanalyse

Problemzusammenhang

Die Werbung ist seit je ein Teil der gesellschaftlichen Kommunikation und steht mit dem Journalismus, bzw. mit den Medien, als primäre Finanzierungsquelle eng in Verbindung (Siegert/Brecheis 2005: 256). Die Entwicklung der Werbung in der Mediengesellschaft sowie die Ökonomisierung (der zunehmende Einfluss marktorientierten Denkens und Handelns) und Kommerzialisierung (sprich der zunehmende Einfluss der Werbung auf die Medienproduktion) liefern den allgemeinen theoretischen Rahmen für die Betrachtung der Anzeigenwerbung in der Gratispresse der Deutschschweiz.
Um der zunehmenden Reaktanz des Publikums gegenüber der Werbung zu entgehen, sollen werbliche Botschaften in möglichst werbefreundlichen redaktionellen Umfeldern platziert werden, die eine möglichst grosse thematische Nähe zu den beworbenen Produkten und Dienstleistungen aufweisen. Immer häufiger finden sich so Werbebotschaften, die nur ungenügend oder gar nicht gekennzeichnet sind, aber komplett in den redaktionellen Teil eingeflochten sind. Diese Werbeformen können vom Rezipienten nur noch bedingt erkannt und vom redaktionellen Teil unterschieden werden.

1. Definition wichtiger Begriffe

1.1 Definition von Werbung

Werbung ist auf absichtliche Beeinflussung ausgerichtet, sie möchte beim Adressaten etwas bewegen. In erster Linie ist sie dabei auf den Absatz von Produkten und Dienstleistungen fixiert. Indem sie Informationen vermittelt, möchte sie die Meinungen und Vorstellungen der Rezipienten zum beworbenen Objekt positiv verändern und letztlich auch zu einem bestimmten Verhalten führen (Siegert/Brecheis 2005: 22).

Nach Siegert und Brecheis (ebd.: 23ff) lassen sich fünf charakteristische Merkmale der Werbung herausfiltern, welche auf analytischer Ebene für alle Formen der Werbung gelten: Prozesscharakter, Zielorientierung, Inhalte, Vermittlungswege und Instrumente.[94]

Werbung als Kommunikationsprozess: Daran beteiligt sind Sender (Kommunikator), Empfänger (Rezipient/Konsument), die Botschaft sowie das Medium. Die einzelnen Elemente des Kommunikationsprozesses sind miteinander verwoben und beeinflussen sich wechselseitig. Deshalb sind derartige Kommunikationsprozesse äusserst komplex und nur schwer zu erfassen. In den meisten Fällen konzentriert sich die Forschung auf die Frage, wann von einer gelungenen Werbekommunikation gesprochen werden kann. Dies hängt damit zusammen, dass es sich bei der Werbung um einen geplanten und bezahlten Kommunikationsprozess handelt, an den ganz bestimmte Erwartungen zu Verlauf und Ausgang geknüpft werden.

Ziele der Werbung: Werbung beeinflusst Wissen, Meinungen, Einstellungen sowie das Verhalten. Die meisten Definitionen der Werbung betonen, dass das finale Ziel dieses Kommunikationsprozesses in der absichtlichen Beeinflussung des Rezipienten besteht, diese jedoch ohne Zwang erfolgt. In der Regel verfolgt die Werbung ihre Ziele auf erkennbare Art und Weise. Immer häufiger – so die These – kommt es allerdings zu Schleichwerbung oder Product Placements, die es dem Rezipienten schwer machen, die Botschaft als Werbung zu identifizieren.

Beworbene Objekte: Werbung transportiert Aussagen zu zahlreichen Produkten, Dienstleistungen, Menschen, Unternehmen, Ideen oder Überzeugungen etc. Oftmals stehen aber nicht mehr die Produkte, sondern es steht nur noch die Marke im Vordergrund – zusammen mit ihren Werten, Emotionen und Lifestyle-Elementen.

Transporteure/Kanäle: Werbung ist ein medienvermittelter Prozess, wobei Massenmedien, Streumedien ohne redaktionelle Inhalte (Flyer, Prospekte, Plakatwerbung), persönlich adressierte Medien und andere Werbeträger verwendet werden. Dadurch differenziert sich Werbung immer mehr aus und überschreitet bisherige Definitionsgrenzen. Derartige Grenzüberschreitungen lassen sich diesbezüglich auch im Verhältnis zwischen Werbung und redaktionellen Inhalten feststellen.

[94] Die folgenden Erklärungen sind eng an die Beschreibungen von Siegert und Brecheis (2005: 22ff) angelegt.

Mittel/Instrumente: Werbung kombiniert zahlreiche Gestaltungselemente, welche die Werbebotschaft an die Adressaten herantragen sollen. Trotz einer Dominanz von «klassischen» Werbemitteln wie Anzeigen, führt eine zunehmende Vielzahl jener Werbemittel, die mit ihren Trägern verschmelzen, zu einer definitorischen Unschärfe.
Alle hier beschriebenen Elemente der Werbung – Prozesscharakter, Zielorientierung, Inhalte, Vermittlungswege und Instrumente – kulminieren in einer allgemeinen Definition für Werbung (vgl. Siegert/Brecheis 2004: 26):
«Werbung ist ein geplanter Kommunikationsprozess und will gezielt Wissen, Meinungen, Einstellungen, Verhalten und/oder Handeln über und zu Produkten, Dienstleistungen, Unternehmen, Marken oder Ideen beeinflussen. Sie bedient sich spezieller Werbemittel und wird über Werbeträger wie z.B. Massenmedien und andere Kanäle verbreitet.»

1.2 Ausdifferenzierung von Werbung

Die oben genannte Definition von Werbung dient in dieser Untersuchung als Annäherung an die Thematik. Für eine detaillierte Analyse der Werbung muss diese in konkret erfassbare Kategorien unterteilt werden. Gegenwärtig gibt es zahlreiche mehr oder weniger kategorisierbare Werbeformen. Die nachfolgenden Erklärungen sollen die verschiedenen Formen zunächst umschreiben. Eine genauere Definition der einzelnen Werbeformen wird im Anschluss daran vorgenommen.
Die Untersuchung konzentriert sich zuerst, basierend auf der I/P–Matrix von Siegert und Brecheis (2005: 176), auf zwei idealtypische Kategorien der (Print-)Werbung. Darüber hinaus wird auch die Eigenwerbung der Medien untersucht. Der Kriterienkatalog umfasst:

Getrennt ausgewiesene Werbung:
Diese Werbeform ist deutlich vom redaktionellen Teil getrennt. Im weitesten Sinne geht es bei der getrennt ausgewiesenen Werbung um Wirtschaftswerbung oder um *Absatzwerbung*. Diese «will gezielt über die Beeinflussung von ökonomisch relevantem Wissen, Meinungen, Einstellungen und Verhalten den Absatz von Produkten oder Dienstleistungen steigern» (Siegert/Brecheis 2005: 27). Das klassische Werbemittel bei getrennt ausgewiesener Werbung ist die *Anzeige.*

In den redaktionellen und inhaltlichen Kontext integrierte Werbung:
Werbung steht nicht nur in Aufmerksamkeitskonkurrenz zu anderen Kommunikationsangeboten. Immer häufiger läuft sie Gefahr, nicht beachtet zu werden. Die Werbebranche versucht dieses Problem mit Hilfe von neuen Werbeformen zu umgehen. Oft ist sie «thematisch nahtlos in die redaktionellen Umfelder eingebettet, imitiert redaktionelle Teile in Inhalt und Gestaltung oder ersetzt sie sogar» (Siegert/Brecheis 2005: 39). Hybride Werbeformen können sein: Advertorials, Publireportagen, Sponsoring, «Unterbrecherwerbung», redaktionelle Hinweise oder auch Preisausschreiben.

Eigenwerbung und Selbstthematisierung in Printmedien:
Oftmals nutzen Medienorganisationen ihr Angebot, um auf ihre eigenen Produkte aufmerksam zu machen. Anders Im Falle der Eigenwerbung – bzw. der Selbstthematisierung – überschneiden sich Werbung treibendes Unternehmen, Werbeträger sowie beworbenes Objekt.

1.3 Aufgreifkriterien

Nachfolgend werden alle zu kodierenden Werbeformen definiert und aufgelistet.

Klassische Werbeformen

Anzeige:
Das klassische Werbemittel ist die Anzeige. «Sie ermöglicht Kombinationen von geschriebenem Texten und/oder Bildern in Schwarzweiss oder Farbe, wobei Papier und drucktechnische Gegebenheiten der Farbigkeit oft Grenzen setzen. Dagegen ist die Grösse der Anzeige sehr variabel und muss sich nur bedingt an Seitenformate halten» (Siegert/Brecheis 2005: 201). Anzeigen können kleine Spalten bis hin zu Doppelseiten oder gar mehreren Seiten umfassen, wobei der Umfang der Anzeige dabei nicht entscheidend ist. Wichtigstes Kriterium ist die optische Angabe oder Überschrift «Anzeige» in der Zeitung. Zumeist werden Anzeigen auch auf ganzen Seiten mit anderen Anzeigen zusammengefasst. Sofern kein optisches Merkmal erkennbar ist (beispielsweise bei ganzseitigen Anzeigen), sich die Werbung aber trotzdem deutlich vom redaktionellen Umfeld unterscheidet, so handelt es sich um eine Anzeige. Besteht

zwischen nicht deklarierter Anzeige und redaktionellem Umfeld eine Synergie, so ist die Anzeige der hybriden Werbung zuzurechnen. Gleiches gilt für Werbeformen, die zwar als Anzeigen gekennzeichnet sind, ansonsten aber die Gestaltung und das Layout (z.B. Head, Lead, Bild, Typographie etc.) des redaktionellen Teils übernehmen (wie im Falle von Advertorials oder Infomercials). Stellen-, Bildungs- und Marktplatzanzeigen werden nicht in die Untersuchung einbezogen, da sie sich zu stark vom Konzept der Absatzwerbung unterscheiden. Was den oben genannten Kriterien nicht entspricht, ist entweder den hybriden Werbeformen zuzurechnen oder nicht zu kodieren.

Anzeigenstrasse:
Als Anzeigenstrasse gelten zusammenhängende Inserateseiten des gleichen Auftraggebers ab vier Seiten Gesamtumfang innerhalb der gleichen Ausgabe.[95] Zu diesen Sonderwerbeformen gehören eingeheftete Beilagen (Ein- bzw. Beihefter), nicht aber beigelegte Prospekte, Folder, Blätter oder ähnliche Werbemittel.

Mantel:
Als Mantel gelten Anzeigenseiten vor der ersten oder nach der letzten Seite. Diese können auch kombiniert werden.

Sonderwerbeformen

Advertorial:
Der Begriff Advertorial ergibt sich aus der Verknüpfung von Advertising (Werbung) und Editorial (in diesem Fall stellvertretend für redaktionelle Berichterstattung). Ältere Bezeichnungen lauten «redaktionell gestaltete Anzeige». Bei Advertorials handelt es sich um Werbeanzeigen, die jedoch in ihrer Aufmachung und ihrem Stil das redaktionelle Layout zu kopieren versuchen. Sie können auch nur redaktionsähnlich gestaltet sein. Wichtigstes Identifikationsmerkmal ist dennoch die *Ähnlichkeit mit dem redaktionellen Layout.* Ist die Anzeige jedoch mit dem *Hinweis «Publireportage»* gekennzeichnet (oft werden die Formen Advertorials und Publireportage synonym verwendet), soll sie auch als Publireportage kodiert werden. Das Advertorial ist ein umstrittenes Werbemittel, da es mit der Verwechselbarkeit von gekauftem Anzeigenraum

[95] Diese Definition wurde den Unterlagen über Preise und Leistungen von 20 Minuten Deutschschweiz entnommen.

und redaktionellen Inhalten spielt: «Advertorials sind bezahlte, redaktionell gestaltete Anzeigen in Printmedien, die sich aus dem Grund der Reaktanz gegen massive Anzeigenwerbung durch den Eindruck unabhängiger Berichterstattung Glaub- und Vertrauenswürdigkeit erschleichen» (Burkart/Kratky/Stalzer 2004: 153). «Advertorials sollen gelesen werden. Damit entsprechen die Qualitätskriterien für ein Advertorial weitgehend jenen für normale redaktionelle Berichterstattung. Advertorials kommen zumeist in folgenden Situationen zum Einsatz (ebd.: 157):

1. Bei der Präsentation von Produktinnovationen oder neuen Dienstleistungen.
2. Bei der Vermittlung von tiefergehenden Informationen, die werblich nicht mehr darstellbar sind.
3. Wenn klassische Massnahmen der Medienarbeit (Pressekonferenzen, Aussendungen, Interviews usw.) ausgeschöpft sind und trotzdem noch Informationsdefizite bei den Zielgruppen festgestellt werden.
4. Wenn es darum geht, Themen bzw. Issues ins öffentliche Bewusstsein zu bringen.
5. Um aktuelle, neue oder «heisse» Themen für sich zu besetzen.

Auch bei Publireportagen handelt es sich um redaktionell gestaltete Werbung, allerdings in grösserem Umfang. Dabei handelt es sich meistens um ein- oder mehrseitige Porträts von Unternehmen, deren Innovationen oder Initiativen. Produkte sind zweitrangig, da die Publireportage primär der Imagepflege und erst sekundär der Absatzwerbung dient. Das Layout kann ebenfalls dem der Zeitung entsprechen. Als Identifikationsmerkmal dient ausserdem der Hinweis «Publireportage» auf der Anzeigenseite. Publireportagen werden in dieser Studie der Kategorie Advertorials zugerechnet.

Sponsoring:
Das Bundesgesetz über Radio und Fernsehen[96] definiert Sponsoring als «Beteiligung einer natürlichen oder juristischen Person an der direkten oder indirekten Finanzierung einer Rubrik, mit dem Ziel, den eigenen Namen, die eigene Marke oder das eigene Erscheinungsbild zu fördern». Ähnlich verhält es sich mit der (finanziellen) Beteiligung an einer Rubrik bei Printmedien: Auch da steht im Vordergrund, dass die Präsentation eines Beitrages im Kontext der redaktionellen Berichterstattung eine höhere Aufmerksamkeit ermöglicht.

[96] Bundesgesetz über Radio und Fernsehen, Art. 2 Begriffe, Paragraph o.

«Unterbrecherwerbung»:
Die Bezeichnung «Unterbrecherwerbung» geht auf die Rolle der Werbung in der Strukturierung des Fernsehprogrammes zurück. Bei Printmedien ist «Unterbrecherwerbung» eine neue Erscheinung: Dabei werden kleine und Kleinstanzeigen in den Text eines redaktionellen Beitrages eingepflanzt (ähnlich wie kleine Fotos). Obwohl diese Sonderwerbeform per se deutlich von der redaktionellen Berichterstattung zu unterscheiden ist, unterläuft sie die Trennung von redaktionellem und werblichen Teil, da die Werbebotschaft innerhalb eines Artikels platziert wird. Der Leser kann die Anzeige praktisch nicht mehr unbeachtet lassen. Oft sind solche Werbeformate nicht gekennzeichnet.

Agentur-generierter Content (Fremdcontent):
Fremdgenerierte, von externen Medienagenturen erstellte Inhalte, gelten nicht zwangsläufig als hybride Werbeform. Trotzdem haftet ihnen eine gewisse «Grauzonen-Charakteristik» an (vgl. Siegert/Brecheis 2005: 239). Problematisch dabei ist, dass die Produktionsweise der Agenturen nur beschränkt kontrolliert werden kann. Gerade bei spezifischen Inhalten und Formaten (beispielsweise bei der Autoberichterstattung) besteht die Gefahr, dass programmintegrierte Werbung eine Rolle spielt bzw. redaktionelle Inhalte auf deren Werbekompatibilität abgestimmt werden. Erkennungsmerkmal dieser Formate sind Hinweise wie *«content by»* oder *«Inhalt von»*.

Wettbewerbe/Versteigerungen:
Erfasst werden damit Wettbewerbe, Preisausschreiben oder Versteigerungen. Beispielsweise: «Heute verlost drei Valentine Sets von Kiehl's im Wert von je 105 Franken. Inhalt: […]. Sende ein SMS mit Kennwort VALENTIN, Name und Adresse an […].» Bei der Kodierung des Formats als Eigenwerbung muss die Untersuchungseinheit als «Aufruf zur Publikumsbeteiligung» kodiert werden.

Eigenwerbung

Eigenwerbung ohne redaktionellen Bezug:
Erfasst werden Meta-(Werbe-)Anzeigen (z.B. «intensiver inserieren – intensiver leben» o.Ä.) bzw. Werbung, die für mehr Werbung wirbt. Image- oder Medienwerbung («Mit 20 Minuten erfahren Sie mehr für nichts»), Merchandising-Werbung (z.B. «Holen sie sich ihr Horoskop aufs Handy» oder «Kino-

News aufs Handy»). Bei Werbung für Merchandisingartikel und Dienstleistungen handelt es sich immer um Angebote des eigenen Hauses, letztlich handelt es sich auch hier um «klassische Werbung». Eventwerbung bezeichnet Werbung für Veranstaltungen, die das Blatt oder der Verlag allein oder gemeinsam mit anderen Medien oder Marken durchführt (z.B. Werbung für Konzerte o.Ä.). Aufrufe zur Publikumsbeteiligung sind Wettbewerbe oder Versteigerungen, bei denen die Zeitung oder der Verlag einen Preis ausschreiben (z.B. «Kein Wettbewerb ohne sie» oder «Lauberhorn-Luxus-Weekend inkl. Heli-Flug zu gewinnen») oder ein Produkt versteigern.

Eigenwerbung mit redaktionellem Bezug:
Bei der Eigenwerbung mit redaktionellem Bezug haben die Werbeformen einen direkten Programmbezug. Anzeigen, die direkt auf Inhalte eingehen, beispielsweise im Zusammenhang mit der Informations- oder Unterhaltungsofferte auf der Internetseite können Eigenwerbung mit redaktionellem Bezug darstellen. Ein Beispiel: «Die Sieger der Casting-Show Popstars heissen Cristobal, Tialda, Julian und Sascha. Zusammen sind sie Room 2012. Auf www.tv.20min.ch stellen sie uns nun exklusiv ihren ersten Videoclip ‹Haunted› vor.»

2. Definition der Auswahleinheit

Für die Stichprobe wurden alle fünf in der Deutschschweiz publizierten Gratiszeitungen sowie eine Bezahlzeitung zu Vergleichszwecken ausgewählt. Diese wurden in einem Zeitraum von drei natürlichen Wochen (18. Februar bis 7. März) erhoben.
Wichtig: Es werden nur Unternehmen bzw. Produkte der *fünf grössten Werbeinvestoren (Produktgattungen: Händler und Grossverteiler, PKW, Banken und Versicherungen, Telekommunikation und Mobile, Elektronik) sowie vier Untergruppen (Verkehr, Oberbekleidung, Uhren/Schmuck und Accessoires, Kosmetik)* analysiert.[97]

[97] Als Basis für die Auswahl dient die Analyse der grössten Werbeinvestoren von Nielsen Media Research (vgl. Media Focus Werbemarkt Trend 2007/10-12, «Die grössten Werbungtreibenden der Schweiz»).

3. Definition der Analyseeinheiten

Beim Untersuchungsgegenstand handelt es sich um Werbung in all ihren oben definierten Variationen. Untersuchungseinheit (UE) ist deshalb «die Anzeige» in all ihren oben definierten Variationen, *d.h.* kodiert werden alle «Anzeigen»

- dazu gehören Anzeigen, Anzeigenstrassen, Mantel(-anzeigen), Advertorials, Sponsoring, Unterbrecherwerbung sowie fremdgenerierte Inhalte
- dazu gehören nicht beigelegte Prospekte, Folder, Blätter oder ähnliche Werbemittel, Stellen-, Bildungs- oder Marktplatzanzeigen sowie Kino- und Fernsehprogramme,

die in einer Zeitung vorkommen.

Alles was den oben genannten Kriterien nicht gerecht wird, ist nicht als «Anzeige» zu kodieren. Untersuchungsebene ist die ganze Zeitung. Die Entscheidung der Anzeigenselektion erfolgt unabhängig von der Rubrik oder des Bundes, in der eine Anzeige erscheint. Redaktionelle Inhalte werden in dieser Untersuchung nicht berücksichtigt.

4. Arbeitsablauf

Es ist essentiell für die Kodierung, die Werbeformen richtig zu bestimmen, d.h. die Untersuchungseinheiten (UE) anhand der Variablen festzulegen.

Der Kodierungsprozess beginnt mit der Betrachtung des Artikels: Schlüsselcode, Medium und Datum sind zuallererst zu bestimmen. Umfang, Platzierung und Ressort sind die nächsten Kategorien, welche es zu bestimmen gilt. Die erste Filtervariable V9 unterscheidet die werbenden Unternehmen nach «Dritten» und «Eigenwerbung». Die Variable V10 ist eine Kontrollvariable und dient als alphanumerischer String der genaueren Beschreibung des Unternehmens oder, besser, der Marke (falls diese spezifiziert werden kann). Die zweite Filtervariable V11 unterteilt die jeweiligen Untersuchungseinheiten in Werbeformen und leitet, wenn nötig, zur nächsten Variable (V12) weiter, die das Format der Eigenwerbung genauer untersucht. Nach der Kodierung des Werbeformates folgt eine Variable für die allfällige Kodierung des Sponsorings (V13). Die beiden nächsten Kategorien gehen auf den Bezug der Werbung zum redaktionellen Teil ein. Während V14 die Stärke des Bezuges zum redaktionellen Kontext beleuchtet, geht es bei V15 um die Ebene des Bezuges zum

redaktionellen Kontext. Dabei kann es sich um einen thematischen oder formalen Bezug, oder eine Kombination aus diesen beiden, handeln. V16 analysiert zu guter Letzt die Erkennbarkeit der Anzeigen.
Damit ist die Kodierung für diese Anzeige abgeschlossen und es kann die nächste begutachtet werden. Hat der Codierer eine Zeitung durchkodiert, so beginnt der Prozess von vorn für die nächste Zeitung. Die Ergebnisse der Kodierung werden nicht schriftlich niedergeschrieben, sondern direkt in eine Maske des statistischen Analyseprogramms SPSS eingegeben.

Kategoriensystem

V1 ID der UE

Die ID besteht aus 8 Stellen: 1. Zeitung, 2.-5. Untersuchungstag (TTMM), 6.-8. Nummerierung der Fälle.

V2 Medium

Die Variable Medium dient der zusätzlichen Kodierung der Zeitungen. Damit wird die Datenanalyse vereinfacht.

1. 20 Minuten
2. Heute
3. .ch
4. Cash Daily
5. NEWS
6. Tages-Anzeiger

V3 Datum

Die Variable Datum vereinfacht ebenfalls die Analyse. Das Datum wird sechsstellig (TTMMJJ) im Zahlenformat kodiert.

V4 Titel – Beschreibung

Kontrollvariable. Alphanumerischer String zur Beschreibung der Anzeige, beispielsweise genaue Marke, Slogan, Eigenheiten, spezielle Merkmale etc. Bei Wettbewerben z.B. kann hier das Unternehmen oder das Produkt eingetragen werden, welches den Wettbewerb mit organisiert (im Falle einer Versteigerung beispielsweise auf Ricardo.ch) oder das man gewinnen kann.

V5 Coder
Nummer

V6 Umfang
Die Messung erfolgt in den Printmedien in Flächeneinheiten (cm²). Bei der Flächenmessung von «Anzeigen» sind «ausgefranste» Konturen zu vernachlässigen und zu einem gedachten Rechteck zu ergänzen. Sponsoring: es wird die Fläche des jeweils gesponserten Beitrages gemessen.

V7 Platzierung
Seitenzahl

V8 Ressort
Codiert wird das Ressort, in dem die Anzeige erscheint. Bei ganzseitigen Anzeigen, oder mehrseitigen Anzeigen, wird das Ressort kodiert, das der Anzeigenseite gegenüber liegt. Ist eine redaktionelle Seite in verschiedene Unterressorts unterteilt (z.B. Nachtleben-Kino und Nachtleben-TV), dann wird nach der höherwertigen Ressortzugehörigkeit kodiert. Anderes fällt unter «andere Ressorts».

1 Titelseite
2 Politik
3 Wirtschaft
4 Kultur
5 Gesellschaft
6 Sport
7 Wissen/Digital
99 Anderes Ressort

V9 Werbendes Unternehmen (Filtervariable 1)
Die erste Filtervariable betrifft die Frage, wer Anzeigen bzw. Werbung schaltet. Unterschieden wird dabei zwischen Dritten Unternehmen und Eigenwerbung. Die Unternehmen werden nach Produktgattungen aufgeschlüsselt, wobei nur diejenigen Unternehmen analysiert werden, die einer der aufgeführten Produktgattungen angehört. Als Basis dient die von der Nielsen Media Research in der Werbeforschung verwendete Klassifizierung. Bei Eigenwerbung handelt es sich

um Werbung, die eine Medienorganisation innerhalb ihrer eigenen medialen Angebote und Programme für sich selbst, ihre Medienmarke/n, ihre Programme, Titel und Objekte oder Teil davon schaltet (Siegert/Pühringer 2001: 260).

100 Dritte Unternehmen

110 Händler und Grossverteiler

- 111 Migros
- 112 Coop
- 113 Nestlé
- 114 Jelmoli
- 115 Spar
- 116 Denner
- 117 Aldi Schweiz
- 118 Manor

120 PKW

- 121 Opel
- 122 Toyota
- 123 VW
- 124 Renault
- 125 Peugeot
- 126 Citroën
- 127 Mercedes
- 128 BMW
- 129 Fiat

130 Banken/Anlageprodukte und Versicherungen

- 131 UBS
- 132 Credit Suisse
- 133 Kantonalbanken
- 134 Bank Vontobel
- 135 Raiffeisen Bank
- 136 ABN AMRO
- 137 SwissLife
- 138 Helvetia
- 139 VP Bank

140 Telekommunikation und Mobile
- 141 Swisscom
- 142 Orange
- 143 Sunrise Communications
- 144 Tele 2
- 145 Die Post
- 146 Yallo
- 147 Nokia
- 148 Samsung
- 149 Sony Ericsson

150 Elektronik
- 151 Media Markt
- 152 Fust
- 153 Interdiscount
- 154 Ricardo.ch
- 155 Microsoft
- 156 Dell

- 160 SBB
- 161 ZVV

170 Oberbekleidung

180 Uhren, Schmuck und Accessoires

190 Kosmetik
- 191 L'Oréal

200 Fremdmedien (z.B. Anzeigen des Tages-Anzeigers in Heute oder Anzeigen des Blick in 20 Minuten)
- 201 Blick
- 202 Tages-Anzeiger
- 203 Neue Zürcher Zeitung
- 204 Weltwoche
- 205 20 Minuten
- 206 Heute

207 Cash Daily
208 .ch
209 NEWS

300 Eigenwerbung und Selbstthematisierung in Zeitungen: Wettbewerbe und Versteigerungen sind ebenfalls als Eigenwerbung und Selbstthematisierung zu kodieren! Achtung: bitte darauf achten, ob jeweils die eigene Zeitung oder der Verlag den Wettbewerb, bzw. die Versteigerung, organisiert!)
310 Eigenwerbung der eigenen Zeitung
320 Eigenwerbung des eigenen Medienunternehmens
330 Eigenwerbung einer anderen Zeitung desselben Medienunternehmens
340 Werbung für anderes Produkt desselben Medienunternehmens

999 Werbendes Unternehmen nicht eindeutig erkennbar

V10 Unternehmen/Marke

Alphanumerischer String (Kontrollvariable): Das Unternehmen/Marke/Produkt wird auch offen erfasst.

V11 Werbeform (Filtervariable 2)

In dieser Variable geht es um die Unterscheidbarkeit der Werbeformen. Getrennt ausgewiesene Werbung muss sich klar und deutlich von redaktionellen Inhalten unterscheiden. Sie muss ebenso gekennzeichnet sein (Indikation «Anzeige» oder «Werbung»). Das klassische Werbemittel bei getrennt ausgewiesener Werbung ist die Anzeige oder Anzeigenstrasse. Im Falle eines Mantels hängt es von der Grösse, dem Format und der Integration der Werbung ab (da der Hintergrund teilweise wie die erste Seite der Zeitung aussieht).

In den redaktionellen und inhaltlichen Kontext integrierte Werbung (hybride Werbeformen) ist thematisch nahtlos in die redaktionellen Umfelder eingebettet, imitiert redaktionelle Teile in Inhalt und Gestaltung oder ersetzt sie sogar (Siegert/Brecheis 2005: 39). Sie kann nicht mehr eindeutig von redaktionellen Teilen unterschieden werden. Teilweise ist sie auch nicht mehr gekennzeichnet.

10 Getrennt ausgewiesene Werbung (generell)
- 11 Anzeige
- 12 Anzeigenstrasse
- 13 Mantel (erste oder letzte Seite oder kombiniert)

20 Sonderwerbeformen (generell)
- 21 Advertorial/Publireportage
- 22 Sponsoring
- 23 Unterbrecherwerbung
- 24 Agentur-generierte Inhalte
- 25 Wettbewerb/Versteigerung

99 Format nicht eindeutig feststellbar

V12 Format der Eigenwerbung (nur bei Eigenwerbung zu beachten!)

Bei der Eigenwerbung ohne redaktionellen Bezug werden erfasst: Meta-(Werbe-)Anzeigen (z.B. «Intensiver inserieren – intensiver leben» o.Ä.) bzw. Werbung, die für mehr Werbung wirbt. Image- oder Medienwerbung («Mit 20 Minuten erfahren Sie mehr für nichts»), Merchandising-Werbung: Dabei werden keine Produkte abgebildet (z.B. «Holen Sie sich Ihr Horoskop aufs Handy» oder «Kino-News aufs Handy»). Bei Werbung für Merchandisingartikel und Dienstleistungen handelt es sich immer um Angebote des eigenen Hauses, letztlich ist es auch hier «klassische Werbung». Eventwerbung bezeichnet Werbung für Veranstaltungen, die das Blatt oder der Verlag exklusiv allein oder gemeinsam mit anderen Medien oder Marken durchführt (ausgeschlossen ist jedoch das Konzertsponsoring). Aufrufe zur Publikumsbeteiligung sind Wettbewerbe, bei denen die Zeitung oder der Verlag einen Preis ausschreiben (z.B. «Kein Wettbewerb ohne Sie» oder «Lauberhorn-Luxus-Weekend inkl. Heli-Flug zu gewinnen»).
Bei der Eigenwerbung mit redaktionellem Bezug gehen die verschiedenen Werbeformate direkt auf die Inhalte ein, beispielsweise im Zusammenhang mit der Informations- oder Unterhaltungsofferte auf der jeweiligen Internetseite der Zeitung. Ein Beispiel: «Die Sieger der Casting-Show Popstars heissen Cristobal, Tialda, Julian und Sascha. Zusammen sind sie Room 2012. Auf www.tv.20min.ch stellen sie uns nun exklusiv ihren ersten Videoclip ‹Haunted› vor.»

10 Eigenwerbung ohne redaktionellen Bezug

11 Meta-(Werbe-)Anzeige
12 Image-/Medienwerbung
13 Merchandising-Werbung
14 Eventwerbung
15 Aufruf zur Publikumsbeteiligung
20 Eigenwerbung mit redaktionellem Bezug
21 Programm- und Inhaltswerbung
99 Sonstige Formate der Eigenwerbung

V13 Anzahl der Sponsoren
1 1 Sponsor
2 2 Sponsoren
3 3 oder mehr Sponsoren

V14 Gestaltung des redaktionellen Kontextes
Um zu überprüfen, inwieweit das redaktionelle Umfeld werbefreundlich gestaltet ist, wird jeweils der Bezug des Werbemittels zu den redaktionellen Beiträgen auf derselben oder jeweils gegenüberliegenden Seite analysiert. Für die Zuordnung der einzelnen Codiereinheiten unterscheidet man explizite Charakteristika, welche die Bezugsstärke ausmachen.
0 Kein Bezug

1 Schwacher Bezug

Bei einem schwachen Bezug zwischen Werbung und redaktionellem Kontext besteht kein direkter thematischer oder formaler Zusammenhang. Werbung und Kontext befinden sich zwar auf derselben oder gegenüberliegenden Seite und behandeln beispielsweise gleiche oder ähnliche Produktgattungen. Die beworbene Marke oder das beworbene Produkt/Dienstleistung sind allerdings nicht dieselben. Beispielsweise kann es sich auf der Seite der Charts/Hitparade um Werbung für eine neu erschienene CD handeln (Siehe Beispiel 1 am Ende des Codebooks).

2 Starker Bezug

Bei einem starken Bezug zum redaktionellen Kontext besteht zwischen der Werbung und dem redaktionellen Teil eine deutliche Übereinstimmung in Thema oder Form. Beispielsweise wird auf einer Seite eine Kinowerbung (Bee Movie) geschaltet, während auf der gegenüberliegenden Seite ein Beitrag über die Synchronisation des Films steht (siehe Beispiel 2).

Bei 1 und 2 weiter zur nächsten Variabel (V15)
Andernfalls ⇨ V16

V15 Bezug zum redaktionellen Kontext

Bezüge zum redaktionellen Kontext können sowohl über das Thema als auch über den formalen Aufbau hergestellt werden. Thematische Bezüge können einerseits über den Inhalt andererseits aber auch über Personen hergestellt werden. Ein formaler Bezug besteht, sofern die Werbung oder die beworbenen Objekte gezielt redaktionelle Teile in Gestaltung imitieren oder – sehr restriktiv zu behandeln – äusserst prominent platziert sind und daher die Struktur und die Dramaturgie des redaktionellen Teils dominieren.

0 Kein Bezug
1 Thematischer Bezug
2 Formaler Bezug
3 Thematischer und formaler Bezug

V16 Erkennbarkeit Anzeige

Steht Anzeige/Reklame neben der Werbebotschaft? Sind Anzeigen gekennzeichnet?

0 Nicht erkennbar
1 Erkennbar

⇨**Ende**

Beispiel 1: Schwacher Bezug zum redaktionellen Kontext

22 Offizielle Schweizer Hitparade

Neu platziert

Wu-Tang Clan ist zurück

www.tv.20min.ch

Leona Lewis erobert nun auch die Schweiz

DRS 3

Singles Top 20

Alben Top 20

1 TIMBALAND

2 RIHANNA

3 ALICIA KEYS

1 AMY WINEHOUSE

2 EROS RAMAZZOTTI

3 ALICIA KEYS

LAURA PAUSINI

Der Höhepunkt ihrer Karriere

Laura Pausini Live im San Siro Stadion Mailand

OUT NOW

ex libris

www.exlibris.ch

Charts-Seite, auf welcher eine CD-Werbung platziert ist.

Beispiel 2: Starker Bezugs zum redaktionellen Kontext

Filmwerbung auf der einen Seite, ein Interview mit der Synchronisierungssprecherin des Films auf der anderen.

A2: Intercoder-Reliabilität der Teilstudie A

Variable	Beschreibung	Reliabilität (Krippendorffs α)
V1	ID	--[1]
V2	Medium	1.0
V3	Datum	1.0
V4	Titel - Beschreibung	--[1]
V5	Coder	--[1]
V6	Umfang	0.86
V7	Platzierung	0.97
V8	Ressort	0.89
V9	Werbendes Unternehmen	0.87
V10	Unternehmen/Marke	--[1]
V11	Werbeform	0.74
V12	Format Eigenwerbung	0.89
V13	Anzahl Sponsoren	0.80
V14	Gestaltung redaktioneller Kontext	0.85
V15	Bezug zum redaktionellen Kontext	0.82
V16	Erkennbarkeit der Anzeige	1.0

Anmerkungen: [1] Kontrollvariablen sind kodiererspezifisch und deshalb nicht vergleichbar.

A3: Teilstudie B – Codebook der Berichterstattungsanalyse

Problemzusammenhang

Während die erste Inhaltsanalyse noch die zahlreichen Ausprägungen der Werbung in der Gratis- und Bezahlpresse in der deutschen Schweiz untersuchte, geht es in dieser Studie um die Analyse der journalistischen Berichterstattung über werbetreibende Unternehmen. Ausgehend von der Annahme, dass Werbung als bedeutende Finanzierungsinstanz der Medien einen Einfluss auf deren Wirklichkeitskonstruktion ausübt, soll die Berichterstattung der verschiedenen Blätter über die wichtigsten Werbetreibenden im Vergleich zu deren Konkurrenten aus der gleichen Branche untersucht werden. Mit Hilfe dieser Inhaltsanalyse soll eruiert werden, ob die journalistische Berichterstattung über ausgewählte Werbekunden in den untersuchten Medien aufgrund von deren «Anzeigenverhalten» verzerrt ist.

1. Definition wichtiger Begriffe

Diese fehlende Trennung von journalistischen und kommerziellen Angeboten zeigt sich nicht nur in der zunehmenden Häufigkeit von verschiedenen Werbesonderformen und der Einbettung in konsumfreudigen und nicht-kritischen – eben werbefreundlichen – redaktionellen Umfeldern. Damit einher geht auch die Tendenz, werbliche und journalistische Kommunikationsangebote vermehrt zu koordinieren. Werbung scheint thematisch immer häufiger nahtlos in die redaktionellen Teile eingeflochten zu sein (vgl. Siegert/Meier/Trappel 2005: 477). Damit soll einerseits verhindert werden, dass die Werbebotschaften bei den Lesern eine Reaktanz nach sich zieht, und andererseits, dass Unternehmen bzw. deren Produkte durch die vermeintliche journalistische Berichterstattung eine höhere Glaubwürdigkeit erlangen, als dies mit kommerziellen Botschaften möglich ist.
Sozusagen auf der Folie der Werbezahlungen üben die Unternehmen Druck auf die Verlage und indirekt auch auf die Redaktionen aus. Unternehmen, welche «Medien finanzieren oder wesentlich zur Medienfinanzierung beitragen, verfügen über einen strukturellen Machtvorteil gegenüber den Medien», der

sich in der Folge als Versuch einer Kontextsteuerung der Redaktion manifestiert (vgl. Jarren/Röttger 2004: 36). Das Ziel besteht darin, «eine bestimmte Ausrichtung des Medienangebotes» zu erreichen, mit der möglichen Konsequenz, dass zusehends Formen von Zielgruppen-, Marketing- und Werbeumfeldjournalismus entstehen (ebd.: 39). Dadurch wird es auch für die Rezipienten immer schwieriger, journalistische Berichterstattung von Werbung abzugrenzen.

2. Allgemeine Codieranweisungen

2.1 Auswahleinheiten

Für die Analyse wurden, wie bei der ersten Untersuchung (der Werbeanalyse), alle zum Untersuchungszeitpunkt in der Deutschschweiz vorhandenen Gratiszeitungen (20 Minuten, Heute, Cash Daily, .ch sowie NEWS) analysiert. Zu Vergleichszwecken wird zusätzlich eine Bezahlzeitung (der Tages-Anzeiger) hinzugezogen. Untersucht wurden jeweils die Zürcher Ausgaben der Gratiszeitungen, damit die Berichterstattung – beim Tages-Anzeiger handelt es sich ebenfalls um eine Zürcher Tageszeitung – möglichst homogen ausfällt und so Auffälligkeiten und «Outliers» in der journalistischen Berichterstattung besser isoliert werden können.

2.2 Untersuchungszeitraum

Der Untersuchungszeitraum erstreckt sich über fünf natürliche Wochen vom 11. Februar 2008 bis zum 14. März 2008. Um ein möglichst kontinuierliches und unverfälschtes Berichterstattungsbild zu erreichen, wurden natürliche und keine künstliche Wochen für die Untersuchung verwendet. Dadurch kann es zwar einerseits zu einer Überrepräsentation von Unternehmen in der Berichterstattung kommen, andererseits besteht dank der Vergleichsmöglichkeit mit den anderen Blättern die Möglichkeit der Kontrolle von unterschiedlichen Berichterstattungsmustern. Die relative Häufigkeit der Berichterstattung über einzelne Unternehmen wird in dieser Studie zwar ebenfalls untersucht, doch steht die Valenz der Unternehmensberichterstattung im Vordergrund.

2.3 Aufgreifkriterien

Die Artikelsuche in den besagten Blättern erfolgt über zwei Datenbanken (Swissdox und Factiva), die das Identifizieren von relevanten Beiträgen ermöglicht. Wo dies nicht möglich ist, namentlich bei der Gratiszeitung .ch, erfolgt eine klassische Durchsicht der gesammelten Zeitungsausgaben. Die Beitragssuche wird mit Schlüsselwörtern bzw. den Namen der einzelnen Unternehmen durchgeführt. Sofern der Name eines besagten Unternehmens in einem Artikel auftaucht, wird der Beitrag ins Sample aufgenommen und kodiert. In diesem Zusammenhang ist nicht von Belang, ob das Unternehmen nur am Rande thematisiert oder hauptsächlich behandelt wurde. Der Beitrag wird allerdings nicht in das Sample aufgenommen, sofern keine Aussage über das jeweilige Unternehmen vorliegt, beispielsweise bei Verwechslungen (z.B. «die *Allianz* zwischen den beiden Parteien», also wenn nicht die «Allianz»-Versicherung gemeint ist).

Wichtig: Es werden nur Unternehmen der folgenden Branchen untersucht:[98]

- Händler und Grossverteiler (Migros und Coop)
- Banken (UBS und CS)
- Telekommunikation und Mobile (Swisscom)
- Verkehr (SBB)

2.4 Stichprobenbildung

Bei der Untersuchung handelt es sich um eine Vollerhebung allerArtikel, welche die zuvor benannten Aufgreifkriterien erfüllen. Damit wird einerseits sichergestellt, dass genügend Untersuchungsmaterial zur Verfügung steht, und andererseits, dass die von den Zeitungen realisierte Berichterstattung vollständig erfasst wird.

[98] Als Basis für die Auswahl dient die Analyse der grössten Werbeinvestoren von Nielsen Media Research (vgl. Media Focus Werbemarkt Trend 2007/10-12, «Die grössten Werbungtreibenden der Schweiz»)

3. Definition der Analyseeinheiten

Beim Untersuchungsgegenstand handelt es sich um journalistische Berichterstattung in Form von journalistischen Artikeln. Die Analyseeinheit ist der einzelne Artikel. Die Analyse geht somit nicht primär auf einzelne Aussagen unterhalb der Artikelebene ein, zumal es um die generelle Valenz innerhalb der untersuchten Beiträge geht und nicht um die semantische Analyse einzelner Aussagen. Diese Vorgehensweise scheint obendrein aus Publikumssicht gerechtfertigt zu sein, weil die Rezipienten eher dazu neigen, einen globalen Eindruck vom gelesenen Artikel mitzunehmen, als sich jedes einzelne Argument des Beitrages zu merken. Gerade um diese Tendenz in den Artikeln zu erfassen, muss der Codierer sich einen Gesamteindruck bilden, unterschiedliche Aspekte berücksichtigen und verschiedene Sachverhalte gewichten, zueinander in Beziehung setzen und schliesslich eine Bewertung abgeben (Rössler 2005: 147).

Kodiert werden demnach alle «Artikel»

- dazu gehören redaktionelle Beiträge in verschiedenen Formen wie Nachrichten, Berichte, Reportagen, Kommentare, Features, Kurzmeldungen u.Ä.
- dazu gehören nicht Leserbriefe, Gegendarstellungen, Richtigstellungen, kalendarische Überblicke, chronologische Darstellungen u.Ä.

die in einer Zeitung vorkommen und die eines der Schlüsselwörter (Namen der Unternehmen) der Suche enthalten.

Alles was den oben genannten Kriterien nicht gerecht wird, ist nicht als «Artikel» zu bezeichnen und somit auch nicht zu kodieren. Untersuchungsebene ist die ganze Zeitung. Fotografien oder Bilder werden nur insofern berücksichtigt, als dass sie in der entsprechenden Kategorie kodiert werden. Werbung wird nicht kodiert.

4. Arbeitsablauf

Der Kodierungsprozess beginnt mit der Auswertung der von der Datenbank erhaltenen Artikelinformationen. Diese Informationen werden dazu benötigt, die Beiträge in den konkreten Zeitungen zu finden und danach anhand des Codebooks zu kodieren. Nachdem der Beitrag in der entsprechenden Zeitung identifiziert wurde, kann die Kodierung vorgenommen werden: Schlüsselcode, Medium, Datum und das betroffene Unternehmen sind am Anfang zu bestimmen. Danach sind Umfang, Platzierung, Ressort und das Vorhandensein eines Fotos an der Reihe. Nach den formalen Kategorien geht die Analyse auf inhaltliche Aspekte der Artikel ein. Untersucht werden das Thema des Beitrages, aber auch referenzielle Einheiten wie die genannten Akteure sowie der Aktualitätsbezug des Beitrages. Die inhaltlichen Kategorien verlangen vom Codierer eine besonders hohe Aufmerksamkeit: die inhaltlich korrekte Kodierung verlangt ein umfassendes Wissen über das Untersuchungsobjekt, das Codebook sowie die Ausprägungen in den Analyseeinheiten. Es ist deshalb wichtig, sich an den aufgeführten Beispielen zu orientieren. Die letzten Kategorien sind wertender Natur, wobei es um die Valenz der Berichterstattung geht. Dazu gehören die Globaltendenz über das Unternehmen und dessen Produkte. Wie Rössler (2005: 147) betont, verlagern Globalbewertungen wesentliche ergebnisrelevante Entscheidungen auf die Codierer, was besondere Anforderungen an deren Urteilsfähigkeit stellt. Der allgemeine Bezugspunkt für die Einschätzung der Valenz der Berichterstattung ist die vermutete Wahrnehmung eines «durchschnittlichen» Lesers. Um diesen Bezugspunkt zu verdeutlichen, werden jeder Kategorie exemplarische Beispiele für jede Ausprägung beigefügt. Für die endgültige Kodierung ist dann eine «Bilanz» zu erstellen, indem der Codierer entscheidet, ob es sich überwiegend um eine positive, negative oder neutrale/ambivalente Darstellung der Sachverhalte handelt. Dabei gilt es zu beachten, dass nicht die Valenz des Geschehens selbst relevant ist, sondern wie die Journalisten die Sachverhalte bewerten bzw. darstellen.

Damit ist die Kodierung für diesen Artikel abgeschlossen und der nächste kann begutachtet werden. Hat der Codierer ein Unternehmen durchkodiert, so beginnt der Prozess erneut von vorne für das nächste Unternehmen. Die Ergebnisse der Kodierung werden nicht schriftlich niedergeschrieben, sondern direkt in eine Maske des statistischen Analyseprogramms SPSS eingegeben.

Kategoriensystem

Formale Kategorien

V1 ID der UE

Die ID besteht aus 11 Stellen: 1. Zeitung, 2-4 Unternehmen 5-8. Untersuchungstag (TTMM), 9-11 Nummerierung der Fälle. Die Unternehmenszahl kann der V4 entnommen werden.

V2 Medium

Die Variable Medium dient der zusätzlichen Kodierung der Zeitungen. Damit wird die Datenanalyse vereinfacht.

1 20 Minuten
2 Heute
3 .ch
4 Cash Daily
5 NEWS
6 Tages-Anzeiger

V3 Datum

Die Variable Datum vereinfacht ebenfalls die Analyse. Das Datum wird vierstellig (TTMM) im Zahlenformat kodiert.

V4 Unternehmen

Diese Variable entspricht dem untersuchten Unternehmen.

110 Händler und Grossverteiler
- 111 Migros
- 112 Coop

120 Banken
- 121 UBS
- 122 Credit Suisse

130 Telekommunikation und Mobile
- 131 Swisscom

140 Verkehrsbetriebe
- 141 SBB

V4a Werbeindex

Den entsprechenden, in der Werbematrix aufgeführten Werbeindex nach Unternehmen und Medium eingeben.

V4b Werbeindex Fläche

Die entsprechende, in der Werbematrix aufgeführte Flächenangabe nach Unternehmen und Medium eingeben.

V4c Unternehmensgrösse

Die jeweilige Unternehmensgrösse eingeben. Die Angaben können der Liste «Grösse Medienunternehmen» entnommen werden.

V4d Printauflage

Die jeweilige Auflage kann der Liste «Printauflagen» entnommen werden.

V5 Titel – Beschreibung

Kontrollvariable. Alphanumerischer String zur Beschreibung der Anzeige, z.B. genaue Marke, Slogan, Eigenheiten, spezielle Merkmale etc. Handelt es sich bei der Untersuchungseinheit beispielsweise um einen Wettbewerb, kann hier das Unternehmen oder das Produkt eingetragen werden, welches den Wettbewerb mit organisiert (im Falle einer Versteigerung beispielsweise auf Ricardo.ch) oder das man gewinnen kann.

V6 Coder

Nummer

V7a Umfang

Die Messung erfolgt in den Printmedien in Flächeneinheiten (cm²). Gemessen wird von den Trennungslinien der Beiträge. Sollte sich der Artikel am Rande befinden, so wird, wo Trennungslinien fehlen, bis zum Ende des Textes gemessen.

V7b Umfangkategorie

1 Kurzmeldung
2 ¼-Seite
3 Bis ½ Seite
4 Bis ¾ Seite
5 1 Seite
6 Mehr als 1 Seite

V7c Journalistische Darstellungsform

Darstellungsform bzw. thematischen Verarbeitung.

1 Bericht
2 Reportage
3 Interview
4 Kommentar
5 Sonstige

V8 Platzierung

Seitenzahl. Bei mehrseitigen Artikeln: wo der Beitrag beginnt.

V9 Ressort

Codiert wird das Ressort, in dem die Anzeige erscheint. Handelt es sich um ganzseitige Anzeigen oder eine Seite mit mehreren Anzeigen, wird das Ressort codiert, das der Anzeigenseite gegenüber liegt (und über redaktionelle Inhalte verfügt). Ist eine redaktionelle Seite in verschiedene Unterressorts unterteilt (beispielsweise Nachtleben-Kino und Nachtleben-TV), dann wird immer nach der höherwertigeren Ressortzugehörigkeit codiert. Anderes fällt unter «andere Ressorts».

0 Titelseite
1 Politik (Schweiz, Ausland, Zürich/Region o.Ä.)
2 Wirtschaft
3 Sport
4 Gesellschaft (Prominente, Gossip, Style etc.)
5 Kultur
6 Wissen
99 Anderes Ressort

V10a Vorhandensein Fotografien/Bilder: 1./grösseres oder Hauptbild

Diese Variable untersucht das Vorhandensein von Fotografien oder Bildern, welche zum redaktionellen Beitrag gehören.

0 Nicht vorhanden
1 Firmenlogo
2 CEO
3 VR-Präsident
4 Mediensprecher
5 Anderer Akteur des Unternehmens
6 Anderer Akteur nicht des Unternehmens
7 Produkt
99 Anderes

V10b (Zusatzkategorie) Vorhandensein Fotografien/Bilder: 2./kleinres/untergeordnetes Bild

Diese Variable untersucht das Vorhandensein von Fotografien oder Bildern, welche zum redaktionellen Beitrag gehören.

0 Nicht vorhanden
1 Firmenlogo
2 CEO
3 VR-Präsident
4 Mediensprecher
5 Anderer Akteur des Unternehmens
6 Anderer Akteur nicht des Unternehmens
7 Produkt
99 Anderes

Inhaltliche Kategorien

V11 Thema

Diese Variable codiert das dominierende Thema des Beitrages. Als Thema ist der im Artikel behandelte Sachverhalt zu verstehen, wobei die unten aufgelistete Liste die Themen vorgibt. Die Codierung soll immer so spezifisch wie möglich erfolgen, wobei die übergeordnete Ebene als Auffangkategorie dient, in die Sachverhalte einzuordnen sind, für die keine eigene Ausprägung vorgesehen ist. Bei Unklarheit über das Thema des Artikel sollte ggf. die Überschrift zur genaueren

Identifikation des Themas herangezogen werden. Sollte dennoch keine eindeutige Zuordnung möglich sein, so wird der Beitrag auf der allgemeineren Ebene codiert. Ziel ist und bleibt eine möglichst präzise Zuordnung der Themen.

10 Geschäfte

11 Vergangene Geschäfte
(vergangene Aufträge/Geschäfte/Verkäufe, ehemalige Beteiligungen, Geschäfts- und Umsatzzahlen, die bereits weit zurückliegen, also mindestens drei Jahre alt sind)

12 Laufende Geschäfte
(laufende und aktuelle Aufträge/Geschäfte/Verkäufe, aktuelle oder gerade erst beschlossene und vollzogene Beteiligungen, aktuelle Geschäfts- und Umsatzzahlen [nicht älter als zwei Jahre], Haupt- und Aktionärsversammlungen)

13 Zukünftige Geschäfte
(zukünftige Aufträge/Geschäfte/Verkäufe, Beteiligungen, Übernahmen, Fusionen, Gewinnerwartungen, künftige strategische Unternehmensausrichtungen)

20 Stellen

21 Stellenstreichungen
(geplante oder bereits durchgeführte Stellen-streichungen, Folgen einer Stellenstreichung u.Ä.)

22 Neueinstellungen
(Geplante oder bereits durchgeführte Neueinstellungen, Folgen einer Neueinstellung u.Ä.)

30 Personalia
(Artikel, die hauptsächlich über Akteure des Unternehmens berichten, über ehemalige Mitarbeiter eines Unternehmens oder mögliche Kandidaten, dabei ist irrelevant, ob ein Mitarbeiter porträtiert oder über den potentiellen Nachfolger für den CEO-Posten räsoniert wird)

40 Skandale
(Affären, unethische oder fragwürdige Geschäftspraktiken etc.)

50 Juristisches
(Prozesse, Verhandlungen, Gerichtsurteile, Anhörungen, Stellungnahmen von Unternehmensanwälten, juristische Auseinandersetzungen mit Kunden etc.)
60 Gewerkschaftliche Belange
(Diese Kategorie sollte nur verschlüsselt werden, wenn es sich explizit um gewerkschaftliche Belange und Routinen handelt, wie Lohndiskussionen, beteiligte Akteure/Gewerkschafter, Auseinandersetzungen mit Gewerkschaften, Streiks etc.)
70 Unternehmensaktien und -anleihen
(Börsenkotierungen, Börsenverlauf, Analystenbewertungen, Empfehlungen für den Kauf/Verkauf der Aktie etc.)
80 Produkte
(Neue Produkte, die auf den Markt gebracht werden, Produktinnovationen, neue Dienstleistungen, Produktkritik etc.)
99 Anderes

V12 Nennung des Unternehmens oder des Produktes in der Überschrift (Nur Titel, nicht im Lead!)
Hierbei geht es um die demonstrative Positionierung des Namens, da Überschriften häufiger gelesen werden als ganze Artikel. Sofern der Name des Unternehmens oder des Produktes in der Überschrift nicht explizit genannt wird, die Umschreibung aber dennoch klar ist, wird dieser Sachverhalt separat verschlüsselt.
0 Nein
1 Ja, mit Namensnennung
2 Umschreibung, Unternehmen/Produkt ist allerdings klar erkennbar

V13 Haupthandlungsträger des Unternehmens
Es wird der für den Sachverhalt bedeutendste Akteur ermittelt. Die auftretenden Akteure müssen in jeden Fall dem entsprechenden Unternehmen angehören, anderweitige Akteure werden nicht kodiert. Unter Erwähnung wird hier verstanden, dass die Handlungen eines Akteurs beschrieben werden und/oder der Akteur indirekt oder direkt

zitiert wird. Sollten mehrere Akteure in gleichem Mass für den Sachverhalt der Berichterstattung von Bedeutung sein, so wird der Akteur, der (indirekt oder direkt) am häufigsten zu Wort kommt, codiert.

1 Nicht vorhanden
2 Verwaltungsratspräsident
3 CEO (oder Unternehmenschef, Vorsitzender Geschäftsleitung o.Ä.)
4 Andere Verwaltungsratsmitglieder
5 Mediensprecher
6 Sonstige leitende Angestellte (Direktoren, Abteilungsleiter etc.)
7 Mitarbeiter und Angestellte
99 Sonstiges

V14 Aktualitätsbezug der Berichterstattung

In dieser Kategorie wird der Aktualitätsbezug des Hauptereignisses oder des hauptsächlichen Berichterstattungsthemas verschlüsselt. Codiereinheit ist dabei das aktuelle faktische Geschehen, das im Artikel beschrieben wird. Beispielsweise wird eine am Vortag lancierte neue Imagekampagne als hochaktuelles Thema codiert. Nimmt der Artikel Bezug auf faktisches Geschehen der letzten Tage, so wird der Beitrag als aktuelles Geschehen der letzten Tage (bis zu einer Woche) codiert. Im Zweifelsfall wird immer der höchste Aktualitätsbezug codiert.

0 Keine Zeitangabe/keine Einordnung möglich
1 Vorausgreifende Berichterstattung über zukünftige Ereignisse
2 Hochaktuelles Geschehen/Ereignis der letzten 24 Stunden, auf das explizit hingewiesen wird; z.B. mit Worten wie «gestern», «letzte Nacht» usw.
3 Aktuelles Geschehen der letzten Tage, bis zu maximal einer Woche. Diese Kategorie ist auch zu verwenden, wenn es sich um aktuelle Beiträge handelt, die keine eindeutige Zuordnung zu den letzten Tagen enthält, das Thema in den Medien aber nach wie vor präsent ist.
4 Geschehnisse des vergangenen Monats
5 Saisonale Berichterstattung (anlässlich Jahreszeiten, Publikation der Quartalszahlen, Ferien etc.)
6 Geschehnisse der vergangenen Monate (bis zu einem halben Jahr)

7 Artikel, die länger als 6 Monate zurückliegen: Historischer Beitrag zu einem abgeschlossenen Ereignis (Gedenktag etc., auch im Falle von wiederkehrender Berichterstattung über das Ereignis)
8 Zeitloser Beitrag mit allgemeinen, generellen Informationen (konkretes faktisches Geschehen steht im Hintergrund oder dient nur zur Illustration)
99 Anderes

Wertende Kategorien

Die Ausprägung der Valenz (der einzelnen Argumente innerhalb eines Artikels) soll auf einer Ordinalskala abgebildet werden mit den Rangstufen von 1 bis 5. Da sich eine absolute Gewichtung der manifesten Argumente untereinander mit einem vertretbaren Aufwand kaum realisieren lässt, werden alle manifesten negativen Argumente auf Rang 1 gesetzt, alle manifesten positiven Argumente auf Rang 5. Je nachdem wie das nächste manifeste Argument bewertet ist, verschiebt sich die gesamte Valenz in Richtung des jeweiligen Extrempols. Wird ein manifestes negatives Argument durch ein positives abgeschwächt, so verschiebt sich die Valenz um einen Rang zu eingeschränkt negativ usw. Wird es durch mehrere Argumente abgeschwächt, so wird es neutralisiert (Rang 3). Ebenso gilt ein manifestes Argument als neutralisiert, wenn ein Gegenargument sprachlich direkt darauf bezogen wird. Bei den Beispielen handelt es sich teilweise um erfundene, teilweise um echte Sätze/Titel aus Zeitungen. Der Übersichtlichkeit wegen wird auf die Quellenangabe bei den «echten» Beispielen verzichtet.

V15 Valenz der dargestellten Fakten bezüglich des Unternehmens

In dieser Kategorie wird die Valenz der dargestellten Fakten und Sachverhalte bezüglich des Unternehmens verschlüsselt. Zur Bestimmung der Valenz der Fakten eines Beitrages werden alle Ereignisse, die der jeweiligen Berichterstattung zu entnehmen sind, zusammengenommen, wobei per Saldo entschieden wird, wie die Faktenlage zu beurteilen ist. Letztendlich basiert die Kodierung auf den faktischen Geschehnissen, wobei die Einstufung bzw. Bewertung nicht nach objektiven Kriterien, sondern nach den konkret im Beitrag enthaltenen Ereignissen erfolgt. Es geht prinzipiell also darum, wie die Journalisten die enthaltenen Sachverhalte an sich darstellen und noch nicht um eine eigentliche Bewertung des Geschehens seitens des Journalisten. Auch hier sei nochmals genannt, dass der Bezugspunkt die vermuteten Wahrnehmungen eines «durchschnittlichen Lesers» sind.

1 Uneingeschränkt negativ

Eine negative Berichterstattung bezieht sich auf Ereignisse, welche mehrheitlich als negativ, verlustreich, konflikthaltig, schädlich, bedrohlich, unannehmbar, schlecht oder verwerflich empfunden werden. Das heisst, dass die Berichterstattung über eine negative Konnotation verfügt. Beispiele für eine negative Berichterstattung können sein:

- Ein Bericht über negative Umsatzzahlen. Das Unternehmen ist für die Zukunft nicht gerüstet oder es droht ihm eine Übernahme. Es befindet sich in den roten Zahlen.
- Bei Interviews können die vorgebrachten Kritiken nicht oder nur ungenügend widerlegt werden, so dass der Eindruck bestehen bleibt, die Kritik sei berechtigt.
- Eine geplante Unternehmensfusion ist geplatzt.
- Das Management wird wegen seiner Entscheide kritisiert.
- Drohende oder erfolgte Entlassungen werfen ein schlechtes Licht auf das Unternehmen.
- Negative semantische Konnotationen wie beispielsweise «Abzocker», «gierig», «Krise», «Absturz» etc.
- Das Unternehmen wird wegen der schlechten Qualität seiner Produkte kritisiert oder muss die Produktion einstellen.
- Der Börsenkurs bricht zusammen.

2 Eingeschränkt negativ

Eine eingeschränkt negative Berichterstattung bezieht sich auf Ereignisse, welche die Bevölkerung im Zusammenhang mit dem Unternehmen (und der journalistischen Darstellung) mehrheitlich als negativ, verlustreich, konflikthaltig, schädlich, bedrohlich, unannehmbar, schlecht oder verwerflich empfindet – wobei zu einem geringen Teil auch positive Fakten erwähnt werden. Die Berichterstattung über die Ereignisse verfügt über eine partiell negative Konnotation, die nicht wie bei der Ambivalenz ausgeglichen ist, aber auch nicht uneingeschränkt negativ zu beurteilen ist. Beispiele für eine eingeschränkt negative Berichterstattung können sein:

- Obwohl die Bilanz des ersten Quartals noch vielversprechend aussah, ist das Unternehmen in der Zwischenzeit in die roten Zahlen abgerutscht, musste Stellen streichen und befindet sich, laut Experten, kurz vor der Insolvenz.
- Das Unternehmen ist in die Schlagzeilen geraten, weil es auf wiederholte Anfragen der Journalisten nicht reagierte und dadurch in den Medien ständig in einem negativen Licht erschien. Nun scheint sich die Situation ein wenig gebessert zu haben.
- Der Börsenkurs des Unternehmens bricht zusammen, es musste Stellen streichen, steht aber kurz vor der Lancierung eines neuen vielversprechenden Produktes.

3 Neutrale bzw. ambivalente Berichterstattung

Können die Ereignisse nicht eindeutig als überwiegend positiv oder negativ eingestuft werden, sollte diese Ausprägung gewählt werden. Insbesondere Meldungen, die positive und negative Ereignisse aufzählen, sollten mit dieser Ausprägung verschlüsselt werden. Beispiele für eine ambivalente Berichterstattung können sein:

- Wenn das Unternehmen schwierige Zeiten durchgemacht hat, nun aber wieder erfolgreich ist.
- Wenn Vor- und Nachteile einer Unternehmensfusion oder anderer Projekte aufgelistet werden.
- Meldungen über Stellenstreichungen, gleichzeitig wird aber erwähnt, wie viele neue Stellen geschaffen wurden.
- Wenn ein Unternehmen von Experten mehrheitlich positiv beurteilt wird, sich der Börsenkurs aber negativ entwickelt, beispielsweise bei einem Börsengang oder einer Übernahme.

4 Eingeschränkt positiv

Eine eingeschränkt positive Berichterstattung beleuchtet Erfolge, Fortschritt, Einigungen, Zusammenschlüsse in gegenseitigem Einvernehmen, Bilanzerfolge, neue (positiv konnotierte) Forschungsresultate – es werden aber einige wenige negative oder schlechte Aspekte oder Ereignisse aufgezählt. Es ist wichtig, dass in dieser Kategorie mit besonderer Vorsicht auf die Gewichtung von einzelnen Ereignissen geachtet wird: Steht zu Beginn des Beitrages, dass ein neues und qualitativ schlechtes Produkt auf den Markt kommt, dieser danach allerdings nur von den früheren, äusserst guten Produkten der Firma X spricht, so wäre der Artikel nicht als negativ, sondern als eingeschränkt positiv zu beurteilen. Auch sei erneut erwähnt, dass die Beurteilung aus der Sicht eines durchschnittlichen Lesers erfolgen sollte.

- Das Unternehmen ist zu diesen Entlassungen gezwungen, hat in der Vergangenheit aber immer wieder neue Leute eingestellt, da die Geschäfte richtig gut liefen.
- Das Unternehmen steht grundsätzlich in gutem Licht, und nur ein kleines Detail verfügt über eine negative Konnotation.

5 Uneingeschränkt positiv

Eine uneingeschränkt positive Berichterstattung beleuchtet Erfolge, Fortschritt, Einigungen, Zusammenschlüsse in gegenseitigem Einvernehmen, Bilanzerfolge, neue (positiv konnotierte) Forschungsresultate – ohne negative oder schlechte Aspekte oder Ereignisse zu erwähnen.

- Das Unternehmen weist eine sehr positive Unternehmensbilanz aus.
- Das Unternehmen hat eine Fusion erfolgreich über die Bühne gebracht.
- In einem Interview können die hervorgebrachten Kritiken entkräftet werden.
- Das Unternehmen ist durchweg erfolgreich oder erschliesst neue Märkte (welche positiv konnotiert sind).
- Das Unternehmen lanciert eine neue Kampagne, die positiv aufgenommen wird.
- Das Unternehmen wird wegen seiner neuen Produkte gelobt und feiert einen Verkaufserfolg.

99 Nicht anwendbar

V16 Valenz von eigenen und referierten/zitierten Bewertungen der Sachverhalte seitens der Journalisten

In dieser Kategorie werden alle expliziten oder impliziten Bewertungen herangezogen, die der jeweiligen Berichterstattung zu entnehmen sind. Letztlich basiert die Kodierung auf den konkret im Beitrag enthaltenen Deutungen. Es geht also darum, wie die Journalisten und andere Informationsquellen das Geschehen beurteilen. Auch hier sei nochmals genannt, dass der Bezugspunkt die vermuteten Wahrnehmungen eines «durchschnittlichen Lesers» sind.

1 Uneingeschränkt negativ

Eine negative Berichterstattung bezieht sich auf Ereignisse, welche die Leser im Zusammenhang mit dem Unternehmen (und der journalistischen Darstellung) mehrheitlich als negativ, verlustreich, konflikthaltig, schädlich, bedrohlich, unannehmbar, schlecht oder verwerflich empfinden. Das heisst, dass die Berichterstattung über eine negative Konnotation verfügt. Beispiele für eine negative Berichterstattung können sein:

- General Motors fuhr in den USA massive Verluste ein. Wie viele Mitarbeitende durch billigere Kollegen ersetzt werden, ist unklar. Auch bei den Autoverkäufen glänzt GM nicht.
- UBS schreibt einen Verlust von 4,4 Milliarden Franken. Die US-Subprime-Krise bringt die UBS zum ersten Mal in ihrer 10-jährigen Geschichte in die roten Zahlen. Das Resultat sei inakzeptabel.
- Aktien von Nobel Biocare tauchten. Aua, dieser Zahn tut weh! Nobel Biocare, der weltweit grosste Zahnimplantate-Hersteller, wurde letztes Jahr abgebremst.
- Neue Pannen beim Airbus A380: Laut einem Bericht von Stern.de halten die Notrutschen des Riesenjets nur wenige Flüge durch.

2 Eingeschränkt negativ

Eine eingeschränkt negative Berichterstattung bezieht sich auf Ereignisse, welche die Leser im Zusammenhang mit dem Unternehmen (und der journalistischen Darstellung) mehrheitlich als negativ, verlustreich, konflikthaltig, schädlich, bedrohlich, schlecht oder verwerflich empfinden – wobei zu einem geringen Teil auch positive Ereignisse erwähnt werden. Die Berichterstattung über die Ereignisse verfügt über eine partiell negative Konnotation, die nicht wie bei der Ambivalenz ausgeglichen ist, aber auch nicht uneingeschränkt negativ zu beurteilen ist. Beispiele für eine eingeschränkt negative Berichterstattung können sein:

- Die vom Milliardenskandal geschüttelte Grossbank Société Générale muss weitere 600 Mio. Euro abschreiben. Die Zukunftsaussichten haben sich mit den neuen Investoren allerdings deutlich gebessert.
- Das Unternehmen ist in die Schlagzeilen geraten, weil es auf wiederholte Anfragen der Journalisten nicht reagierte und dadurch in den Medien ständig in einem negativen Licht erschien. Nun scheint sich die Situation ein wenig gebessert zu haben.
- Der Börsenkurs des Unternehmens bricht zusammen, es musste Stellen streichen, steht aber kurz vor der Lancierung eines neuen vielversprechenden Produktes.

3 Neutrale bzw. ausgeglichene/ambivalente Berichterstattung

Können die Ereignisse nicht eindeutig als überwiegend positiv oder negativ eingestuft werden, sollte diese Ausprägung gewählt werden. Insbesondere Meldungen, die positive und negative Ereignisse aufzählen, sollten mit dieser Ausprägung verschlüsselt werden. Beispiele für eine ambivalente Berichterstattung können sein:

- Hierzulande kommen Briefe und Pakete meist rechtzeitig an. Trotzdem ist die Schweizerische Post im vergangenen Jahr etwas unpünktlicher geworden.
- Swiss hat zwar das Angebot ausgeweitet, doch verbucht es eine tiefere Auslastung.
- Die CS wird auch dieses Jahr wieder einen Rekordgewinn ausweisen, doch in den USA sitzt sie nach wie vor auf Finanzbomben, die aus Hypothekarkrediten bestehen.

4 Eingeschränkt positiv

Eine eingeschränkt positive Berichterstattung beleuchtet Ereignisse in einem positiven Licht – es werden aber einige wenige negative Aspekte beleuchtet.

- Kurz nach Bekanntgabe der Zahlen legten gestern die CS-Aktien zu, verloren darauf aber um fast vier Prozent. Danach begann eine langsame Erholung: Die Titel verliessen das Börsenparkett mit einem Plus von 2,5%.
- Das Unternehmen steht grundsätzlich in gutem Licht, und nur ein kleines Detail verfügt über eine negative Konnotation.
- Bei Daimler laufen die Geschäfte nach der Trennung vom maroden Tochterunternehmen Chrysler wieder gut.

5 Uneingeschränkt positiv

Eine uneingeschränkt positive Berichterstattung beleuchtet Erfolge, Fortschritt, Einigungen, Zusammenschlüsse in gegenseitigem Einvernehmen, Bilanzerfolge, neue (positiv konnotierte) Forschungsresultate – ohne negative oder schlechte Aspekte/Ereignisse/Vorkommnisse zu erwähnen. Die Sachverhalte werden von der journalistischen Berichterstattung durchgehend begrüsst, gewürdigt, anerkannt, geachtet, bewundert, gelobt und/oder gutgeheissen. Beispiele für eine positive Berichterstattung können sein:

- Das Unternehmen weist seit Beginn des Jahres über 30.000 neue Buchungen aus, freut sich der Direktor. Das seien rund 10% mehr als im Vorjahr, was den Umsatz auf eine neues Rekordhoch brächte.
- Credit Suisse: 8,5 Milliarden Gewinn. Profitieren können die CS und die Aktionäre, die eine satte Dividende einfahren können.
- Neuer Rekord: Das Unternehmen X hat einen Reingewinn von über 1,5 Milliarden CHF generiert. Damit dürfte es in der Schweiz unangefochten an erster Stelle liegen und zum Platzhirsch avancieren.
- Coca-Cola übertraf die Erwartungen der Analysten. Der Gewinn des Konzerns steigt um 18%.

99 Nicht anwendbar

V17 Valenz der Berichterstattung über Produkte des Unternehmens
In dieser Kategorie wird die Berichterstattung über Produkte des Unternehmens verschlüsselt. Auch hier werden zur Bestimmung der Valenz eines Beitrages alle expliziten oder impliziten Bewertungen herangezogen, die mit der Berichterstattung über das Produkt zu tun haben. Dabei stehen insbesondere die Bewertung der Produktqualität im Vordergrund sowie das Abschneiden bei Produkttests, ökonomische, ökologische sowie gesellschaftliche Auswirkungen des Produktes etc. Auch hier sei nochmals erwähnt, dass der Bezugspunkt die vermuteten Wahrnehmungen eines «durchschnittlichen Lesers» sind. Wichtig: Die blosse Erwähnung eines Produktes entspricht noch keiner Produktbewertung. Diese muss explizit erfolgen.

1 Uneingeschränkt negativ
Eine eingeschränkt negative Berichterstattung bezieht sich auf die Bewertung von spezifischen Unternehmensprodukten. Diese sind deutlich negativ. Beispiele für eine uneingeschränkt negative Berichterstattung können sein:

- Die Migros heizt den Sammeltrieb der Kinder von neuem an. Und erhitzt damit die Gemüter der Konsumentenschützer.
- Die neue Produktlinie des Grossverteilers ist viel zu teuer.
- Der Fonds der Grossbank hielt der Wirtschaftskrise in keiner Weise stand und ist nicht mal mehr das Papier wert, auf dem er steht.

2 Eingeschränkt negativ
Eine eingeschränkt negative Berichterstattung bezieht sich auf die Bewertung von spezifischen Unternehmensprodukten. Diese werden überwiegend als negativ, mit wenigen positiven Aspekten oder Deutungen beschrieben. Ist dies der Fall, so ist der Beitrag als eingeschränkt negativ zu verschlüsseln. Beispiele für eine eingeschränkt negative Berichterstattung können sein:

- Bei der Lancierung des neuen Produktes schien alles perfekt zu funktionieren. Nun aber stellte sich heraus, dass das Produkt in keiner Weise den vorgeschriebenen Qualitätsstandards entspricht.

- Die M-Budget-Linie kostet zwar nicht viel, hat aber in der Schweiz mittlerweile einen Kultstatus erreicht. Dies äussert sich darin, dass nun bereits Handtaschen oder Autos im Budget-Look verkauft werden.

3 Neutrale bzw. ausgeglichene/ambivalente Berichterstattung

Kann die journalistische Berichterstattung nicht eindeutig als über wiegend positiv oder negativ eingestuft werden, sollte diese Ausprägung gewählt werden. Beispiele für eine neutrale oder ambivalente Berichterstattung können sein:

- Jetzt hat es auch Renault geschafft. Sicher, die 20 cm Bodenfreiheit machen eine Fahrt ins Gelände möglich, aber der Blick in den schmucken Innenraum bestätigt – das ist mehr Lifestyle-Auto als Arbeitstier.
- Die Verkaufszahlen eines Produktes stagnieren nach anfänglichen Erfolgen.
- Das Produkt ist durchaus revolutionär, doch scheint der Markt dies noch nicht erkannt zu haben.
- Der Branchenprimus Migros plant zwar keine Balkan-Offensive à la Coop. Doch auch beim orangen Riesen sollen neue Produkte aus dem östlichen Mittelmeerraum in das Sortiment aufgenommen werden.
- Trotz den Problemen beim Neustart gibt es erste positive Neuigkeiten über das neue Rivella zu vermelden.

4 Eingeschränkt positiv

Eine eingeschränkt positive Berichterstattung beleuchtet Produkte in einem positiven Licht – es werden aber einige wenige negative Deutungen vorgenommen. Auch sei erneut erwähnt, dass die Beurteilung aus der Sicht eines durchschnittlichen Lesers erfolgen sollte.

- Dieses Handy kann fast alles
- Die neue Flatrate von Sunrise ist ein erster Schritt in die richtige Richtung, obwohl es sich dabei immer noch nicht um eine echte Flatrate handelt.

5 Uneingeschränkt positiv

Eine uneingeschränkt positive Berichterstattung bezieht sich auf eine äusserst positive Bewertung von Unternehmensprodukten. Diese werden als Produkte mit guter Qualität, grosser Nachfrage, guten Absatzzahlen, als revolutionär, trendy, richtungsweisend etc. beschrieben. Beispiele für eine positive Berichterstattung können sein:

- Hasbro-Spielwaren sind gefragt.
- Bells Würste gehen weg wie warme Weggli. Der grösste Fleischverarbeiter der Schweiz profitiert von der guten Konsumentenstimmung.
- Der Strategiefonds X der Grossbank hielt auch den wirtschaftlichen Unruhen stand.
- Die Produkte des Unternehmens X sind im Vergleich zur Konkurrenz nicht nur billiger, sondern auch qualitativ besser.
- 2008 erzielte Coop mit JaMaDu einen Umsatz von rund 22 Mio. Franken. Das entsprach einer Verdoppelung des Umsatzes gegenüber dem Vorjahr.

99 Keine Produktnennung, eine Bewertung ist nicht anwendbar

⇨ **ENDE**

A4: Intercoder-Reliabilität der Teilstudie B

Variable	Beschreibung	Reliabilität (Krippendorffs α)	Zusammengefasste Kategorien
V1	ID	--[1]	
V2	Medium	1.0	
V3	Datum	1.0	
V4	Werbeindex	1.0	
V4a	Werbefläche	1.0[2]	
V5	Titelbeschreibung	--[1]	
V6	Coder	--[1]	
V7a	Umfang	0.9	
V7b	Umfangkategorie	0.86	
V7c	Journalistische Darstellungsform	--[3]	
V8	Platzierung	1.0	
V9	Ressort	1.0	
V10a	Hauptbild	0.72	
V10b	Nebenbild	1.0	
V10c	Werbung	1.0	
V11	Thema	0.64	+
V12	Produkt- oder Unternehmensnennung	0.89	
V13	Haupthandlungsträger	0.80	
V14	Aktualitätsbezug	0.77	+
V15	Valenz der dargestellten Fakten	0.86	+ (neg.-neutr.-pos.)
V16	Valenz der eigenen / referierten Fakten	0.81	+ (neg.-neutr.-pos.-N/A)
V17	Valenz der Produktberichterstattung	0.61	+ (neg.-neutr.-pos.-N/A)

Anmerkungen: [1] Kontrollvariablen sind kodiererspezifisch und nicht vergleichbar

[2] Die Variablen V4c und V4d sind ebenfalls vorgegeben und können den entsprechenden Listen entnommen werden.

[3] Die Variable wurde nachträglich eingeführt und im Pre-Test nicht erhoben.

A5: Komplette Regressionsmodelle

Tabelle 1: Komplettes logistisches Regressionsmodell bezüglich der Valenz der dargestellten Fakten

	Gratiszeitungen			Boulevardzeitungen (20 Minuten und Heute)			Bezahlzeitung (Tages-Anzeiger)		
Prädiktor	*B*	*SE B*	e^B	*B*	*SE B*	e^B	*B*	*SE B*	e^B
Werbeaufkommen	0.11**	0.01	1.11	0.10**	0.03	1.11	0.01	0.01	1.11
Medien (Reichweite)	0.00	0.00	1.00	-0.01**	0.00	0.99	-0.12	0.15	0.89
Anzeigenkunde (Umsatz)	0.00	0.00	1.00	0.00	0.00	1.00	0.00	0.00	1.00
Konstante	-0.41	0.28		0.56	0.49		55.21	71.71	
Nagelkerke R^2		.07			.22			0.16	
n		372			133			115	
% korrekt vorausgesagte Fälle		68.8			69.9			73.9	

Anmerkungen: B = Regressionskoeffizient, SE B = Standardfehler, e^B = exponentielles B, bzw. Odds Ratio (95% Konfidenzintervall), Nagelkerke R^2 = erklärte «Variation» (Gütemass), **p <.01.

Tabelle 2: Komplettes logistisches Regressionsmodell für referierte und zitierte Bewertungen

	Gratiszeitungen			Boulevardzeitungen (20 Minuten und Heute)			Bezahlzeitung (Tages-Anzeiger)		
Prädiktor	*B*	*SE B*	e^B	*B*	*SE B*	e^B	*B*	*SE B*	e^B
Werbeaufkommen	0.24**	0.1	1.27	0.58**	0.31	1.79	-0.01	0.19	0.99
Medien (Reichweite)	0.00	0.00	1.00	0.00	0.00	0.99	-0.48*	0.21	0.62
Anzeigenkunde (Umsatz)	0.00	0.00	1.00	0.00	0.00	1.00	0.00	0.00	1.00
Konstante	-1.49	0.46		-2.34	1.38		231.88	102.96	
Nagelkerke R^2		.08			.27			.53	
n		220			67			75	
% korrekt vorausgesagte Fälle		71.8			71.6			89.3	

Anmerkungen: B = Regressionskoeffizient, SE B = Standardfehler, e^B = exponentielles B, bzw. Odds Ratio (95% Konfidenzintervall), Nagelkerke R^2 = erklärte «Variation» (Gütemass), *p < .05, **p < .01

Tabelle 3: Komplettes logistisches Regressionsmodell bezüglich der Valenz der dargestellten Fakten (einzelne Gratismedien)[1]

	20 Minuten			Heute			.ch			Cash Daily			NEWS		
Prädiktor	*B*	*SE B*	e^B	*B*	*SE B*	e^B	*B*	*SE B*	e^B	*B*	*SE B*	e^B	*B*	*SE B*	e^B
Werbeaufkommen	0.08**	0.04	1.08	0.77**	0.63	2.16	-2.37	1.46	0.09	-0.67	0.37	0.51	-0.31	0.26	0.74
Anzeigenkunde (Umsatz)	0.00	0.00	1.00	0.00	0.00	1.00	0.00	0.00	1.00	0.00	0.00	1.00	0.00	0.00	1.00
Konstante	-0.29	0.58		-2.01	2.06		1.28	1.65		0.72	.065		-0.49	0.91	
Nagelkerke R^2		.17			.29			0.09			.07			.03	
n		74			59			49			98			92	
% korrekt vorausgesagte Fälle		71.6			69.0			79.6			65.3			72.8	

Anmerkungen: *B* = Regressionskoeffizient, *SE B* = Standardfehler, e^B = exponentielles *B*, bzw. Odds Ratio (95% Konfidenzintervall), Nagelkerke R^2 = erklärte «Variation» (Gütemass), $^{**}p < .01$

Tabelle 4: Komplettes logistisches Regressionsmodell für referierte und zitierte Bewertungen (einzelne Gratismedien)

	20 Minuten			Heute			.ch			Cash Daily			NEWS		
Prädiktor	*B*	*SE B*	e^B	*B*	*SE B*	e^B	*B*	*SE B*	e^B	*B*	*SE B*	e^B	*B*	*SE B*	e^B
Werbeaufkommen	0.05	0.05	1.05	1.23*	1.00	3.43	-8.43	7.58	0.00	0.35	0.46	1.42	-0.27	0.50	0.77
Anzeigenkunde (Umsatz)	0.00	0.00	1.00	0.00	0.00	1.00	0.00	0.00	1.00	0.00	0.00	1.00	0.00	0.00	1.00
Konstante	-0.75	0.87		-4.66	3.55		8.67	9.90		-1.05	.80		-1.56	1.98	
Nagelkerke R^2		.04			.33			0.31			.01			.05	
n		40			28			33			69			51	
% korrekt vorausgesagte Fälle		70.0			67.9			84.8			65.2			80.4	

Anmerkungen: *B* = Regressionskoeffizient, *SE B* = Standardfehler, e^B = exponentielles *B*, bzw. Odds Ratio (95% Konfidenzintervall), Nagelkerke R^2 = erklärte «Variation» (Gütemass), $^{*}p < .05$

[1] Der Prädiktor «Reichweite» entfällt in Tabelle 3 und 4, da er in der Einzelanalyse zur Konstante wird. Die Determinanten werden überall zeitgleich ins Modell aufgenommen.

A6: Code of Conduct – Werbung in Medien

Empfehlungen zum Umgang mit bezahlter Werbung

Grundsatz

Alle Akteure – Redaktionen, Verleger und Werber – betonen in ihren Verhaltens- oder Standesregeln uneingeschränkt das Prinzip der vollen Transparenz gegenüber dem Publikum. Für den Medienkonsumenten muss demnach immer klar erkennbar sein, welche Inhalte redaktionell verantwortet und welche kommerziell beeinflusst, also von Dritten bezahlt sind. Werden die Formen in der Absicht vermischt, die Medienkonsumenten zu täuschen, leidet die Glaubwürdigkeit sowohl der Redaktion, der Verleger als auch der Anzeigenkunden der Gattung Zeitungen und Zeitschriften.

Empfehlungen

- Im Umgang mit bezahlter Werbefläche in den Print- und Online-Medien gilt das Prinzip der Transparenz gegenüber dem Publikum. Für den Medienkonsumenten muss immer klar erkennbar sein, ob die Inhalte redaktionellen Ursprungs oder kommerziell als Werbefläche platziert und von den Dritten bezahlt sind. Redaktion und Verlag stellen gemeinsam sicher, dass diese Trennung gewahrt wird.

- Anzeigen dürfen durch ihre Gestaltung nicht den Eindruck erwecken, sie seien redaktioneller Bestandteil des Medium. Insbesondere ist auf eine klare Unterscheidbarkeit der Typographie zu achten. Im Zweifelsfall muss die Anzeige klar und in ausreichender Grösse entsprechend gekennzeichnet werden.

- Jede Form von Sponsoring muss deklariert werden.

Quelle: http://www.schweizermedien.ch/index.php?id=20 (15.10.2013)

Verzeichnis der Abbildungen

Abbildung 1: Aufmerksamkeitsökonomie zwischen Journalismus und Rezipienten ... 29
Abbildung 2: Beziehungsgefüge in einem zweiseitigen (Medien-)Markt ... 37
Abbildung 3: Die Beziehung zwischen Medienmanagement und Redaktion ... 61
Abbildung 4: Idealtypische Darstellung der Beziehung von Unterhaltung, Journalismus, Werbung und PR ... 81
Abbildung 5: Idealtypische Darstellung der zunehmenden Entgrenzung zwischen Unterhaltung, Journalismus, Werbung und PR ... 82
Abbildung 6: Existenzspanne der überregionalen Deutschschweizer Pendlerzeitungen ... 105
Abbildung 7: Auflagenentwicklung von Schweizer Zeitungen 1995-2011 (in Tausend) ... 107
Abbildung 8: Reichweitenentwicklung der auflagenstärksten Zeitungen in der Deutschschweiz ... 108
Abbildung 9: Netto-Werbeumsätze der gesamten Schweizer Presse (Millionen) ... 110
Abbildung 10: Das Auflagenvolumen von Gratis- und Bezahlpresse ... 111
Abbildung 11: Untersuchungsanlage ... 115
Abbildung 12: Modellformulierung ... 121
Abbildung 13: Anzahl Anzeigenseiten pro Titel ... 138
Abbildung 14: Anzeigenverlauf in der Untersuchungsperiode ... 139
Abbildung 15: Verteilung der Anzeigen auf Ressorts ... 140
Abbildung 16: Distribution des Werbeaufkommens nach Werbeindustrie ... 143
Abbildung 17: Werbeformate aufgeteilt nach Printmedien ... 146
Abbildung 18: Beispiel Unterbrecherwerbung: Ricola ... 147
Abbildung 19: Werbeobjekt der Eigenwerbung ... 152
Abbildung 20: Typologie der Eigenwerbung ... 154
Abbildung 21: Starke redaktionelle Bezüge und Schlüsselmärkte ... 157
Abbildung 22: Anzahl Artikel im Zeitverlauf ... 164
Abbildung 23: Berichterstattung über Unternehmen im Zeitverlauf ... 165

Abbildung 24: Verteilung der Beiträge auf die Ressorts 167
Abbildung 25: Ressortaufteilung nach Unternehmen 168

Verzeichnis der Tabellen

Tabelle 1: Werbetreibende Unternehmen 129
Tabelle 2: Untersuchte Unternehmen.. 133
Tabelle 3: Top Ten der Anzeigenkunden aufgeteilt nach Printmedien 145
Tabelle 4: Zusammenhang zwischen Werbeform und Werbeindustrie 149
Tabelle 5: Zusammenhang zwischen Zeitungstyp und Werbeform 150
Tabelle 6: Verhältnis der Anzeigen von Dritten und Eigenwerbung 151
Tabelle 7: Gestaltung des redaktionellen Kontexts. 156
Tabelle 8: Zusammenhang zwischen Medientyp und Bezug zum redaktionellen Kontext 158
Tabelle 9: Bezugsart zum redaktionellen Umfeld. 159
Tabelle 10: Anzahl Artikel über die ausgewählten Unternehmen pro Zeitung 162
Tabelle 11: Themen der Unternehmensberichterstattung 166
Tabelle 12: Journalistische Darstellungsformen 169
Tabelle 13: Erwähnung der Unternehmensnamen in den Überschriften..... 171
Tabelle 14: Prozentualer Anteil der Überschriften 172
Tabelle 15: Verwendung von Fotografien 173
Tabelle 16: Typologie der Bilder 174
Tabelle 17: Korrelationen zwischen Berichterstattungsvolumen und Werbeaufkommen 177
Tabelle 18: Erwähnungen der Unternehmen auf der Titelseite 178
Tabelle 19: Korrelationen zwischen den Variablen in der Analyse 183
Tabelle 20: Determinanten einer positiven Faktendarstellung 184
Tabelle 21: Determinanten einer positiven Bewertung 185
Tabelle 22: Verteilung des Artikelumfangs in Bezug auf die UBS 190
Tabelle 23: Durchschnittlicher Tenor der Berichterstattung 191
Tabelle 24: Vergleich zwischen eigenen und referierten Bewertungen 195

Zusätzliche Websites

http://blog.tagesanzeiger.ch/deadline/ (Zugegriffen: 07.10.2012)

http://blogs.taz.de/rechercheblog/2011/04/01/die-schleichwerbe-recherche/ (Zugegriffen: 29.09.2012)

http://gigaom.com/2011/12/30/was-2011-the-year-of-the-great-paywall-not-exactly/ (Zugegriffen: 21.09.20012)

http://presserat.ch/13220.htm (Zugegriffen: 27.07.2012)

http://presserat.ch/24110.htm (Zugegriffen: 14.08.2012)

http://www.bakom.admin.ch/dokumentation/medieninformationen/00471/index.html?lang=de&msg-id=39886 (Zugegriffen: 17.09.2012)

http://www.bakom.admin.ch/themen/radio_tv/01153/01156/03479/index.html?lang=de (Zugegriffen: 17.09.2012)

http://www.benkoe.ch/koeppel-verkauft-sich-an-volvo/ (Zugegriffen: 09.07.2008)

http://www.guardian.co.uk/media/2010/jul/20/times-paywall-readership (Zugegriffen: 21.09.2012)

http://www.handelsblatt.com/unternehmen/management/marketing/mundgeruch-alarm-tic-tac-schockt-franzosen-mit-flashmob/6492840.html (Zugegriffen: 20.09.2012)

http://www.handelszeitung.ch/management/pendlerzeitung-ch-wird-neu-lanciert (Zugegriffen: 22.07.2012)

http://www.heute-online.ch/news/schweiz/verkauft-sich-die-weltwoche-auf-der-titelseite-81536 (Zugegriffen: 11.06.2008)

http://www.kleinreport.ch/news/media-focus-rechnet-mit-mehr-einnahmen-im-online-bereich-66460.html (Zugegriffen: 24.09.2012)

http://www.lauterkeit.ch/pdf/taetigkeit8.pdf (Zugegriffen: 07.10.2012)

http://www.medienspiegel.ch (Zugegriffen: 07.10.2012)

http://www.medienspiegel.ch/medien-abbauschlacht-2008 (Zugegriffen: 08.07.2012)

http://www.naa.org/Trends-and-Numbers/Advertising-Expenditures/Annual-All-Categories.aspx (Zugegriffen: 08.07.2012)

http://www.ndr.de/fernsehen/sendungen/zapp/zeitungen_zeitschriften/paywall101.html (Zugegriffen: 21.09.2012) http://www.news.admin.ch/NSBSubscriber/message/attachments/23504.pdf (Zugegriffen: 17.09.2012)

http://www.nzz.ch/aktuell/schweiz/in-der-deutschschweiz-verlieren-alle-bezahlten-tageszeitungen--ausser-die-nzz-am-sonntag-1.17657141 (Zugegriffen: 03.10.2012)

http://www.persoenlich.com/news/show_news.cfm?newsid=73166&criteria=weltwoche&display_search=true (Zugegriffen: 11.06.2008)

http://www.schweizermedien.ch/index.php?id=20 (Zugegriffen: 11.09.2012)

http://www.tagesanzeiger.ch/schweiz/standard/Fuer-550-Franken-berichten-Journalisten-wohlwollend-ueber-PolitKandidaten/story/19295430 (Zugegriffen: 11.09.2012)

http://www.tagesanzeiger.ch/schweiz/standard/Publizistische-Leitlinien-des-TagesAnzeigers/story/31591536 (Zugegriffen: 07.10.2012)

http://www.tamedia.ch/de/pressekontakt/medienmitteilungen/2012/press-release/dominique_hiltbrunner_uebernimmt_beteiligung_der_espace_media_ag_am_schweizer_bauer (Zugegriffen: 27.08.2012)

http://www.weltwoche.ch/ausgaben/2008-32/artikel-2008-32-sos-bei-der-ubs.html (Zugegriffen: 17.08.2012)

http://www.werbewoche.ch/newsmail080124_volvo_weltwoche.werbewoche (Zugegriffen: 11.06.2008)

http://www.werbewoche.ch/pendlerzeitung-ch-nimmt-inhaltliche-anpassungen-vor (Zugegriffen: 30.07.2012)

https://www.google.com/adsense (Zugegriffen: 07.10.2012)

Literatur

Akerlof, George (1970): The Market for Lemons: Quality Uncertainty and the Market Mechanism. *Quarterly Journal of Economics*, *84*(3), 488-500.

Altmeppen, Klaus-Dieter (1996): Märkte der Medienkommunikation. Publizistische und ökonomische Aspekte von Medienmärkten und Markthandeln. In: Klaus-Dieter Altmeppen (Hrsg.): *Ökonomie der Medien und des Mediensystems. Grundlagen, Ergebnisse und Perspektiven medienökonomischer Forschung*. Opladen: Westdeutscher Verlag, 251-272.

Altmeppen, Klaus-Dieter (2003): Ist der Journalismus strukturell qualitätsfähig? – Der Stellenwert journalistischer Organisationen, journalistischer Produkte und journalistischer Medien für die Qualität. In: Hans-Jürgen Bucher/Klaus-Dieter Altmeppen (Hrsg.): *Qualität im Journalismus. Grundlagen – Dimensionen – Praxismodelle*. Wiesbaden: Westdeutscher Verlag, 113-128.

Altmeppen, Klaus-Dieter (2004): Funktionale Autonomie und organisationale Abhängigkeit. Theorien zur Analyse der Beziehungen von Journalismus und Ökonomie. In: Martin Löffelholz (Hrsg.): *Theorien des Journalismus. Ein diskursives Handbuch.* Wiesbaden: VS Verlag für Sozialwissenschaften, 503-515.

Altmeppen, Klaus-Dieter (2006): *Journalismus und Medien als Organisationen. Leistungen, Strukturen und Management.* Wiesbaden: VS Verlag für Sozialwissenschaften.

Altmeppen, Klaus-Dieter (2007): Journalismus und Macht: Ein Systematisierungs- und Analyseentwurf. In: Klaus-Dieter Altmeppen/Thomas Hanitzsch/Carsten Schlüter (Hrsg.): *Journalismustheorie: Next Generation. Soziologische Grundlegung und theoretische Innovation.* Wiesbaden: VS Verlag für Sozialwissenschaften, 421-447.

Altmeppen, Klaus-Dieter (2008a): Diffuse Geschäftsgrundlagen. Die schwierige Beziehung von Journalismus und Medien. In: Bernhard Pörksen/Wiebke Loosen/Armin Scholl (Hrsg.): *Paradoxien des Journalismus. Theorie – Empirie – Praxis*. Wiesbaden: VS Verlag für Sozialwissenschaften, 81-99.

Altmeppen, Klaus-Dieter (2008b): Ökonomisierung der Medienunternehmen: Gesellschaftlicher Trend und sektorspezifischer Sonderfall. In: Andrea Maurer/Uwe Schimank (Hrsg.): *Die Gesellschaft der Unternehmen – Die Unternehmen der Gesellschaft. Gesellschaftstheoretische Zugänge zum Wirtschaftsgeschehen.* Wiesbaden: VS Verlag für Sozialwissenschaften, 237-251.

An, Soontae/Bergen, Lori (2007): Advertiser Pressure on Daily Newspapers. *Journal of Advertising*, *36*(2), 111-121.

Anderson, Chris (2009): *Free – the Future of a Radical Price*. New York: Hyperion.

Andresen, Nils (2006): *Umsatz versus öffentliche Aufgabe? Eine Analyse der redaktionellen Berichterstattung der deutschen Qualitätspresse über wichtige Anzeigenkunden.* Unveröffentlichte Masterarbeit, Technische Universität Dresden, Dresden.

Ariely, Dan (2008): *Predictably Irrational*. New York: Harper.

Arnold, Klaus (2009): *Qualitätsjournalismus. Die Zeitung und ihr Publikum*. Konstanz: UVK.

Backhaus, Klaus/Erichson, Bernd/Plinke, Wulff/Weiber, Rolf (2003): *Multivariate Analysemethoden. Eine anwendungsorientierte Einführung*. Berlin, Heidelberg: Springer Verlag.

Baerns, Barbara (1985): *Öffentlichkeitsarbeit oder Journalismus? Zum Einfluss im Mediensystem*. Köln: Verlag für Wissenschaft und Politik.

Baerns, Barbara (Hrsg.) (2004): *Leitbilder von gestern? Zur Trennung von Werbung und Programm.* Wiesbaden: VS Verlag für Sozialwissenschaften.

Bakker, Piet (2002): Free Daily Newspapers – Business Models and Strategies. *International Journal on Media Management*, *4*(3), 180-187.

Bakker, Piet (2008): The Simultaneous Rise and Fall of Free and Paid Newspapers in Europe. *Journalism Practice*, *2*(3), 427-443.

Bartoschek, Dominik/Wolff, Volker (2010): *Vorsicht Schleichwerbung*. Konstanz: UVK.

BDZV (2012): *Die deutschen Zeitungen in Zahlen und Daten*. Berlin: BDZV.

Beam, Randal A. (1998): What it Means to be a Market-Oriented Newspaper. *Newspaper Research Journal*, *19*(3), 2-20.

Beam, Randal A. (2002): Size of Corporate Parent Drives Market Orientation. *Newspaper Research Journal*, *23*(2/3), 46-63.

Beam, Randal A. (2003): Content Differences between Daily Newspapers with Strong and Weak Market Orientations. *Journalism & Mass Communication Quarterly*, *80*(2), 368-390.

Bentele, Günter (1997): Grundlagen der Public Relations. Positionsbestimmung und einige Thesen. In: Wolfgang Donsbach (Hrsg.): *Public Relations in Theorie und Praxis. Grundlagen und Arbeitsweise der Öffentlichkeitsarbeit in verschiedenen Funktionen.* München: Fischer, 21-36.

Bentele, Günter (1999): Gegenstands- und Problembereiche, Systematiken, Theorien und Methoden unseres Fachs. *Aviso*, *24*(4), 4-8.

Berger, Roman (2008): *US-Journalismus in der Schieflage.* Zugegriffen: 05. Juni 2012, von http://www.medienheft.ch/kritik/bibliothek/k08_BergerRoman_01.html.

Beyer, Andrea/Carl, Petra (2008): *Einführung in die Medienökonomie*. Konstanz: UTB.

Birkner, Thomas (2010): Das Jahrhundert des Journalismus – ökonomische Grundlagen und Bedrohungen. *Publizistik*, *55*(1), 41-54.

Blake, Adrian D./Lovegrove, Nicholas C./Pryde, Alexandra/Strauss, Toby (1999): «Keeping Baywatch at Bay». *The McKinsey Quarterly*, *4*(Autumn), 18-28.

Bode, Ingo/Brose, Hanns-Georg (2001): Zwischen den Grenzen. Intersystemische Organisationen im Spannungsfeld funktionaler Differenzierung. In: Veronika Tacke (Hrsg.): *Organisation und gesellschaftliche Differenzierung*. Wiesbaden: Westdeutscher Verlag, 112-140.

Bonfadelli, Heinz/Meier, Werner A. (1996): Das erforschte Publikum. *Zoom M & K*, *8*, 5-13.

Bonk, Sophie (2010): *Diktatur der Quote? Der Einsatz von ReaderScan in deutschen Tageszeitungsredaktionen: Umsetzung – Konsequenzen – Bewertungen.* Unveröffentlichte Dissertation, Universität Münster, Münster.

Bundesamt für Statistik (2007): *Pressevielfalt Schweiz. Ein Überblick*. Neuchâtel: Bundesamt für Statistik.

Burkart, Roland/Kratky, Martin/Stalzer, Lieselotte (2004): Advertorials im Wandel: Innenansichten aus der österreichischen PR-Forschung und -Praxis. In: Barbara Baerns (Hrsg.): *Leitbilder von gestern? Zur Trennung von Werbung und Programm*. Wiesbaden: VS Verlag für Sozialwissenschaften, 153-173.

Burner, Alyson/Nowak, Glen J. (1993): Magazine Advertorial Advertising: Documenting its Growth and Identifying Characteristics. *Proceedings of the Annual Meeting of the Association of Education in Journalism and Mass Communication*, Kansas City, 232-252.

Cameron, Glen T./Ju-Pak, Kuen-Hee (2000): Information Pollution? Labeling and Format of Advertorials. *Newspaper Research Journal*, *21*(1), 65-76.

Cameron, Glen T./Ju-Pak, Kuen-Hee/Kim, Bong-Hyun (1996): Advertorials in Magazines: Current Use and Compliance with Industry Giudelines. *Journalism & Mass Communication Quarterly*, *73*(3), 722-733.

Carter, Andrea (2009): Global Perspective: Seeking a News Business Model for Newspapers. *Journal of New Communications Research*, *4*(2), 80-92.

Chittum, Ryan (2012): *The Washington Post Co.'s Self-Destructive Course.* Zugegriffen: 15. Mai 2012, von http://www.cjr.org/the_audit/the_washington_post_cos_self-d.php.

Clifford, Stephanie (2009): Magazines Blur Line between Ad and Article. *New York Times,* 07. April, B1.

Craig, Robert L. (2004): Business, Advertising, and the Social Control of News. *Journal of Communication*, *28*(3), 233-252.

Crain, Matthew (2009): The Rise of Private Equity Media Ownership in the United States: A Public Interest Perspective. *International Journal of Communication*, *3*, 208-239.

Croteau, David R./Hoynes, William (2006): *The Business of Media: Corporate Media and the Public Interest*. Thousand Oaks: Pine.

Debrouwere, Stijn (2012): *Fungible.* Zugegriffen: 14. April 2012, von http://stdout.be/2012/05/04/fungible/.

DeLorme, Denise E./Fedler, Fred (2005): An Historical Analysis of Journalists' Attitudes Toward Advertisers and Advertising's Influence. *American Journalism*, *22*(2), 7-40.

Dewenter, Ralf (2006): *Das Konzept der zweiseitigen Märkte am Beispiel von Zeitungsmonopolen, Diskussionspapier Nr. 53*. Hamburg: Helmut-Schmidt-Universität Hamburg.

Downie, Leonard/Schudson, Michael (2009): *The Reconstruction of American Journalism.* Zugegriffen: 05. Juni 2012, von http://www.cjr.org/reconstruction/the_ recostruction_of_american.php?page=all;.

Doyle, Gillian (2002): *Understanding Media Economics*. London: Sage.

Eckman, Alyssa/Lindlof, Thomas (2003): Negotiating the Gray Lines: An Ethnographic Case Study of Organizational Conflict between Advertorials and News. *Journalism Studies*, *4*(1), 65-77.

Eisend, Martin/Küster, Franziska (2011): The Effectiveness of Publicity Versus Advertising: A Meta-Analytic Investigation of its Moderators. *Journal of the Academy of Marketing Science*, *39*(6), 906-921.

Elliott, Stuart (2009): *Creeping Onto the Front Covers of Magazines, Paid Ads*. Zugegriffen: 30. Januar 2013, von http://www.nytimes.com/2009/03/12/business/media/12adco.html.

Erjavec, Karmen (2004): Beyond Advertising and Journalism: Hybrid Promotional News Discourse. *Discourse & Society*, *15*(5), 553-578.

Ewart, Jacqui (2000): The Black and the White Divide. More Like a Thin Gray Line. *Media International Australia*, *95*(May), 237-258.

Fassihi, Floria F. (2008): *Werbebotschaften aus der Redaktion? Journalismus im Spannungsfeld zwischen Instrumentalisierung und Informationsauftrag*. Konstanz: UVK.

Fengler, Susanne/Eberwein, Tobias/Karmasin, Matthias/Porlezza, Colin (2013): *Selbstkontrolle im Journalismus – Wunschtraum oder Wirklichkeit? Wie Journalisten etablierte und neue Instrumente der Media Accountability bewerten* (Unveröffentlichtes Manuskript).

Fengler, Susanne/Russ-Mohl, Stephan (2005): *Der Journalist als «Homo Oeconomicus»*. Konstanz: UVK.

Fengler, Susanne/Russ-Mohl, Stephan (2007a): Journalisten als Partner der Unternehmenskommunikation. In: Manfred Piwinger/Ansgar Zerfass (Hrsg.): *Handbuch Unternehmenskommunikation*. Wiesbaden: Gabler, 777-798.

Fengler, Susanne/Russ-Mohl, Stephan (2007b): Ökonomik als neue Perspektive für die Kommunikationswissenschaft. In: Klaus-Dieter Altmeppen/Thomas Hanitzsch/ Carsten Schlüter (Hrsg.): *Journalismustheorie: Next Generation*. Wiesbaden: VS Verlag für Sozialwissenschaften, 97-118.

Field, Andy (2009): *Discovering Statistics using SPSS*. London: Sage.

Forschungsbereich Öffentlichkeit und Gesellschaft fög (Hrsg.) (2010): *Jahrbuch 2010 – Qualität der Medien.* Basel: Schwabe.

Forschungsbereich Öffentlichkeit und Gesellschaft fög (Hrsg.) (2011): *Jahrbuch 2011 – Qualität der Medien.* Basel: Schwabe.

Forschungsbereich Öffentlichkeit und Gesellschaft fög (2012): *Medien und Qualität.* Zugegriffen: 16. Mai 2012, von http://jahrbuch.foeg.uzh.ch/medienundqualitaet/Seiten/default.aspx.

Franck, Georg (1998): *Ökonomie der Aufmerksamkeit*. München/Wien: Hanser Verlag.

Franklin, Bob (2010): Introduction. *Journalism Studies*, *11*(4), 442-463.

Früh, Werner (2007): *Inhaltsanalyse*. Konstanz: UVK.

Gabszewicz, Jean J./Garella, Paolo/Sonnac, Nathalie (2005): Newspapers' Market Shares and the Theory of the Circulation Spiral. *Information Economics and Policy*, *19*(3-4), 405-413.

Gabszewicz, Jean J./Laussel, Didier/Sonnac, Nathalie (2003): *Concentration in the Press Industry and the Theory of the «Circulation Spiral».* Zugegriffen: 15. Februar 2009, von http://www.crest.fr/doctravail/document/2003-21.pdf;.

Gade, Peter (2002): Managing Change: Editors' Attitudes Toward Integrating Marketing. *Newspaper Research Journal*, *23*(2), 148-152.

Gade, Peter (2009): The Structural Integration of News Media Organizations. Opening the Process of Journalism Beyond the Newsroom. *Paper Presented at the Future of Journalism Conference*, Cardiff University

Gadringer, Stefan/Kweton, Sabrina/Trappel, Josef/Vieth, Teresa (Hrsg.) (2012): *Journalismus und Werbung. Kommerzielle Grenzen der redaktionellen Autonomie.* Wiesbaden: VS Verlag für Sozialwissenschaften.

Gambaro, Marco/Puglisi, Riccardo (2009): What do Ads Buy? Daily Coverage of Listed Companies on the Italian Press. Mailand: Working Paper – Università degli Studi di Milano.

Giddens, Anthony (1997): *Die Konstitution der Gesellschaft*. Frankfurt/New York: Campus.

Görke, Alexander (1999): *Risikojournalismus und Risikogesellschaft. Sondierung und Theorieentwurf*. Wiesbaden: VS Verlag für Sozialwissenschaften.

Grob, Ronnie (2009): *Die Werbebranche bestimmt die Zukunft des Journalismus in der Printbranche*. Zugegriffen: 05. Juni 2012, von http://blog.ronniegrob.com /2009/ 03/30/die-werbebranche-bestimmt-die-zukunft-des-journalismus-in-der-print-branche/.

Groves, Jonathan/Brown-Smith, Carrie (2012): *A Call for Leadership: Newspaper Execs Deserve the Blame for Not Changing the Culture*. Zugegriffen: 20. März 2012, von http://www.niemanlab.org/2012/03/a-call-for-leadership-newspaper-execs-deserve-the-blame-for-not-changing-the-culture/.

Gustafsson, Karl E. (1978): The Circulation Spiral and the Principle of Household Coverage. *The Scandinavian Economic History Review*, *26*(1), 1-14.

Haley, Eric/Cunningham, Anne (2003): Reader's Perspectives on Advertising´s Influence in Women's Magazines. Thoughts on Two Practices. *Mass Communication & Society*, *6*(2), 175-190.

Haller, Michael (2009a): *Gratiszeitungen in den Lesermärkten Westeuropas*. Baden-Baden: Nomos.

Haller, Michael (2009b): Untergang einer Geschäftsidee. *Message, 1,* 30-37.

Hamilton, James T. (2004): *All the News That's Fit to Sell: How the Market Transforms Information into News*. Princeton: Princeton University Press.

Häneke, Frank (1990): Die Trennung von Werbung und redaktionellem Teil. Ergebnisse einer Schweizer Studie zu Presse und Sponsoring. *Media Perspektiven*, (4), 241-253.

Hanitzsch, Thomas/Altmeppen, Klaus-Dieter/Schlüter, Carsten (2007): Zur Einführung: Die Journalismustheorie und das Treffen der Generationen. In: Klaus-Dieter Altmeppen/Thomas Hanitzsch/Carsten Schlüter (Hrsg.): *Journalismustheorie: Next Generation. Soziologische Grundlegung und theoretische Innovation*. Wiesbaden: VS Verlag für Sozialwissenschaften, 7-23.

Harro-Loit, Halliki/Saks, Kertu (2006): The Diminishing Border between Advertising and Journalism in Estonia. *Journalism Studies*, *7*(2), 312-322.

Hass, Berthold (2007): Grössenvorteile von Medienunternehmen: Eine kritische Würdigung der Anzeigen-Auflagen-Spirale. *MedienWirtschaft*, (Sonderheft), 70-78.

Hays, Robert G./Reisner, Ann E. (1990): Feeling the Heat from Advertisers: Farm Magazine Writers and Ethical Pressure. *Journalism Quarterly*, *67*(4), 936-942.

Heinrich, Jürgen (2001a): *Medienökonomie Band 1: Mediensystem, Zeitung, Zeitschrift, Anzeigenblatt*. Opladen: Westdeutscher Verlag.

Heinrich, Jürgen (2001b): Ökonomisierung aus wirtschaftswissenschaftlicher Perspektive. *Medien & Kommunikationswissenschaft*, *49*(2), 159-166.

Heiser, Sebastian (2011): *Ich kauf mir eine Zeitung*. Zugegriffen: 07. Juli 2012, von http://www.taz.de/1/archiv/digitaz/artikel/?ressort=ku&dig=2011%2F04%2F02-%2 Fa0017&cHash=5efc57a2f7.

Held, Barbara/Russ-Mohl, Stephan (2000): Qualität durch Kommunikation. In: Barbara Held/Stephan Russ-Mohl (Hrsg.): *Qualität durch Kommunikation sichern. Vom Qualitätsmanagement zur Qualitätskultur. Erfahrungsberichte aus Industrie, Dienstleistung und Medienwirtschaft*. Frankfurt a. M.: FAZ-Institut, 361-376.

Herman, Edward S./Chomsky, Noam (2008): *Manufacturing Consent. The Political Economy of the Mass Media*. London: The Bodley Head.

Hoffjann, Olaf (2009): Public Relations als Differenzmanagement von externer Kontextsteuerung und unternehmerischer Selbststeuerung. *Medien & Kommunikationswissenschaft*, *57*(3), 299-315.

Hohlfeld, Ralf (2003): *Journalismus und Medienforschung. Theorie, Empirie, Transfer*. Konstanz: UVK.

Holznagel, Bernd (2006): Gratiszeitungen – ein Verstoss gegen die Pressefreiheit? *Media Perspektiven*, (10), 529-537.

Hosmer, David W./Lemeshow, Stanley (2000): *Applied Logistic Regression*. New York: John Wiley & Sons.

Jarren, Otfried (1998): Medien, Mediensystem und politische Öffentlichkeit im Wandel. In: Ulrich Sarcinelli (Hrsg.): *Politikvermittlung und Demokratie in der Mediengesellschaft*. Opladen/Wiesbaden: Westdeutscher Verlag, 74-96.

Jarren, Otfried (2007): Besser kommunizieren. Herausforderungen für qualitätsorientierte Medien. *Neue Zürcher Zeitung*, 09. Februar, 71.

Jarren, Otfried (2008): Massenmedien als Intermediäre. *Medien & Kommunikationswissenschaft*, *56*(3-4), 329-346.

Jarren, Otfried/Donges, Patrick (2011): *Politische Kommunikation in der Mediengesellschaft*. Wiesbaden: VS Verlag für Sozialwissenschaften.

Jarren, Otfried/Röttger, Ulrike (2004): Steuerung, Reflexierung und Interpenetration: Kernelemente einer strukturationstheoretisch begründeten PR-Theorie. In: Ulrike Röttger (Hrsg.): *Theorien der Public Relations. Grundlagen und Perspektiven der PR-Forschung*. Wiesbaden: VS Verlag für Sozialwissenschaften, 25-45.

Jarren, Otfried/Vogel, Martina (2009): Gesellschaftliche Selbstbeobachtung und Koorientierung. Die Leitmedien der modernen Gesellschaft. In: Daniel Müller/Annemone Ligensa/Peter Gendolla (Hrsg.): *Leitmedien. Konzepte – Relevanz – Geschichte*. Bielefeld: transcript, 71-92.

Jarren, Otfried/Zwicky, Pascal (2008): Es braucht kulturell eingebundenes Kapital. Die Finanzinvestoren und die Finanzierungsprobleme der Medien. *Neue Zürcher Zeitung*, 04. Juli, 59.

Jarvis, Jeff (2009): *The Future of News is Entrepreneurial.* Zugegriffen: 25. Juni 2012, von http://buzzmachine.com/2009/11/01/the-future-of-journalism-is-entrepreneurial/.

Jarvis, Jeff (2010): *Stop Selling Scarcity.* Zugegriffen: 06. Juni 2012, von http://www.buzzmachine.com/2010/02/08/stop-selling-scarcity-2/.

Jones, Janet/Salter, Lee (2012): *Digital Journalism*. London: Sage.

Kaase, Max/Neidhardt, Friedhelm/Pfetsch, Barbara (1997): Politik und Ökonomie der Massenkommunikation: Forschungsdesiderate unter veränderten Strukturbedingungen des Mediensystems. *Publizistik*, *42*(1), 3-15.

Kamber, Esther/Imhof, Kurt (2011): *Medienkonzentration und Meinungsvielfalt. Informations- und Meinungsvielfalt in der Presse unter Bedingungen dominanter und crossmedial tätiger Medienunternehmen* (Report for the Federal Office of Communications. Zürich: fög, Universität Zürich.

Karmasin, Matthias (1998): *Medienökonomie als Theorie (massen-)medialer Kommunikation*. Graz: Nausner & Nausner.

Keel, Guido (2011): *Journalisten in der Schweiz. Eine Berufsfeldstudie im Zeitverlauf.* Konstanz: UVK.

Kepplinger, Hans Mathias (2011): *Journalismus als Beruf. Theorie und Praxis öffentlicher Kommunikation.* Wiesbaden: VS Verlag für Sozialwissenschaften.

Kiefer, Marie-Luise (1997): Ein Votum für eine publizistikwissenschaftlich orientierte Medienökonomie. *Publizistik*, *42*(1), 54-61.

Kiefer, Marie-Luise (2001): *Medienökonomik*. Oldenbourg: Oldenbourg.

Kiefer, Marie-Luise (2011): Die schwierige Finanzierung des Journalismus. *Medien & Kommunikationswissenschaft*, *59*(1), 5-22.

Kim, Bong-Hyun/Pasadeos, Yorgo/Barban, Arnold (2001): On the Deceptive Effectiveness of Labeled and Unlabeled Advertorial Formats. *Mass Communication & Society*, *4*(3), 265-281.

Kloss, Ingomar (2007): *Werbung: Handbuch für Studium und Praxis*. München: Verlag Franz Vahlen.

Knoche, Manfred (2001): Kapitalisierung der Medienindustrie aus politökonomischer Sicht. *Medien & Kommunikationswissenschaft*, *49*(2), 177-194.

Kohring, Matthias (1997): *Die Funktion des Wissenschaftsjournalismus. Ein sytemtheoretischer Entwurf.* Konstanz: UVK.

Kohring, Matthias (2004): Journalismus als soziales System. Grundlagen einer systemtheoretischen Journalismustheorie. In: Martin Löffelholz (Hrsg.): *Theorien des Journalismus. Ein diskursives Handbuch*. Wiesbaden: VS Verlag für Sozialwissenschaften, 185-200.

Kohring, Matthias/Hug, Detlef (1997): Öffentlichkeit und Journalismus. *Medien Journal*, (21), 15-33.

Kolb, Steffen/Woelke, Jens (2010): Einfluss von Werbekunden auf redaktionelle Inhalte – Quasi-experimentelle Modellierung und empirische Erhebung. *Studies in Communication Sciences*, *10*(2), 51-77.

Kovačič, Melita/Volčič, Zala/Erjavec, Karmen (2010): Media Coverage of Health Issues: A Study of Advertorials in the Slovene Daily Press. *China Media Research*, *6*(4), 32-42.

Kramp, Leif/Weichert, Stephan (2012): *Journalismus unter digitalen Vorzeichen – 15 Thesen.* Zugegriffen: 06. Juni 2012, von http://www.vocer.org/de/artikel/do/detail/id/155/journalismus-unter-digitalen-vorzeichen---15-thesen.html.

Kreibe, Florian/Lang, Sabrina (2012): Unzertrennlich? Missachtung der Trennungsnorm in ausgewählten Medien. In: Stefan Gadringer et al. (Hrsg.): *Journalismus und Werbung. Kommerzielle Grenzen der redaktionellen Autonomie*. Wiesbaden: VS Verlag für Sozialwissenschaften, 215-234.

Künzler, Matthias/Hribal, Lucie/Jarren, Otfried (2005): Mediensysteme – Medienorganisationen. In: Heinz Bonfadelli/Otfried Jarren/Gabriele Siegert (Hrsg.): Einführung in die Publizistikwissenschaft. 5. Auflage. Bern: Haupt UTB, 179-202.

Lagetar, Magdalena/Mühlbauer, Christine (2012): Skandalös zurückbehalten? Berichterstattung über Werbekunden am Beispiel des *Lidl*-Bespitzelungsfalles. In: Stefan Gadringer et al. (Hrsg.): *Journalismus und Werbung. Kommerzielle Grenzen der redaktionellen Autonomie*. Wiesbaden: VS Verlag für Sozialwissenschaften, 167-189.

Leonarz, Martina (2002): Pendlerzeitungen: Kompaktinfos auf dem Arbeitsweg. *Medienheft*, (Dossier 17), 45-52.

Lichtenstein, Dennis (2011): Kommerzialisierung des Medienjournalismus. *Medien & Kommunikationswissenschaft*, *59*(2), 216-234.

Lilienthal, Volker (2002): Durchlässig bis zum Selbstverrat. *Tendenz*, *3*, 34-35.

Löffelholz, Martin (2004): Ein privilegiertes Verhältnis. Theorien zur Analyse der Inter-Relationen von Journalismus und Öffentlichkeitsarbeit. In: Martin Löffelholz (Hrsg.): *Theorien des Journalismus. Ein diskursives Handbuch*. Wiesbaden: VS Verlag für Sozialwissenschaften, 471-485.

Machill, Marcel/Zenker, Martin (2006): *Zukunft der Zeitung. Anzeigenblätter und Gratiszeitungen: Die Konkurrenten der Lokalzeitungen*. Zugegriffen: 26. Juni 2012, von http://library.fes.de/pdf-files/stabsabteilung/04573.pdf.

Malik, Maja (2004): *Journalismusjournalismus. Funktion, Strukturen und Strategien der journalistischen Selbstthematisierung*. Wiesbaden: VS Verlag für Sozialwissenschaften.

Marr, Mirko/Wyss, Vinzenz/Blum, Roger/Bonfadelli, Heinz (2001): *Journalisten in der Schweiz. Eigenschaften, Einstellungen, Einflüsse*. Konstanz: UVK.

Mast, Claudia (1999): *Wirtschaftsjournalismus*. Opladen/Wiesbaden: Westdeutscher Verlag.

Mast, Claudia (2011): *Zeitungsjournalismus im Internetzeitalter. Umfragen und Analysen*. Stuttgart: Universität Hohenheim.

Matthes, Jörg/Schemer, Christian/Wirth, Werner (2007): More than Meets the Eye. Investigating the Hidden Impact of Brand Placements in Television Magazines. *International Journal of Advertising*, *26*(4), 477-503.

Mayring, Philipp (2003): *Qualitative Inhaltsanalyse. Grundlagen und Techniken*. Weinheim und Basel: Beltz Verlag.

McManus, John H. (1994): *Market-Driven Journalism. Let the Citizen Beware?* Thousand Oaks: Sage.

McManus, John H. (2009): The Commercialization of News. In: Karin Wahl-Jorgensen/Thomas Hanitzsch (Hrsg.): *The Handbook of Journalism Studies*. London: Routledge, 218-233.

McQuail, Denis (1986): Kommerz und Kommunikationstheorie. *Media Perspektiven*, 10, 633-643.

Meckel, Miriam (1999): *Redaktionsmanagement. Ansätze aus Theorie und Praxis*. Opladen/Wiesbaden: Westdeutscher Verlag.

Meckel, Miriam (2010): *Information muss frei sein – und teuer*. Zugegriffen: 09. Oktober 2012, von http://de.ejo-online.eu/3886/neue-medien-web-2-0/information-muss-frei-sein-und-teuer.

Media Focus (2012): *Online-Werbestatistik*. Zugegriffen: 09 Mai 2012, von http://www.mediafocus.ch/fileadmin/user_upload/Semester_Report_Online/DE_Media_Focus_Semester_Report_Online-Werbung_2011.pdf.

Meier, Klaus (2007): *Journalistik*. Konstanz: UVK.

Meier, Klaus (2010): Crossmedialer Journalismus. Eine Analyse redaktioneller Konvergenz. In: Ralf Hohlfeld et al. (Hrsg.): *Crossmedia – Wer bleibt auf der Strecke? Beiträge aus Wissenschaft und Praxis*. Münster: LIT, 94-110.

Meier, Susanne (2006): *Beginnt die Mauer zu bröckeln? Eine qualitative Expertenbefragung zur Zusammenarbeit von Redaktion und Anzeigenabteilung in Schweizer Tageszeitungen.* Unveröffentlichte Lizentiatsarbeit, Universität Zürich, Zürich.

Meier, Tatjana/Niggeschmidt, Martin (2005): «Keine Zwänge». *Message*, 3, 20-22.

Meier, Urs (2005): *Werbung auf Schleichwegen.* Zugegriffen: 04. Juli 2012, von http://www.medienheft.ch/politik/bibliothek/p24_MeierUrs.pdf.

Meier, Werner A. (2000): Kommerzialisierung als Megatrend: Der publizistikwissenschaftliche Beitrag zur aktuellen Debatte. *Medienwissenschaft Schweiz*, (2), 29-35.

Meier, Werner A./Jarren, Otfried (2001): Ökonomisierung und Kommerzialisierung von Medien und Mediensystem. *Medien & Kommunikationswissenschaft*, *49*(2), 145-158.

Meier, Werner A./Trappel, Josef (2001): Medienökonomie. In: Otfried Jarren/Heinz Bonfadelli (Hrsg.): *Einführung in die Publizistikwissenschaft*. Bern: Paul Haupt Verlag, 161-196.

Meier, Werner A./Leonarz, Martina (2011): Zur Lage der Presse in der Schweiz. Zugegriffen: 22. Juli 2013, von http://medienkritik-schweiz.ch/wp-content/uploads/2010/11/Lage-der-Presse-final.pdf.

Merten, Klaus (1995): *Inhaltsanalyse. Eine Einführung in Theorie, Methode und Praxis*. Opladen: Westdeutscher Verlag.

Merten, Klaus (2008): Zur Definition von Public Relations. *Medien & Kommunikationswissenschaft*, *56*(1), 42-59.

Navasky, Victor/Lerner, Evan (2010): *Magazines and their Websites.* Zugegriffen: 06. Juni 2012, von http://cjrarchive.org/img/posts/CJR_Mag_Web_Report.pdf.

Neuberger, Christoph (2004): Lösen sich die Grenzen des Journalismus auf? Dimensionen und Defizite der Entgrenzungsthese. Zugegriffen: 18. Oktober 2012, von http://www.mediendaten.de/fileadmin/Texte/Neuberger.pdf

Neverla, Irene/Walch, Susie (1994): Entscheidungsstrukturen in Printunternehmen. In: Peter A. Bruck (Hrsg.): *Print unter Druck. Zeitungsverlage auf Innovationskurs. Verlagsmanagement im internationalen Vergleich*. München: Reinhard Fischer Verlag, 293-386.

Nichols, John/McChesney, Robert W. (2009a): *The Death and Life of Great American Newspapers.* Zugegriffen: 15. April 2011, von http://www.thenation.com/print/article/death-and-life-great-american-newspapers.

Nichols, John/McChesney, Robert W. (2009b): *How to Save Journalism.* Zugegriffen: 06. Juni 2012, von http://www.thenation.com/article/how-save-journalism-0.

Nielsen, Rasmus K./Levy, David A. (2010): The Changing Business of Journalism and its Implications for Democracy. In: Rasmus K. Nielsen/David A. Levy (Hrsg.): *The Changing Business of Journalism and its Implications for Democracy*. Oxford: Oxford University Press, 3-15.

Nyilasy, Gergely/Reid, Leonard N. (2011): Advertiser Pressure and the Personal Ethical Norms of Newspaper Editors and Ad Directors. *Journal of Advertising Research, 51*(3), 538-551.

o.V. (2011): *Wegen eines kritischen Artikels: Jelmoli sistiert Inserate im «Tages-Anzeiger».* Zugegriffen: 06. Juli 2012, von http://www.kleinreport.ch/news/wegen-eines-kritischen-artikels-jelmoli-sistiert-inserate-im-tages-anzeiger-66831.html.

Perez-Peña, Richard (2009): *The Times to Sell Display Ads on the Front Page*. Zugegriffen: 30. Januar 2013, von http://www.nytimes.com/2009/01/05/business/media/05times.html.

Perez-Peña, Richard (2010): *A Cover Ad That Mimics a Newspaper's Front Page*. Zugegriffen: 30. Januar 2013, von http://www.nytimes.com/2010/03/06/business/media/06paper.html?_r=0.

Pew Research Center's Project for Excellence in Journalism (2011): *The State of the News Media 2011.* Zugegriffen: 30. März 2011, von http://stateofthemedia.org/overview-2011/.

Phillips, Angela (2010): Transparency and the New Ethics of Journalism. *Journalism Practice*, *4*(3), 373-382.

Phillips, Angela (2011): Faster and Shallower. Homogenisation, Cannibalisation and the Death of Reporting. In: Peter Lee-Wright/Angela Phillips/Tamara Witschge (Hrsg.): *Changing Journalism*. London: Routledge, 81-98.

Phillips, Angela/Witschge, Tamara (2011). The Changing Business of News. In: Peter Lee-Wright/Angela Phillips/Tamara Witschge (Hrsg.): *Changing Journalism*. London: Routledge, 3-20.

Picard, Robert G. (2005): Money, Media and the Public Interest. In: Geneva Overholser/Kathleen Hall Jamieson (Hrsg.): *The Press*. Oxford: Oxford University Press, 337-350.

Picard, Robert G. (2010): A Business Perspective on Challenges Facing Journalism. In: Rasmus K. Nielsen/David A. Levy (Hrsg.): *Changing Business of Journalism and its Implications for Democracy*. Oxford: Oxford University Press, 17-24.

Pieler, Michaela (2000): Qualität auf dem Anzeigenmarkt und ihre publizistischen Implikationen. *Publizistik*, *45*(3), 346-361.

Pokrywczynski, James/Carvalho, John/Preston, C. T. (2010): Brand Logos More Prevalent in Recent News Sports Photos. *Newspaper Research Journal, 31*(4), 29-37.

Pompilio, Natalie (2009): A Porous Wall. *American Journalism Review, June/July*, 32-37.

Porlezza, Colin (2004): Schnäppchen für alle. Internet-Auktionen als Geldquelle für Regionalzeitungen. *Neue Zürcher Zeitung,* 10. September, 59.

Porlezza, Colin (2005a): Die Schnäppchenjagd geht weiter. Online-Auktionen als erfolgreiches Zusatzgeschäft. *Neue Zürcher Zeitung,* 27. Mai, 61.

Porlezza, Colin (2005b): Zwischen Selbstbeweihräucherung und Konkurrenzkritik. Medienjournalismus in der Schweiz – drei Fallstudien. *Medienwissenschaft Schweiz, 1*(2005), 64-68.

Porlezza, Colin/Russ-Mohl, Stephan (2011): Switzerland: The Principle of Diversity. In: Tobias Eberwein et al. (Hrsg.): *Mapping Media Accountability – in Europe and Beyond.* Köln: Herbert von Halem Verlag, 168-180.

Prinzing, Marlis (2008a): *Lust und Frust im Automobiljournalismus.* Zugegriffen: März 02 2011, von http://www.medienheft.ch/kritik/bibliothek/k08_PrinzingMarlis_01.html.

Prinzing, Marlis (2008b): Strohfeuer oder Feuerwerk? *Schweizer Journalist, 8 + 9*, August/September, 34-35.

Puppis, Manuel (2011): *Medienpolitik: Gepflegtes Desinteresse.* Zugegriffen: 17. September 2012, von http://medienwoche.ch/2011/10/17/medienpolitik-gepflegtes-desinteresse/.

Puppis, Manuel (2012): Öffentliche Finanzierung als Antwort auf die Medienkrise? In: Werner A. Meier/Heinz Bonfadelli/Josef Trappel (Hrsg.): *Medienkrise.* München: Lit (im Erscheinen), 1-16.

Puppis, Manuel/Künzler, Matthias (2011a): *Formen der Medienfinanzierung und Medienförderung. Wissenschaftliches Papier für den Verein Medienkritik Schweiz.* Zugegriffen: 08. Oktober 2012, von http://medienkritik-schweiz.ch/wp-content/uploads/2010/11/Medienf%C3%B6rderung-Verein-Medienkritik-Puppis-K%C3%BCnzler.pdf.

Puppis, Manuel/Künzler, Matthias (2011b): Coping with Change: The Reorganization of the Swiss Public Service Broadcaster SRG SSR. *Studies in Communication Sciences, 11*(2), 167-190.

Rau, Harald (2007): *Qualität in einer Ökonomie der Publizistik. Betriebswirtschaftliche Lösungen für die Redaktion.* Wiesbaden: VS Verlag für Sozialwissenschaften.

Reimann, Alexander/Kreibe, Florian (2012): Mass genommen! Das Volumenverhältnis von Redaktion & Werbung in Zeitungen. In: Stefan Gadringer et al. (Hrsg.): *Journalismus und Werbung. Kommerzielle Grenzen der redaktionellen Autonomie*. Wiesbaden: VS Verlag für Sozialwissenschaften, 101-121.

Reuter, Jonathan/Zitzewitz, Eric (2006): Do Ads Influence Editors? Advertising and Bias in the Financial Media. *Quarterly Journal of Economics*, *121*(1), 197-227.

Riesmeyer, Claudia (2007): *Wie unabhängig ist Journalismus? Zur Konkretisierung der Determinationsthese*. Konstanz: UVK.

Rinallo, Diego/Basuroy, Suman (2009): Does Advertising Spending Influence Media Coverage of the Advertiser? *Journal of Marketing, 73*(6), 33-46.

Rössler, Patrick (2005): *Inhaltsanalyse*. Konstanz: UVK.

Röttger, Ulrike (2005): Public Relations. In: Heinz Bonfadelli/Otfried Jarren/Gabriele Siegert (Hrsg.): *Einführung in die Publizistikwissenschaft*. Bern: UTB, 331-357.

Rouner, Donna/Slater, Michael/Long, Marilee/Stapel, Linda (2009): The Relationship between Editorial and Advertising Content about Tobacco and Alcohol in United States Newspapers: An Exploratory Study. *Journalism & Mass Communication Quarterly, 86*(1), 103-118.

Ruedin, Therese (2011): Leitmedien – geschätzt, leistungsstark, vernetzt. *Flash Extra*, 11, 38-59.

Rühl, Manfred (1999): Publizieren und Publizistik – kommunikationswissenschaftlich beobachtet. *Publizistik, 44*(1), 58-74.

Russ-Mohl, Stephan (1999): Kulturrevolution im Zeitungsjournalismus. Die «LA Times» nach dem Sturm auf die «Chinesische Mauer». *Neue Zürcher Zeitung,* 11. Juni, 75.

Russ-Mohl, Stephan (2004): PR und Journalismus in der Aufmerksamkeitsökonomie. In: Juliana Raupp, Joachim Klewes (Hrsg.): *Quo vadis Public Relations? Auf dem Weg zum Kommunikationsmanagement: Bestandsaufnahme und Entwicklungen, Festschrift für Barbara Baerns*. Wiesbaden: VS Verlag für Sozialwissenschaften, 52-65.

Russ-Mohl, Stephan (2008): Das Gesetz der Omertà. Über das Paradigma der Ökonomik und den Scheinwiderspruch von Qualität und Quote. In: Bernhard Pörksen/Wiebke Loosen/Armin Scholl (Hrsg.): *Paradoxien des Journalismus. Theorie – Empirie – Praxis*. Wiesbaden: VS Verlag für Sozialwissenschaften, 101-121.

Russ-Mohl, Stephan (2009a): *Das Gefasel von der Ökonomisierung*. Zugegriffen: 05. März 2011, von http://carta.info/3644/journalismus-oekonomisierung.

Russ-Mohl, Stephan (2009b): *Kreative Zerstörung. Niedergang und Neuerfindung des Zeitungsjournalismus in den USA*. Konstanz: UVK.

Russ-Mohl, Stephan (2010): *Journalismus als gefährdetes «Ökosystem»*. Zugegriffen: März 10 2011, von http://www.nzz.ch/nachrichten/kultur/medien/journalismus_als_gefaehrdetes_oekosystem_1.7064999.html.

Russ-Mohl, Stephan (2011): Der Dritte Weg – eine Sackgasse in Zeiten der Medienkonvergenz. *Medien & Kommunikationswissenschaft*, *59*(3), 401-414.

Russ-Mohl, Stephan (2012a): *Wo Selbstkontrolle funktioniert.* Zugegriffen: 13. September 2012, von http://de.ejo-online.eu/6939/ethik-qualitatssicherung/wo-selbstkontrolle-funktioniert#more-6939.

Russ-Mohl, Stephan (2012b): The (Behavioral) Economics of Media Accountability. *Conference Paper – International Communication Association*, London, 1-14.

Russ-Mohl, Stephan/Fengler, Susanne (2007): The Market Model: PR and Journalism in the Attention Economy. In: Bernd Merkel/Stephan Russ-Mohl/Giovanni Zavaritt (Hrsg.): *A Complicated, Antagonistic & Symbiotic Affair*. Lugano: Giampiero Casagrande editore, 79-94.

Russ-Mohl, Stephan/Nazhmidinova, Rukhshona (2010): Öffentliches Interesse? *Schweizer Journalist*, *12 (2009) & 1 (2010)*, 76.

Santín Durán, Marina (2006): La autorreferencia como estrategia de promoción: Periodismo o publicidad. *Zer: Revista de Estudios de Comunicacion*, *11*(20), 197-209.

Sarcinelli, Ulrich (2006): Zur Entzauberung von Medialisierungsforschung: Konzepte von Wirklichkeitskonstruktion als Bausteine der Mediengesellschaft. In: Kurt Imhof et al. (Hrsg.): *Demokratie in der Mediengesellschaft*. Wiesbaden: VS Verlag für Sozialwissenschaften, 117-122.

Saxer, Ulrich (1987): Kommunikationswissenschaftliche Thesen zur Werbung. *Media Perspektiven*, *10*(1987), 650-656.

Saxer, Ulrich (1998): Was heisst Kommerzialisierung? *Zoom M & K*, 11, 10-17.

Schaudt, Sky/Carpenter, Serena (2009): The News That's Fit to Click: An Analysis of Online News Values and Preferences Present in the most-Viewed Stories on Azcentral.Com. *Southwestern Mass Communication Journal*, *24*(2), 17-26.

Schimank, Uwe (1996): *Theorien gesellschaftlicher Differenzierung*. Opladen: UTB.

Schimank, Uwe/Volkmann, Ute (2008): Ökonomisierung der Gesellschaft. In: Andrea Maurer (Hrsg.): *Handbuch der Wirtschaftssoziologie*. Wiesbaden: VS Verlag für Sozialwissenschaften, 382-393.

Scholl, Armin/Weischenberg, Siegfried (1998): *Journalismus in der Gesellschaft. Theorie, Methodologie und Empirie*. Opladen: Westdeutscher Verlag.

Schönbach, Klaus (2009): *Verkaufen, Flirten, Führen. Persuasive Kommunikation – ein Überblick*. Wiesbaden: VS Verlag für Sozialwissenschaften.

Schulz, Wolfgang/Kaserer, Christoph/Trappel, Josef (2008): *Finanzinvestoren im Medienbereich*. Berlin: Vistas.

Schweizer Presserat (2005): Nr. 41/2005: Trennung zwischen redaktionellem Teil und Werbung (Engeli & Partner Verlag c. «KMU-Manager») Stellungnahme des Schweizer Presserates vom 23. November 2005. Zugegriffen: 28. September 2012, von http://www.presserat.ch/22000.htm.

Seibt, Constantin (2012): *Die Frage ist nicht, ob Journalisten bestechlich sind. Sondern, vom wem. Und von was.* Zugegriffen: 07. Oktober 2012, von http://blog.tagesanzeiger.ch/deadline/index.php/1469/die-frage-ist-nicht-ob-journalisten-bestechlich-sind-sondern-von-wem-und-von-was/.

Shepard, Alicia C. (1997): Blowing Up the Wall. *American Journalism Review*, (December), 18-27.

Shirky, Clay (2011): *Why we Need the News Environment to be Chaotic.* Zugegriffen: 14. April 2012, von http://www.shirky.com/weblog/2011/07/we-need-the-new-news-environment-to-be-chaotic/.

Siegert, Gabriele (2001): Ökonomisierung der Medien aus systemtheoretischer Perspektive. *Medien & Kommunikationswissenschaft*, *49*(2), 167-176.

Siegert, Gabriele (2002): Medienökonomie und Systemtheorie. In: Armin Scholl (Hrsg.): *Systemtheorie und Konstruktivismus in der Kommunikationswissenschaft.* Konstanz: UVK, 161-177.

Siegert, Gabriele (2004): Die Ökonomisierung als treibende Kraft des medialen Wandels? *Fachjournalist*, 15, 21-24.

Siegert, Gabriele (2008): Self Promotion: Pole Position in Media Brand Management. In: Mart Ots (Hrsg.): *Media Brands and Branding.* Jönköping: Jönköping International Business School Ltd., 11-26.

Siegert, Gabriele (2006): Absatzmanagement – Preis-, Produkt und Programmpolitik. In: Christian Scholz (Hrsg.): *Handbuch zum Management in Medienunternehmen – Eine interdisziplinäre Herangehensweise.* Berlin: Springer, 693-713.

Siegert, Gabriele/Brecheis, Dieter (2005): *Werbung in der Medien- und Informationsgesellschaft. Eine kommunikationswissenschaftliche Einführung.* Wiesbaden: VS Verlag für Sozialwissenschaften.

Siegert, Gabriele/Eberle, Sibylle (2004): Kommerzialisierung der Kommunikation: Die Werbebranche der Schweiz und die Hybridisierung der Kommunikationsangebote. *Medienwissenschaft Schweiz*, *2*(2004), 13-18.

Siegert, Gabriele/Meier, Werner A./Trappel, Josef (2005): Auswirkungen der Ökonomisierung auf Medien und Inhalte. In: Heinz Bonfadelli/Otfried Jarren/Gabriele

Siegert (Hrsg.): *Einführung in die Publizistikwissenschaft.* Stuttgart: UTB, 469-494.

Siegert, Gabriele/Pühringer, Karin (2001): Programm- und Eigenwerbung. Narzissmus im Fernsehen. In: Julia Neissl/Gabriele Siegert/Rudi Renger (Hrsg.): *Cash und Content. Populärer Journalismus und Selbstthematisierung als Phänomene eines ökonomisierten Mediensystems.* München: Verlag Reinhard Fischer, 255-301.

Siegert, Gabriele/Rademacher, Patrick/Lobigs, Frank (2008): Pessimistische Theorie – Optimistische Praxis? Unterschiedliche Sichtweisen auf die Konsequenzen der Ökonomisierung der Medien für deren seismographische Funktion in der Demokratie. In: Heinz Bonfadelli et al. (Hrsg.): *Seismographische Funktion von Öffentlichkeit im Wandel.* Wiesbaden: VS Verlag für Sozialwissenschaften, 210-229.

Siegert, Gabriele/Thomas, Nathan/Mellmann, Ulrike (2009): *Werbung im internationalen Vergleich: Zustand und Entwicklung.* Baden-Baden: Nomos.

Sjurts, Insa (2004): Der Markt wird's schon richten!? Medienprodukte, Medienunternehmen und die Effizienz des Marktprozesses. In: Klaus-Dieter Altmeppen/ Matthias Karmasin (Hrsg.): *Medien und Ökonomie. Band 2: Problemfelder der Medienökonomie.* Wiesbaden: VS Verlag für Sozialwissenschaften, 159-181.

So, Clement/Lee, Alice (2007): Distribution-Driven Journalism: The Business Model of Free Daily Newspapers. *Conference Papers – International Communication Association*, San Francisco, CA, 1-25.

Soley, Lawrence C./Craig, Robert L. (1992): Advertising Pressures on Newspapers: A Survey. *Journal of Advertising, 21*(4), 1-10.

Stadler, Rainer (2007): «Medienpopulismus schadet der Aufklärung.» Interview mit Kurt Imhof. *Neue Zürcher Zeitung,* 08. Dezember, 59.

Stadler, Rainer (2008): Sinkende Leserzahlen. *Neue Zürcher Zeitung,* 09. September, 16.

Stadler, Rainer (2012): *«20 Minuten» unter einem Dach.* Zugegriffen: 03. Oktober 2012, von http://www.nzz.ch/aktuell/schweiz/20-minuten-legt-online-und-print-zusammen-1.17644867.

Steininger, Christoph/Woelke, Jens/Dürager, Andrea (2007): *Werbespot-Programm-Verbindungen. Eine medienökonomisch-theoretische und inhaltsanalytische Untersuchung österreichischer Fernsehvollprogramme.* Salzburg: Universität Salzburg.

Storbeck, Olaf (2006): Wirtschaftswissenschaft: US-Anlegermagazine sind käuflich. *Handelsblatt,* 21. März 2006. Zugegriffen: 12. Juli 2012, von http://www.handelsblatt.com/pshb?fn=tt&sfn=go&id=1210301.

Stout, Patricia A./Wilcox, Gary B./Greer, Lorrie S. (1989): Trends in Magazine Advertorial use. *Journalism Quarterly*, *Winter*, 960-964.

Tamedia (2009): *Pressemitteilung: Edipresse und Tamedia schliessen sich in der Schweiz zusammen*. Zürich: Tamedia.

Tankard, James W./Peirce, Kate (1982): Alcohol Advertising and Magazine Editorial Content. *Journalism Quarterly*, *59*(2), 302-305.

Thaenert, Wolfgang (2002): Trennung von Werbung und Programm – ein Wunschtraum? *Tendenz*, (3), 32-33.

Trappel, Josef (2011): Wie die Medienorganisation zur Demokratie beiträgt: Mitbestimmung und Sicherung der redaktionellen Unabhängigkeit im Spiegel des Media for Democracy Monitor. In: Hans-Joachim Kleinsteuber/Sabine Nehls (Hrsg.): *Media Governance in Europa: Regulierung – Partizipation – Mitbestimmung*. Wiesbaden: VS Verlag für Sozialwissenschaften, 233-245.

Trappel, Josef (2008): «Worldmedia Inc.»: Vision oder bereits Geschichte? *Media Perspektiven*, (3), 138-147.

Trappel, Josef/Meier, Werner A./Schrape, Klaus/Wölk, Michaela (2002): *Die gesellschaftlichen Folgen der Medienkonzentration. Veränderungen in den demokratischen und kulturellen Grundlagen der Gesellschaft*. Opladen: Leske + Budrich.

Udris, Linards/Lucht, Jens (2011): Qualitätsmedien in Pressesystemen. Wandel der Medienstrukturen gleich Wandel der Medieninhalte? In: Roger Blum et al. (Hrsg.): *Krise der Leuchttürme öffentlicher Kommunikation. Vergangenheit und Zukunft der Qualitätsmedien*. Wiesbaden: VS Verlag für Sozialwissenschaften, 151-176.

Ungerer, Friedrich (2003): Ads as News Stories, News Stories as Ads: The Interaction of Advertisements and Editorial Texts in Newspapers. *Text – Interdisciplinary Journal for the Study of Discourse*, *24*(3), 307-328.

von Rimscha, Björn/Russi, Loris (2010): *Die Schweizer Medienbranche 2015 – Rechnerische und narrative Szenarien der Medienzukunft*. Unveröffentlichte Forschungsbericht zuhanden des Bundesamtes für Kommunikation BAKOM, Universität Zürich, Zürich.

Weber, Max (1988 [1924]): *Gesammelte Aufsätze zur Soziologie und Sozialpolitik*. Hrsg. von Marianne Weber. Tübingen: J. C. B. Mohr.

Weber, Stefan (2000): *Was steuert Journalismus? Ein System zwischen Selbstreferenz und Fremdsteuerung*. Konstanz: UVK.

Weber, Stefan (2002): Interpenetration von Journalismus, PR und Werbung. Überlegungen zu Theorie und Empirie der Entdifferenzierung von medialen Subsystemen. *Medienimpulse*, (Dezember), 5-11.

Weber, Stefan (2004): Gemeinsamkeiten statt Unterschiede zwischen Journalismus und PR. In: Klaus-Dieter Altmeppen/Ulrike Röttger/Günter Bentele (Hrsg.): *Schwierige Verhältnisse. Interdependenzen zwischen Journalismus und PR*. Wiesbaden: VS Verlag für Sozialwissenschaften, 53-66.

Weischenberg, Siegfried (1992): *Journalistik. Theorie und Praxis aktueller Medienkommunikation. Band 1, Mediensysteme, Medienethik, Medieninstitutionen*. Opladen: Westdeutscher Verlag.

Weischenberg, Siegfried (2001): Das Ende einer Ära? Aktuelle Beobachtungen zum Studium des künftigen Journalismus. In: Hans J. Kleinsteuber (Hrsg.): *Aktuelle Medientrends in den USA. Journalismus, politische Kommunikation und Medien im Zeitalter der Digitalisierung*. Wiesbaden: Westdeutscher Verlag, 61-82.

Westerbarkey, Joachim (1995): Journalismus und Öffentlichkeit. Aspekte publizistischer Interdependenz und Interpenetration. *Publizistik*, *40*(2), 152-162.

Westerbarkey, Joachim (2004): Die Assimilationsfalle, oder was eigentlich vorgeht. Ein Plädoyer für anschlussfähige Unterscheidungen. In: Barbara Baerns (Hrsg.): *Leitbilder von gestern? Zur Trennung von Werbung und Programm*. Wiesbaden: VS Verlag für Sozialwissenschaften, 193-204.

Williams, Wendy S. (1992): For Sale! Real Estate Advertising & Editorial Decisions about Real Estate News. *Newspaper Research Journal*, (Winter/Spring), 160-168.

Willke, Helmut (1995): *Systemtheorie III: Steuerungstheorie. Grundzüge einer Theorie der Steuerung komplexer Sozialsysteme*. Stuttgart: UTB.

Winter, Carsten/Karmasin, Matthias (2001): Ökonomisierung aus unternehmensstrategischer Perspektive. *Medien & Kommunikationswissenschaft*, *49*(2), 167-176.

Wirth, Werner/Matthes, Jörg/Schemer, Christian/Stämpfli, Ilona (2009): Glaubwürdigkeitsverlust durch programmintegrierte Werbung? Eine Untersuchung zu den Kontexteffekten von Produktplatzierungen im Fernsehen. *Publizistik*, *54*(1), 64-81.

Woelke, Jens (2004a): *Durch Rezeption zur Werbung. Kommunikative Abgrenzung von Fernsehgattungen*. Köln: Halem.

Woelke, Jens (2004b): Unterscheiden Zuschauer zwischen Werbung und Programm? Möglichkeiten der kommunikativen Abgrenzung von Fernsehgattungen. In: Barbara Baerns (Hrsg.): *Leitbilder von gestern? Zur Trennung von Werbung und Programm*. Wiesbaden: VS Verlag für Sozialwissenschaften, 175-191.

Wyss, Vinzenz (2002): *Redaktionelles Qualitätsmanagement. Ziele, Normen, Ressourcen*. Konstanz: UVK.

Wyss, Vinzenz (2004): Journalismus als duale Struktur. Grundlagen einer strukturationstheoretischen Journalismustheorie. In: Martin Löffelholz (Hrsg.): *Theorien des*

Journalismus. Ein diskursives Handbuch. VS Verlag für Sozialwissenschaften: Wiesbaden, 305-320.

Wyss, Vinzenz (2008): (Buchbesprechung) Harald Rau: Qualität in einer Ökonomie der Publizistik. Betriebswirtschaftliche Lösungen für die Redaktion. *Publizistik*, *53*(1), 156-157.

Zimmermann, Kurt W. (2006): Rot ist das neue Schwarz. *Die Weltwoche*, (15), 26.

Zurstiege, Guido (2006): Dominanz-/Dependenzbeziehungen? Werbung und Medien. In: Klaus-Dieter Altmeppen/Matthias Karmasin (Hrsg.): *Medien und Ökonomie Band 3: Anwendungsfelder der Medienökonomie.* Wiesbaden: VS Verlag für Sozialwissenschaften, 89-101.

UVK:Weiterlesen

Medien, Wirtschaft und Politik

Hermann Meyn, Jan Tonnemacher
Massenmedien in Deutschland
Unter Mitarbeit von Hanni Chill
4., völlig überarbeitete Neuauflage
2012, 272 Seiten
35 s/w Abb., broschiert
ISBN 978-3-86764-213-2

Andrea Beyer, Petra Carl
Einführung in die Medienökonomie
3., überarbeitete Auflage
2012, 278 Seiten
80 s/w Abb., broschiert
ISBN 978-3-8252-3846-9

Matthias Künzler
Die Liberalisierung von Radio und Fernsehen
Leitbilder der Rundfunkregulierung im Ländervergleich
2009, 376 Seiten, broschiert
ISBN 978-3-86764-154-8

Stephan Ruß-Mohl
Kreative Zerstörung
Niedergang und Neuerfindung des Zeitungsjournalismus in den USA
2009, 284 Seiten
40 s/w Abb., broschiert
ISBN 978-3-86764-077-0

Klaus Beck, Dennis Reineck, Christiane Schubert
Journalistische Qualität in der Wirtschaftskrise
2010, 298 Seiten
40 s/w Abb., broschiert
ISBN 978-3-86764-268-2

Klicken + Blättern

Leseprobe und Inhaltsverzeichnis unter

www.uvk.de

Erhältlich auch in Ihrer Buchhandlung.

UVK

UVK:Weiterlesen

Journalismusforschung

Nina Springer, Johannes Raabe,
Hannes Haas, Wolfgang Eichhorn (Hg.)
Medien und Journalismus im 21. Jahrhundert
Herausforderungen für Kommunikationswissenschaft, Journalistenausbildung und Medienpraxis
2012, 650 Seiten
45 s/w Abb., flexibler Einband
ISBN 978-3-86764-410-5

Markus Beiler
Nachrichtensuche im Internet
Inhaltsanalyse zur journalistischen Qualität von Nachrichtensuchmaschinen
2013, 490 Seiten
80 s/w Abb., flexibler Einband
ISBN 978-3-86764-412-9

Ursula Nagy
Moderner Kulturjournalismus
2013, 458 Seiten
30 s/w Abb., flexibler Einband
ISBN 978-3-86764-425-9

Ines Engelmann
Alltagsrationalität im Journalismus
Akteurs- und organisationsbezogene Einflussfaktoren der Nachrichtenauswahl
2012, 320 Seiten
55 s/w Abb., flexibler Einband
ISBN 978-3-86764-352-8

Thomas Zerback
Publizistische Vielfalt
Demokratischer Nutzen und Einflussfaktoren
2012, 374 Seiten
35 s/w Abb., flexibler Einband
ISBN 978-3-86764-405-1

Klicken + Blättern

Leseprobe und Inhaltsverzeichnis unter

www.uvk.de

Erhältlich auch in Ihrer Buchhandlung.

UVK